Wolfgang Lotz

DER CHAMPAGNERSPION

Serie Piper
Band 820

Zu diesem Buch

Nicht weniger als 5000 ägyptische Kriegsgefangene tauschte der Staat Israel 1968 gegen einen einzigen Mann aus, den 1965 aufgeflogenen Meisterspion Wolfgang Lotz. Lotz hatte jahrelang – in der »Maske« eines deutschen Geschäftsmannes – die ägyptische Rüstungsindustrie für Israel ausspioniert. Seiner Arbeit war es mit zu verdanken, daß Nassers Anstrengungen, Ägypten mit modernsten Raketen aus eigener Produktion auszurüsten, mißlangen. Lotz' erster Bericht wurde in 13 Sprachen übersetzt. Nunmehr legt er eine völlig neu geschriebene Fassung vor, in der erstmals auch viele Einzelheiten erzählt werden, die er 1971 noch verschweigen mußte. Seine Geschichte übertrifft an Spannung vieles, was einen Spionagethriller ausmacht – und ist doch authentisch.

Wolfgang Lotz, geboren 1921 in Mannheim. Aufgewachsen in Berlin, emigrierte er 1933 nach Palästina und nahm auf britischer Seite am 2. Weltkrieg teil. War Mitglied in der »Haganah« und diente später als Major in der israelischen Armee. Lotz lebt heute in Deutschland.

Wolfgang Lotz

DER CHAMPAGNERSPION

DER BERICHT DES ISRAELISCHEN MEISTERSPIONS WOLFGANG LOTZ

Piper
München Zürich

In Erinnerung an Waltraud

ISBN 3-492-10820-2
Originalausgabe
Juli 1988
2. Auflage, 8.–12. Tausend September 1988

Umschlag: Federico Luci
Foto Umschlagrückseite: Thomas Bohlen
Gesamtherstellung: Clausen & Bosse, Leck
Printed in Germany

GEWIDMET MEINEN KAMERADEN VOM ISRAELISCHEN GEHEIMDIENST »MOSSAD«:

ELI COHEN	gehenkt in Damaskus am 18. Mai 1965.
MAJOR MAX BENETT	beging Selbstmord unter der Folter während des Verhörs durch den ägyptischen Geheimdienst in Kairo 1954
PROF. SAMUEL AZZAR	gehenkt in Kairo am 31. Januar 1955
DR. MOSHE MARZOUK	gehenkt in Kairo am 31. Januar 1955

לכו לראות את הארץ
(יהושוע א׳ ב׳)

»JOSHUA, DER SOHN NUNS, SCHICKTE VON SCHITTIM HEIMLICH ZWEI KUNDSCHAFTER AUS UND BEFAHL IHNEN: GEHT, ERKUNDET DAS LAND . . .«
(Altes Testament, Buch Joschua, Kap. II, Vers 1)

Inhalt

Vorwort

Dies ist die Geschichte meines Lebens als Agent des israelischen Geheimdienstes Mossad in Ägypten. Im Gegensatz zu zahlreichen übertriebenen und tendenziösen Berichten, die in der Weltpresse und in einschlägigen Büchern über meine Tätigkeit veröffentlicht wurden und die auch heute noch erscheinen, ist dies der einzige wahre Tatsachenbericht.

Die vorliegende Autobiographie enthält vieles, was in der ersten Fassung (1972) nicht erwähnt werden durfte, da mein damaliges Manuskript in Israel einer strengen Zensur unterlag und sogar vom Mossad vor-zensiert wurde. Dagegen kann heute ein Großteil dessen, was damals dem Rotstift des Zensors zum Opfer fiel, enthüllt werden.

Abgesehen davon, daß ich einige wenige Namen geändert habe, um Freunde und Unschuldige zu schützen, sind die Umstände meiner Tätigkeit und meiner Erlebnisse in keiner Weise verändert worden. An manchen Stellen habe ich Abschriften der Gerichtsprotokolle verwendet, um bestimmte Vorkommnisse zu verdeutlichen, ebenso Zeitungsberichte, Briefe und amtliche Unterlagen, die meine geheimdienstliche Tätigkeit im damaligen Feindgebiet erläutern.

Mai 1986 *Wolfgang Lotz*

I
Ein Mann wird Spion

»Wolfgang Lotz, dieses Gericht spricht Sie schuldig, fortgesetzt und wiederholt im Auftrag Israels Spionage und Sabotage-Akte gegen die Vereinigte Arabische Republik ausgeführt zu haben. Die Strafe für die Verbrechen, deren Sie sich schuldig gemacht haben, ist der Tod durch den Strang! Frau Waltraud Lotz, dieses Gericht spricht Sie ebenfalls...«

Ich erwachte schweißgebadet und setzte mich ruckartig im Bett auf. Die Sonne schimmerte bereits durch die Jalousien, und von weitem drang der Autolärm von der Schnellstraße nach Tel-Aviv zu uns herein. Es mußte schon später sein, als ich gedacht hatte, denn Waltraud saß bereits auf der Terrasse, trank ihren Kaffee und las die JERUSALEM POST. Als ich herauskam, deutete sie auf die Schlagzeile »Hochzeit der Spionin« und auf das Foto daneben, auf dem Marcello Ninio zu sehen war, eine ehemalige israelische Geheimagentin, die gerade nach vierzehnjähriger Haft aus dem ägyptischen Frauengefängnis entlassen worden war. Sie stand unter der Chuppe - dem Hochzeitsbaldachin - mit ihrem Bräutigam und lächelte ihn glücklich an. Premierministerin Golda Meir und ich fungierten als Trauzeugen.

Es waren erst wenige Monate vergangen, seitdem die Ägypter Waltraud und mich freigelassen hatten.

In dem Schauprozeß, der vom 27. Juli bis zum 21. August 1965 dauerte, hatte ich mich als deutschen Staatsangehörigen bezeichnet und ausgesagt, daß der israelische Geheimdienst Mossad vor sechs Jahren mit dem Vorschlag an mich herangetreten sei, in seinem Auftrag in Ägypten zu spionieren. Ich hatte zugegeben, das Angebot angenommen zu haben, und ließ durchblicken, daß rein finanzielle Gründe mich dazu bewogen hätten. In der Tat war meine Tarnung fast narrensicher gewesen, denn obgleich ich Deutschland 1933 verlassen hatte und seit 1948 – der Gründung des Staates Israel – israelischer Staatsbürger war, besaß ich die doppelte Staatsbürgerschaft; meine bundesdeutschen Papiere waren einwandfrei.

Ich bin 1921 in Deutschland geboren. Mein Vater Hanns war Theaterregisseur in Berlin und später Intendant am Hamburger Schauspielhaus. Meine Mutter Helene war Schauspielerin. Von beiden habe ich ein gewisses Schauspieltalent geerbt, was mir später bei meiner geheimdienstlichen Tätigkeit sehr nützlich war.

Da ich nicht jüdisch-religiös erzogen wurde und mein Vater noch dazu Nichtjude war, hatte man mich nicht beschnitten, ein Umstand, der meiner Tarnung sehr dienlich sein sollte und der mir wahrscheinlich nach meiner Verhaftung das Leben rettete. Ich wuchs in Berlin auf und besuchte von 1930 an das Mommsen-Gymnasium. Wenig später trennten sich meine Eltern, und bald nach der Scheidung starb mein Vater. 1933 emigrierte meine Mutter mit mir nach Palästina, weil ihr die Zukunft als Jüdin in Deutschland zu unsicher erschien. In Palästina besuchte ich die Landwirtschaftsschule Ben-Schemen, wo ich unter anderem auch reiten lernte und eine Liebe zu Pferden entwickelte – ohne zu ahnen, was für eine wichtige Rolle sie in meinem späteren Leben spielen sollten.

1937 trat ich als Sechzehnjähriger in die Haganah – die jüdische Untergrundarmee in Palästina – ein und war an mehreren Gefechten mit arabischen Freischärlern beteiligt. Nach Ausbruch des Zweiten Weltkrieges meldete ich mich freiwillig zur britischen Armee und erlebte den Krieg in Ägypten und Nordafrika. Wie es sich für einen britischen Stabsfeldwebel gehört, ließ ich mir einen imponierenden Schnauzbart stehen, der mir wegen seiner rostroten Farbe den Spitznamen »Rusty« eintrug. Die Tatsache, daß ich jetzt vier Sprachen beherrschte – Deutsch, Hebräisch, Arabisch und Englisch – war von großer Bedeutung für meine spätere Laufbahn.

1948, als der Staat Israel entstand und der erste jüdisch-arabische Krieg ausbrach, meldete ich mich zur israelischen Armee. Als Oberleutnant befehligte ich eine Infanterie-Kompanie, die in Galiläa und im Latrun-Gebiet in heftige Kämpfe verwickelt wurde. Nach Ende des Krieges blieb ich als Berufsoffizier in der Armee. Das Soldatenhandwerk war ja der einzige Beruf, den ich erlernt hatte, und ich wußte nicht recht, wie ich mich im Zivilleben hätte durchschlagen sollen. Am Suez-Feldzug im Jahre 1956 nahm ich als Major und Kommandant einer Kampfeinheit teil.

Während des unruhigen Friedens, der dem israelischen Sieg folgte, empfand ich den eintönigen Routine-Dienst als eher langweilig, bis an einem sonnigen Frühjahrstag im Jahre 1959 zwei Herren an meiner Haustür läuteten.

Die beiden Herren, die Zivilkleidung trugen, stellten sich als Mitglieder des Nachrichtendienstes vor. »Vorstellen« ist vielleicht nicht der richtige Ausdruck. Jeder murmelte undeutlich einen Namen. In diesem Metier bedeutete ein Name gar nichts – das wußte sogar ich. Der eine war groß und hager mit schütterem grauen Haar und hatte eine sehr lange Nase. Der andere war ebenfalls groß, jedoch viel kräftiger gebaut, und musterte mich durch die dicken Gläser einer Nickelbrille. Der mit der großen Nase war offenbar der Sprecher der Delegation. Er kam sofort zum Thema:

»Herr Major, wären Sie unter Umständen bereit, im Auftrag unserer Dienststelle für ein paar Jahre im Ausland zu arbeiten?«

»Das wäre doch vielleicht eine nette Abwechslung für Sie«, warf Nickelbrille ein.

»Wo soll ich denn hinfahren?« fragte ich erstaunt.

»Oh, da gäbe es eine Reihe von Möglichkeiten«, meinte Nase. »Wir führen ja heute nur ein vorbereitendes Gespräch, und ich kann mich noch in keiner Weise festlegen.«

»Und worin würde meine Tätigkeit im Ausland bestehen?« fragte ich. »Spionage?«

Nase verzog das Gesicht, als hätte ich ein besonders unanständiges Wort ausgesprochen. »Nicht unbedingt«, erwiderte er. »Wie ich bereits sagte, gibt es noch eine ganze Reihe anderer Möglichkeiten.«

»Sie müssen sich schon etwas deutlicher ausdrücken«, erklärte ich ihm ungeduldig. »Bis jetzt haben Sie mir überhaupt nichts gesagt.«

»Ich möchte auf die Einzelheiten bei dieser ersten Begegnung noch nicht eingehen«, sagte er gespreizt. »Wir möchten nur wissen, ob Sie im Prinzip bereit wären.«

So redeten wir noch eine Weile um den heißen Brei herum. Nase wollte mir nichts Genaues sagen und ich mich auf dieser Basis zu nichts verpflichten. Schließlich einigten wir uns dahingehend, daß ich mir die Sache »überlegen« und in einigen Tagen einen anderen Herrn treffen sollte, um genauere Einzelheiten zu erfahren. Als Treffpunkt wurde ein ruhiges Café im Norden von Tel-Aviv ausgemacht. Achtzehn Uhr.

Ich erschien pünktlich (in zwanzig Jahren Militärdienst wird das zur Gewohnheit) und nahm an einem Ecktisch Platz. Zehn Minuten später erschienen die drei. An der Spitze marschierte Nase und schnupperte die Luft wie ein Vorstehhund. Ihm folgte ein untersetzter, breitschultriger Mann Mitte Vierzig in Armeeuniform ohne Dienstgradabzeichen. Der Typ mit der Nickelbrille bildete die Nachhut.

Der Mann in Uniform schüttelte mir die Hand und sagte »Schalom«. Sonst nichts. Der Uniformierte und ich bestellten Bier, Nase und sein Kollege Kaffee. Obgleich außer der Bestellung noch kein Wort gesprochen worden war, deutete die ehrerbietige Haltung von Nase und Nickelbrille darauf hin, daß es sich bei ihrem Begleiter um einen hohen Vorgesetzten handelte. Ich warf einen Blick auf seine Schulterklappen und bemerkte drei Lochungen auf jeder Schulter, wo er die Dienstgradabzeichen entfernt hatte.

»Es freut mich, Sie kennenzulernen, Herr Oberst«, sagte ich. Das konnte ich mir nicht verkneifen. Er sah mich verdutzt an, blickte dann auf seine Schulterklappen hinunter und grinste. Es war ein nettes Grinsen.

»Ihnen entgeht wohl nicht viel«, sagte er trocken. Seine Satelliten, die einen neutralen Gesichtsausdruck bewahrt hatten, um die Reaktion des Chefs abzuwarten, lächelten jetzt servil.

»Lechaim.« Der Chef tat einen kräftigen Zug aus seinem Bierglas und schob es dann von sich. »Kommen wir zur Sache.« Er nickte Nase zu, der sich daraufhin an mich wandte.

»Bei unserem ersten Treffen, Herr Major«, sagte er in seiner gespreizten Art, »hatten wir Sie gefragt, ob Sie bereit wären, eventuell einen Auftrag im Ausland anzunehmen. Wir sind jetzt in der Lage, Ihnen die gewünschten näheren Informationen zu geben. Aber zuerst möchten wir Ihnen noch ein paar Fragen stellen, wenn Sie nichts dagegen haben.«

»Fragen Sie nur.«

»Also gut. Glauben Sie, Sie könnten sich im Ausland in überzeugender Weise als Nicht-Israeli ausgeben?«

»Ich könnte mich leicht als Deutscher ausgeben«, erklärte ich ihm. »Teutonisch genug sehe ich aus und Deutsch ist schließlich meine Muttersprache, wie Sie zweifellos wissen. Ich spreche auch fließend Englisch.«

»Auch Arabisch?« fragte der Chef.

»Ich spreche das ägyptische Arabisch ziemlich gut«, antwortete ich ihm, »obgleich ich mich natürlich nie als Ägypter ausgeben könnte.«

»Das wird auch nicht notwendig sein«, meinte der Chef lächelnd und gab Nase einen Wink fortzufahren. Dieser stellte wichtigtuerisch seine nächste Frage:

»Würden Sie einen Auftrag annehmen, der nicht ganz ungefährlich ist?«

»Na hören Sie mal! Ich habe in drei Kriegen gekämpft, die alle ›nicht ganz gefahrlos‹ waren, wie Sie es ausdrücken. Ein gewisses Risiko schreckt mich nicht ab, aber ein Himmelfahrtskommando übernehme ich nicht.«

»Davon kann keine Rede sein«, versicherte er mir hastig. »Über Ihren hervorragenden Kriegsdienst wissen wir Bescheid. Aber das hier ist etwas ganz anderes. Sie würden ganz allein operieren und nur auf sich selbst angewiesen sein. Glauben Sie, daß Sie das könnten?«

»Das ist doch alles leeres Geschwätz«, erwiderte ich gereizt. Dann wandte ich mich an den Chef. »Herr Oberst, ich könnte Ihre Fragen weit besser beantworten, wenn mich jemand darüber aufklären würde, worum es sich eigentlich handelt.«

Er trank noch einen Schluck. »Nur Geduld«, sagte er. »Es ist noch nichts entschieden. Sie können ruhig ein paar Fragen beantworten, auch wenn sie Ihnen nicht relevant erscheinen.«

»Aus Ihrer Personalakte wissen wir«, fuhr Nase fort, »daß Sie keinen spezifischen Zivilberuf haben. Wären Sie bereit, einen Zivilberuf zu ergreifen – sagen wir – Vertreter oder Büroangestellter?«

»Ich glaube schon«, sagte ich nach kurzem Zögern, obwohl gerade die zwei Berufe, die er erwähnt hatte, mir immer besonders abscheulich erschienen waren; doch hielt ich es für klüger, meine Meinung für mich zu behalten.

»Einen solchen Beruf zu erlernen, dürfte Ihnen nicht allzu schwer fallen«, versicherte mir Nase gönnerhaft. »Und wie steht es um Ihre Gesundheit? Könnten Sie zum Beispiel in einem sehr kalten Klima leben?«

Ich zuckte mit den Schultern. »Was sollte ich dort wohl tun? Den Eskimos Kühlschränke verkaufen?«

»Das wohl kaum«, meinte er humorlos. »Aber vielleicht Heizöfen.«

Jetzt reichte es mir. Ich wandte mich an den Chef: »Herr Oberst, Sie fragten mich eben, ob ich Arabisch spreche. Doch wohl nicht deshalb, um mich dann nach Alaska zu schicken. Und Ihr verehrter Kollege wollte wissen, ob ich einen gefährlichen Auftrag übernehmen würde. Fürchtet er, ich würde auf dem arktischen Eis ausrutschen und mir ein Bein brechen? Also wirklich – kaltes Klima und Heizöfen für die Eskimos! Warum nennen wir das Kind nicht beim Namen? Wenn Sie mich in ein arabisches Land schicken wollen, um dort Spionage zu betreiben, dann nennen Sie doch das Kind beim Namen. Sie brauchen mich nicht mit all diesen lächerlichen Fragen darauf vorzubereiten.«

Der Chef bestellte noch zwei Bier. Dann schwieg er eine Weile nachdenklich.

»Angenommen, Ihre Annahme wäre richtig«, sagte er schließlich, »und ich hätte wirklich die Absicht, Sie in ein arabisches Land zu schicken, ins Feindgebiet. Wie würden Sie auf einen solchen Vorschlag reagieren?«

»Das hängt von zwei Faktoren ab«, erklärte ich ihm. »Was wäre meine Aufgabe dort und was bekäme ich dafür? Wenn Sie mir auf diese zwei Fragen eine zufriedenstellende Antwort geben könnten, fiele meine Antwort wahrscheinlich positiv aus.

So einfach ist das. Ich will nicht geldgierig erscheinen. Ich bin kein Landsknecht. Wenn Sie meine Personalakte kennen, dann wissen Sie, daß ich ein Patriot bin. Das habe ich oft genug unter Beweis gestellt. Und, was habe ich davon, daß ich jetzt seit 20 Jahren Soldat spiele? Eine Heldenbrust voller Orden und ein überzogenes Bankkonto. Ich werde auch nicht jünger und muß an meine Zukunft denken. Sonderaufträge im Feindgebiet übernehme ich ohne weiteres, aber ich muß wissen, worum es geht, und ich muß leistungsgerecht bezahlt werden. Also wollen Sie jetzt vielleicht zur Sache kommen?«

Nase und sein Kollege mit der Nickelbrille starrten mich an, als sei ich ein widerwärtiges Insekt unter dem Mikroskop. Der Chef grinste.

»Also gut. Wenigstens nehmen Sie kein Blatt vor den Mund. Ich will mich bemühen, ebenso aufrichtig zu sein. Ich brauche an mindestens fünf verschiedenen Orten einen Mann wie Sie. Natürlich handelt es sich jeweils um mehrjährige Einsätze in arabischen Ländern. Werden Sie erwischt, ist die Rübe ab – machen wir uns darüber keine Illusionen. Das ist alles, was ich Ihnen heute sagen kann; Näheres steht noch nicht fest. Was Ihr Gehalt und Ihre Bezüge betrifft, so kann ich Ihnen zwar aus dem Stegreif keine genauen Beträge nennen, aber wahrscheinlich wird Ihr Einkommen Ihre Erwartungen erheblich übertreffen. Schließlich ist es in unserem eigenen Interesse, unsere Agenten im Einsatz bei guter Laune zu halten. Also machen Sie sich darüber keine Gedanken. Wenn Ihre Ausbildung beendet ist, steht es Ihnen immer noch frei, den Auftrag anzunehmen oder abzulehnen. Bis dahin gehen Sie keine Verpflichtung ein und stehen unter keinerlei Druck. Und noch eines verspreche ich Ihnen: Ich werde nie etwas von Ihnen verlangen, was Sie nicht tun wollen oder können. Sind wir uns soweit einig?«

Eigentlich hatte er mir nicht viel mitgeteilt. Nichts Genaues jedenfalls. Aber ich mochte seine Art. Ohne Zögern ergriff ich seine ausgestreckte Hand.

»Ich bin dabei, Chef.«

* * *

Wenige Tage später begann meine Ausbildung als Geheimagent. Die Annahme, man würde mich in eine Art Ausbildungslager oder Geheimdienstschule schicken, erwies sich als völlig falsch. Das – so erklärte man mir – sei eine völlig veraltete Methode, derer man sich zuletzt im Zweiten Weltkrieg bedient hatte. Heute, so belehrte mich Nase, der sich jetzt Rudi nennen ließ, würde jeder zukünftige Agent, der für den Feindeinsatz vorgesehen sei, einzeln ausgebildet und von seinen Kollegen getrennt: Man nannte das das Prinzip der *Abschottung*.

Er holte mich von zu Hause ab und brachte mich in eine gemütliche Zweizimmerwohnung in der King George Street im Zentrum von Tel-Aviv.

»Hier werden Sie die nächsten sechs Monate wohnen und arbeiten«, sagte er mir. »Wie Sie sehen, ist die Wohnung recht gut eingerichtet, und Sie werden sich hier wohlfühlen. Bettwäsche finden Sie im Schrank und Geschirr in der Küche. Telefon und Radio sind vorhanden (Fernsehen gab es damals in Israel noch nicht), und dort drüben ist ein Panzerschrank, wo Sie Ihre Akten und anderes Lehrmaterial aufbewahren können.«

»Und wer bildet mich aus?« erkundigte ich mich neugierig.

»Ihre Ausbilder – einer oder mehrere für jedes Fach – werden Sie nach vorheriger Vereinbarung besuchen. Jeder trägt einen Decknamen – auch Sie. Sie heißen ab heute Samson. So werden Sie angesprochen, und mit diesem Namen unterzeichnen Sie Ihre Arbeiten und Prüfungspapiere. Nur ganz wenige Leute in der Zentrale kennen Ihren wirklichen Namen.«

»Samson klingt nicht schlecht«, meinte ich. »Das klingt nach Kraft und Zuversicht. Das war doch der biblische Typ in Gaza, den seine Kräfte verließen, als ihm seine Freundin Delilah die Haare abschnitt. Also bitte – Samson. (Und Samson war mein erster Gedanke, als mir viele Jahre später der ägyptische Gefängnis-Barbier den ersten Haarschnitt verpaßte.) Sagen Sie mal, Rudi, ist das nicht alles etwas sehr aufwendig für die Schulung eines einzigen Agenten?«

»Gewiß ist es das«, gab er zu. »Aber diese Abschottung ist

eine unbedingt erforderliche Sicherheitsmaßnahme. Es kommt ja vor, daß ein Agent auffliegt und festgenommen wird. Dann kann er nur das aussagen, was er weiß. Je weniger er weiß, desto weniger Schaden kann er anrichten.«

»Muß er denn immer alles ausplaudern? Warum lehrt man ihn nicht, seine Vernehmer irrezuführen?«

»Das wird auch getan, wie Sie sehen werden. Aber in der Praxis funktioniert das nicht immer. Machen wir uns doch nichts vor, Herr Maj... ich meine Samson. Geschichten, in denen verhaftete Agenten auch bei schärfsten Vernehmungsmethoden eisernes Stillschweigen bewahren und keine Geheimnisse preisgeben, gehören ins Reich der Belletristik. Früher oder später holt jeder gute Vernehmer alles aus dem Mann heraus, was er weiß. Dagegen ist kein Kraut gewachsen. Führungsoffiziere haben es längst aufgegeben, ihre Agenten anzuweisen, für den Fall einer Gefangennahme Stillschweigen zu bewahren. Eine solche Weisung ist unausführbar.«

Am nächsten Morgen begann die eigentliche Ausbildung. Meine Ausbilder – insgesamt zwölf – besuchten mich einzeln und unauffällig. Das Pensum war äußerst umfangreich, und jeder Schulungstag dauerte zwischen vierzehn und sechzehn Stunden. Im Laufe von sechs Monaten brachte man mir alles bei, was ein Geheimagent wissen und können muß. Zunächst die sogenannte »konspirative Tätigkeit« wie Organisieren von Agententreffs, Beschattung, Beobachtung verschiedener Objekte, Umgang mit Geheimtinten, tote Briefkästen und vieles andere, was zum Agenten-ABC gehört. Ich erlernte das Morse-Alphabet und die Bedienung von Funkgeräten sowie den Umgang mit verschiedenen Sprengstoffen.

Und dann das Gedächtnistraining. Nach ein paar Unterrichtsstunden mit Bildern und Fotos von Gegenständen und Zahlenkombinationen, die ich mir merken mußte, wurden fast jedem Lehrfach einige Gedächtnisübungen beigefügt.

Einmal saß ich zum Beispiel mit einem meiner Ausbilder, der sich Schmulik nannte und den ich besonders mochte, am offenen Fenster meiner Dienstwohnung und übte eine Geheimschrift auf einem präparierten Schreibblock. Plötzlich blickte Schmulik aus dem Fenster und sagte beiläufig: »Samson, schau dir mal die Puppe da drüben an.« Auf der anderen Straßenseite an der Bushaltestelle stand eine junge Frau.

»Ganz hübsch«, bemerkte ich lächelnd.

»Gut. Jetzt schau nicht mehr hin«, wies Schmulik mich an, »und beantworte mir folgende Fragen: Was für Schuhe trägt sie, wie sieht ihre Handtasche aus, wie ist sie frisiert?«

Zu meiner eigenen Verwunderung konnte ich nur ungenaue Angaben machen.

»Siehst du«, meinte Schmulik, »in unserem Beruf muß man erst beobachten lernen. Die meisten Menschen schauen einfach in die Gegend, ohne das, was sie sehen, richtig aufzunehmen. Ein Agent muß sich angewöhnen, auch wenn er anderweitig beschäftigt ist, alles zu beobachten, was um ihn herum vorgeht. Darum werden wir diese Übungen immer wieder spontan wiederholen.«

Bei einer anderen Gelegenheit saß ich mit Avigdor, meinem Funk-Instruktor, am Tisch und übte Morsezeichen. Draußen ertönte das laute Quietschen von Autoreifen. Wir blickten hinaus und sahen gerade noch, wie ein Pkw einen anderen Wagen schnitt und mit überhöhter Geschwindigkeit um die Ecke kurvte. »Was war das für ein Wagen?« fragte Avigdor prompt.

»Ein Chevrolet«, erwiderte ich ebenso prompt.

»Farbe?«

»Olivgrün.«

»Wie viele Passagiere?«

»Drei, außer dem Fahrer.«

»Trugen sie Kopfbedeckungen?«

»Der Fahrer nicht. Die anderen habe ich nicht genau gesehen.«

»Gar nicht schlecht«, grinste Avigdor. »Übrigens – was die Kopfbedeckungen betrifft, hättest du mir alles mögliche erzählen können. Ich habe das auch nicht genau gesehen.«

Dieses Gedächtnis- und Beobachtungstraining erwies sich noch als sehr nützlich.

Später im Einsatz konnte ich etwa die Hälfte der durchgenommenen Materie nutzbringend anwenden. Das ist immerhin bedeutend mehr, als die meisten Absolventen von Hochschulen und anderen Lehrinstituten von sich behaupten können.

Eines Tages klingelte es, und der Chef stand vor der Tür. Er trug Uniform, hatte aber diesmal seine Dienstgradabzeichen nicht abgenommen.

»Herr Oberst«, begrüßte ich ihn. »Welch ein Glanz in meiner Hütte.«

Er grinste. »Ich dachte, Sie hätten vielleicht ein Bier im Kühlschrank, Wolfi.«

»Bier ist genug da«, eriwderte ich. »Aber ich heiße doch Samson.«

»Nicht bei mir«, lachte er. »Aber als Samson sollen Sie sich ganz gut machen, wie ich von Ihren Ausbildern höre.«

Ich schenkte jedem von uns ein Bier ein, und wir ließen uns in unmittelbarer Nähe der Klimaanlage nieder. Es war ein glühendheißer Junitag. Mein Instruktor für Sabotageaktionen hatte mich gerade verlassen, und einige Päckchen Sprengstoff lagen noch auf dem Tisch.

»Schließen Sie die lieber weg«, meinte der Chef, »bevor die Putzfrau sie findet. – Ja, man ist sehr zufrieden mit Ihren Fortschritten. Aber ich bin nicht gekommen, Ihnen Komplimente zu machen, sondern um ein paar wichtige Dinge mit Ihnen zu besprechen.« Er nahm sein Bierglas und leerte es in einem Zug. »Ahhh – das tut gut. Haben Sie noch eins?«

»Klar.« Ich ging zum Kühlschrank und holte ihm noch ein Bier.

»Ihre Grundausbildung ist bald abgeschlossen«, sagte er und lehnte sich bequem in meinem Lieblingssessel zurück. »In ein paar Wochen ist es soweit.«

»Bin ich dann schon voll ausgebildet?« fragte ich gespannt.

»Voll ausgebildet ist man in diesem Beruf nie«, erwiderte er. »Wie in den meisten Berufen, die nicht rein mechanisch sind, kann auch die sorgfältigste Ausbildung nur als Grundlage dienen. Besonders der Geheimagent muß seine Arbeitsmethoden weitgehend den Umständen wie auch seiner eigenen Persönlichkeit anpassen. Außer den technischen Fertigkeiten, die er beherrschen muß, können wir ihm lediglich die Grundprinzipien des Metiers beibringen. Sein Erfolg – oder Mißerfolg – hängt davon ab, wie er sie anwendet. Ich sehe keinen Grund, Sie noch monatelang hierzubehalten, nur um Sie noch ein paar technische Einzelheiten lernen zu lassen. Das wäre Geld- und Zeitverschwendung. Außerdem brauche ich Sie im Zielgebiet. – Wolfi, wir haben beschlossen, Sie nach Kairo zu schicken.«

Das war eine angenehme Überraschung. Von allen arabischen Ländern war mir Ägypten mit Abstand das liebste. Ich mochte die Ägypter und ihre Lebensweise.

»Kairo kenne ich ganz gut – noch vom Zweiten Weltkrieg her«, sagte ich. »Aber wahrscheinlich hat sich unter Nasser manches geändert.«

»Das Land ist noch ärmer und noch schmuddeliger geworden«, sagte er verächtlich. »Nur die herrschende Oberschicht hat gewechselt. Vor der Revolution waren es die königliche Familie und die Paschas, heute sind es die jungen Offiziere, die das Land regieren und sich alles erlauben können – und die Geheimdienste. Die beherrschen alles und jeden und sind so gut wie allmächtig. Keine Fliege kann in Ägypten auch nur einen Furz lassen, ohne daß es dem Geheimdienst zugetragen würde. Das wird eines Ihrer Hauptprobleme sein, Wolfi.«

»Ich weiß. Nase – ich meine Rudi – hat mir eine Menge Literatur zu diesem Thema gegeben. Die lese ich in meiner Freizeit, wenn ich nicht gerade Hausaufgaben machen muß. Aber Nasser hat doch auch die Streitkräfte gehörig verstärkt seit seinem Debakel im Suez-Krieg von 1956.«

»Eben. Es wird eine Ihrer Aufgaben sein, uns darüber genaue Einzelheiten zu berichten. Außerdem heuerte er deutsche und österreichische Experten an, die für ihn Kampfflugzeuge und Raketen bauen sollen. Das interessiert uns natürlich brennend. Sie werden also verstehen, warum ich Sie so bald wie möglich dort unten haben will.«

»Und als was soll ich mich dort ausgeben?«

»Darüber will ich jetzt mit Ihnen sprechen: über Ihre Legende und Ihre Tarnung. Alles muß sehr sorgfältig vorbereitet werden, auch wenn die Zeit drängt. Eine Tarnung muß sitzen wie eine zweite Haut. Die kleinste Unstimmigkeit, und Sie sind dran und Ihre Mission ist im Eimer.«

»Ich nehme an, daß ich in Kairo als Deutscher auftreten soll«, sagte ich.

»Das halte ich für das Beste. Aber es hängt von Ihnen ab, in welcher Haut Sie sich an wohlsten und sichersten fühlen. Können Sie sich echte deutsche Papiere besorgen?«

»Ohne jede Schwierigkeit. Ich besitze eine Geburtsurkunde und bekomme jederzeit einen Personalausweis und einen Paß – in Deutschland. Das heißt, ich könnte sie mir auch hier auf dem Konsulat ausstellen lassen, aber dann steht drin, daß sie in Tel-Aviv ausgestellt wurden.«

»Nun, das fehlt uns noch. Nein, nein, Sie fahren nach Deutschland und werden erst einmal ein waschechter deutscher Recke. So aussehen tun Sie ja schon. Geben Sie mir mal einen Bogen Papier, und dann skizzieren wir Ihre Legende. Bis dann jede Einzelheit perfekt ist, werden Sie noch viel daran herumfeilen müssen. Also: Die Legende eines Agenten sollte sich immer soweit wie möglich an die Wahrheit anlehnen. Sie sind 1921 in Deutschland geboren und haben bis 1933 dort gelebt. Haben Sie Schulzeugnisse?«

»Ja. Vom Mommsen-Gymnasium in Berlin.«

»Wunderbar. Aber dann sind Sie nach Palästina ausgewandert, haben im Kriege in der britischen Armee gedient und sind heute Major in der israelischen Armee. Das dürfen wir natürlich niemandem erzählen. Für die sechsundzwanzig Jahre zwischen 1933 und 1959 müssen wir uns etwas einfallen lassen.«

»Das ist eine sehr lange Zeitspanne«, warf ich ein.

»Gewiß. Im Klartext: Wir müssen ein Märchen erzählen, aber ein sehr plausibles Märchen. Wie könnte also eine logische Fortsetzung Ihrer Kinderjahre aussehen? Sie beendeten die Schule und machten Ihr Abitur. Als 1939 der Krieg ausbrach, wurden hunderttausende junger deutscher Abiturienten eingezogen oder meldeten sich freiwillig zur Wehrmacht. Nichts wäre natürlicher für Sie gewesen, als es ihnen gleichzutun.«

»Ich meldete mich natürlich freiwillig.«

»Natürlich. Und Sie gingen auf die Kriegsschule und wurden Offizier. Als Berufssoldat dürfte es Ihnen ja nicht schwerfallen, den ehemaligen deutschen Wehrmachtsoffizier zu mimen. Wo haben Sie gedient, Leutnant Lotz?«

»In Nordafrika. Bei Rommel. Ich habe ja tatsächlich in Nordafrika gekämpft und kenne den Laden sehr genau.«

»Gut. Dann geriet Leutnant Lotz in Kriegsgefangenschaft.«

»Bei El Alamein. Aber Sie könnten mich doch wenigstens zum Hauptmann befördern, Herr Oberst.«

»Bitte sehr. Spielt ja keine Rolle. Wollen Sie auch ein Ritterkreuz haben?«

»Lieber nicht. Zu auffällig. So viele Ritterkreuze wurden in Nordafrika nicht verliehen. – Und in Kriegsgefangenschaft blieb ich bis Ende 1946. Da wurden die letzten Gefangenen aus Ägypten nach Hause verschifft.«

Der Chef machte sich ein paar Notizen. »Da können wir noch ein paar Jährchen abhaken. Wie geht es jetzt weiter? Sie wurden entlassen und nach Deutschland verschifft ... Aber dort können Sie nicht bleiben. Nach dem Krieg herrscht in Deutschland wieder bürokratische Ordnung und Meldepflicht: Jeder, der 1946 dort ansässig ist, muß An- und Abmeldungen vorweisen können, außerdem Kennkarte, Steuererklärung, Krankenkassenzulassung, Führerschein, Rentenversicherungsnachweis und weiß der Teufel was noch. Soll ich Ihnen das etwa alles drucken lassen? Sie haben doch das Glück, mit echten Papieren arbeiten zu können. Schmutzige Papiere sind für einen Langzeiteinsatz viel zu riskant. Und damit wäre es noch nicht getan. Wer dort wirklich gelebt hat, der hat Freunde, Nachbarn, Arbeitskollegen, Stammtischkumpane und so weiter. Wo wollen Sie die hernehmen? Nein, Sie müssen weg aus Deutschland. Auf mindestens zehn-elf Jahre. Haben Sie eine Idee?«

Ich dachte eine Weile nach. »Wie wäre es mit Australien?« schlug ich vor. »Nach dem Krieg sind viele ehemalige deutsche Soldaten dorthin ausgewandert. Einer mehr würde doch keine Rolle spielen. Australien ist weit weg, und meine Angaben werden schwer nachzuprüfen sein.«

Der Chef nickte anerkennend. »Und was haben Sie dort gemacht?«

»Geld verdient. Ich kam zwar als mittelloser Zwischendeckpassagier in Australien an und mußte zunächst eine Stellung als Lkw-Fahrer annehmen, aber mit treudeutscher Strebsamkeit und dem entsprechenden Fleiß arbeitete ich mich hoch, wurde schließlich Pferdetrainer oder Rennstallbesitzer und verdiente eine Menge Geld.«

»Amen. Und dann kehrten Sie nach Deutschland zurück, zu dem gleichen Zeitpunkt, wo Sie tatsächlich dort eintreffen werden – aus Tel-Aviv. Was trieb Sie eigentlich nach Deutschland zurück, wo es Ihnen doch in Australien so gut ging?«

»Das Heimweh, Herr Oberst! Vergessen Sie das Heimweh nicht, das die ganzen Jahre an mir genagt hat!«

»Sie rühren mich zu Tränen, Wolfi. Jetzt sind Sie also auch in Wirklichkeit in Deutschland angekommen, verschaffen sich die nötigen Papiere, bereiten Ihre Ägyptenreise vor und vervollständigen Ihre Tarnung. Wo wollen Sie in Deutschland wohnen?«

»In Berlin«, sagte ich wie aus der Pistole geschossen.

Der Chef zog erstaunt die Augenbrauen hoch. »Warum gerade auf der Insel?«

»Erstens bekomme ich dort meine Papiere ausgestellt, denn Berlin ist meine Heimatstadt. Und... nun ja, wir haben ja eben von Heimweh gesprochen... so ein bißchen was ist schon dran.«

Der Oberst warf mir einen merkwürdigen Seitenblick zu, sagte aber nur: »Mir soll es recht sein, Wolfi.«

»Und wie lange soll die Vorbereitung dauern?« erkundigte ich mich.

»Bis Sie das Gefühl haben, sich in Ihrer neuen Haut ganz frei und natürlich bewegen zu können. Zwischen sechs Monaten und einem Jahr, würde ich sagen. Ich habe es zwar sehr eilig, Sie nach Ägypten zu bekommen, aber nicht auf Kosten elementarer Sicherheitsmaßnahmen.« Er erhob sich. »Wir sprechen noch darüber, Wolfi – wahrscheinlich noch oft. Und polieren Sie inzwischen Ihre Legende auf.« Er wandte sich zum Gehen (in Israel schüttelt man sich nur selten die Hand), hielt aber inne und drehte sich zu mir um.

»Was ich Ihnen noch sagen wollte, Wolfi – und merken Sie sich das für die Zukunft, wenigstens so lange, wie ich Ihr Chef bin: Wir sind hier nicht beim KGB. Wenn Sie jemals im Einsatz die Nerven verlieren sollten, wenn Sie verfolgt werden und in Gefahr sind aufzufliegen oder auch, wenn Sie sich das nur einbilden – steigen Sie getrost ins nächste Flugzeug und kommen Sie nach Hause. Keiner hier wird Ihnen dafür ein Ohr abreißen. Ich mag keine toten Helden.«

II
Einfacher als man glaubt.

Ich verbrachte ein Jahr in der Bundesrepublik, um meine Tarnung zu vervollständigen und mich in meine Rolle als deutscher Bundesbürger und ehemaliger Wehrmachtsoffizier einzuleben. Ich gab vor, ein stramm rechts gerichteter Nationalist zu sein, der dem neuen, von den Siegermächten verordneten, demokratischen Regime kritisch gegenübersteht. In Berlin-Wannsee trat ich dem Reitclub Storbeck bei und war auch bald ein gern gesehener Stammgast in der Reiterklause nebenan. Niemand zweifelte auch nur im geringsten an meiner Identität, und auch meine Geschichten von Australien nahm man mir am Stammtisch ohne weiteres ab.

Ich begann, mich in meiner neuen Haut allmählich sicher zu fühlen. Eine neue Identität anzunehmen war viel einfacher, als ich mir vorgestellt hatte. Israel schien in weiter Ferne zu liegen.

Ein Verbindungsmann des Mossad besuchte mich einmal im Monat, erkundigte sich nach meinem Befinden, überbrachte mir das Spesengeld und erhielt von mir einen schriftlichen Bericht für den Chef. Unsere Treffs spielten sich stets nach allen Regeln »konspirativer Tätigkeit« ab, so wie ich es während meiner Ausbildung gelernt hatte – allerdings mit kleinen Schönheitsfehlern, wie ich bald erkennen mußte. Eines Morgens zum Beispiel, kurz nach acht, erhielt ich zu Hause einen Anruf von einem Mann, der sich Solly nannte und mit fremdem Akzent Deutsch sprach. Er richtete mir Grüße von meinem »Onkel« aus und bat mich, ihn um siebzehn Uhr im Café Bristol am Kurfürstendamm zu treffen. Er kenne mich vom Sehen, sagte er.

Nach dem vereinbarten Code bedeutete Café Bristol um siebzehn Uhr in Wirklichkeit Café Kranzler um fünfzehn Uhr.

Von meiner Wohnung in der Maier-Otto-Straße bis zum Café Kranzler waren es nur etwa zehn Minuten zu Fuß. Doch eingedenk der Vorschriften verließ ich das Haus bereits um vierzehn Uhr und wanderte fast eine Stunde lang durch möglichst unbelebte Straßen, um mich zu vergewissern, daß mir niemand folgte. Nicht, daß ich so etwas auch nur im Entferntesten vermutet hätte. Warum sollte mir jemand folgen? Als Geheimagent war ich ein unbeschriebenes Blatt. Aber Befehl ist Befehl, und ich war bemüht, alles ganz richtig zu machen, wobei ich mir äußerst »konspirativ« vorkam.

Punkt fünfzehn Uhr betrat ich das Café Kranzler. Nachdem ich mich kurz umgesehen hatte, steckte ich die gefaltete Abendzeitung, die ich in der Hand hielt, in meine rechte Jakkentasche, zum Zeichen, daß die Luft rein war. Ich habe mich oft gewundert, warum sich Geheimagenten bei ihren Treffs fast immer mit einer Zeitung Zeichen geben. Allein damit müßten sie schon die Gegenseite auf sich aufmerksam machen. Aber die Damen und Herren von der anderen Feldpostnummer geben sich in der Regel die gleichen Signale, und mit der Zeit begann ich jeden Menschen zu verdächtigen, der in öffentlichen Lokalen mit einer Zeitung herumfuchtelte.

Meinen Kollegen aus dem Morgenland hatte ich längst ausgemacht. Zwar kannte ich ihn nicht persönlich, doch konnte es kein anderer sein als der junge Mann im ungebügelten blauen Anzug mit der scheußlichen grün-weiß getreiften Krawatte, der dort drüben allein am Fenster saß und mit Hingabe in der Nase popelte.

»Wozu, zum Teufel, taugt diese ganze Geheimnistuerei«, dachte ich mir. »Wozu diese stundenlangen Mantel-und-Degen-Spiele, wie in einem James-Bond-Roman, wenn der kleine Schmock da drüben sich so benimmt, daß jeder auf ihn aufmerksam wird?«

Ich nahm mir vor, bei der nächsten Gelegenheit den Chef darauf anzusprechen. Er war derjenige, der uns wiederholt eingeschärft hatte, in Rom müsse man es den Römern gleichtun. Das heißt, man solle sich ebenso verhalten, ebenso kleiden wie die Leute im Land und man dürfe vor allem außerhalb des Nahen Ostens nicht in der Nase bohren! Dort ist es praktisch eine liebgewordene Gewohnheit. In Israel habe ich sogar schon Minister vor der Fernsehkamera popeln sehen – doch im Café Kranzler auf dem Kurfürstendamm konnte die Wühltätigkeit nur unliebsames Aufsehen erregen.

Ich versuchte, meine Gereiztheit hinter einem freundlichen Lächeln zu verbergen, als Solly schließlich an meinen Tisch trat. Er überbrachte mir Grüße vom Chef und nahm meinen Bericht entgegen. Dann händigte er mir einen verschlossenen Briefumschlag aus.

»Das sind zweitausend Dollar«, sagte Solly.

»Doppelt soviel wie mir zusteht«, sagte ich erstaunt. Zweitausend Dollar waren damals achttausend Mark.

»Ich weiß. Der Chef möchte, daß Sie eine operative Reserve haben. Für alle Fälle.«

Dagegen war nichts einzuwenden. Solly entschuldigte sich – er müsse ein dringendes Telefongespräch führen. Die Telefonzellen befanden sich am anderen Ende des Raumes. Ich winkte der Kellnerin, zahlte und machte mich unauffällig und schnell aus dem Staub. Solly hatte offenbar eine schlechte Verbindung erwischt. Seine Stimme war durch die geschlossene Tür der Telefonzelle deutlich zu hören. Was mich daran störte? Er brüllte laut – und dazu noch hebräisch!!

Mein nächster Bericht an den Chef enthielt die Empfehlung, Solly baldmöglichst aus dem Verkehr zu ziehen. Der Popelagent wurde in der Tat nach Hause beordert, doch nicht, bevor er eine größere Geldsumme, die für meinen ersten Einsatz in Ägypten gedacht war, versehentlich auf ein falsches Bankkonto eingezahlt hatte, was meine Abreise um eine Woche verzögerte. Der Mossad galt – und gilt immer noch – als einer der besten Geheimdienste der Welt, aber Leute wie Meister Solly gibt es wohl überall.

Gegen Ende des Jahres 1960 flog ich nach München, um dort den Chef zu treffen. Wir hatten uns im Künstlerhaus am Lenbachplatz verabredet. Zunächst vergewisserte er sich, daß meine bundesdeutschen Papiere, die mir die Behörden in Berlin ausgestellt hatten, in Ordnung seien und ließ sich über mein Leben in der Tarnung berichten.

»Nun, das klingt ja alles ganz gut«, brummte er. »Wolfi, ich will Sie nicht drängen, und ich will keinesfalls, daß Sie abfahren ohne das Gefühl zu haben, in Ihre Tarnung gänzlich hineingewachsen zu sein, aber... um es kurz zu machen: wann können Sie nach Kairo abreisen?«

Ich verspürte einen Anflug von Bedauern. In Berlin fühlte ich mich sehr wohl, und von mir aus hätte es noch lange so weitergehen können. Aber schließlich war es nicht der eigentliche Zweck meiner Reise und der langen Ausbildung, die ich genossen hatte, mit hübschen jungen Damen durch den Grunewald zu reiten und bei Bernhard am Stammtisch von Australien zu erzählen.

»Reisefertig wäre ich eigentlich ab sofort«, sagte ich, »aber ich habe noch keinerlei Weisungen erhalten, was ich in Kairo genau tun soll.«

Der Chef nickte zufrieden. »Deshalb bin ich ja hier. Sie machen zunächst eine Art Probefahrt. Sie fahren für zwei bis drei Monate als ganz normaler deutscher Tourist nach Ägypten und verhalten sich dementsprechend. Sie spielen in keiner Weise den Spion! Klettern Sie auf die Pyramiden, gehen Sie ins Museum, besuchen Sie Nachtlokale – und machen Sie vor allem viele Bekanntschaften. Spielen Sie ruhig den reichen Mann und seien Sie spendabel. Und sehen Sie sich vor allem nach einer Möglichkeit um, sich später dort auf Dauer niederzulassen. Es ist nämlich für einen Ausländer gar nicht so einfach, eine Aufenthaltserlaubnis zu bekommen. Verschaffen Sie sich Beziehungen. Das ist der alleinige Zweck dieser Reise. Wenn Sie zurückkommen, erstatten Sie mir genauen Bericht. Alles klar?«

»Ich glaube schon. Ich buche mir noch heute einen Flug nach Kairo.«

»Nein, Sie buchen eine Erste-Klasse-Kabine auf einem Schiff. Das sieht mehr nach Tourismus aus.«

Zwei Wochen später schiffte ich mich in Genua an Bord des italienischen Linienschiffes »Esperia« ein und kam nach sechs Tagen in Alexandria an.

Kaum war die ägyptische Küste in Sicht, tönte es auf dem

Schiff aus sämtlichen Lautsprechern, erst auf italienisch, dann englisch und deutsch: »Meine Damen und Herren, wir bitten um Ihre Aufmerksamkeit. Das Fotografieren im Hafengebiet von Alexandria ist streng verboten. Jeder, der diesem Verbot zuwiderhandelt, setzt sich der Gefahr aus, verhaftet zu werden. Seine Kamera wird in jedem Falle von der ägyptischen Hafenpolizei beschlagnahmt. Ich danke Ihnen, meine Damen und Herren.«

Ich blickte auf die Uhr. Sieben Uhr vierzehn. Es würde noch eine ganze Weile dauern, bis alle Formalitäten erledigt wären. Der Lotse und die Gesundheitsbehörden mußten an Bord kommen, dann würde eine Paßkontrolle stattfinden und erst, wenn der letzte Passagier abgefertigt wäre, würde das Schiff anlegen.

»Lassen Sie sich ruhig Zeit, Herr Lotz«, hatte mir der Erste Offizier, mit dem ich mich während der Reise angefreundet hatte, am Abend vorher geraten, als wir in der Bar einen Drink nahmen. »In Ägypten hat es niemand eilig. Vor elf oder zwölf Uhr können Sie ohnehin nicht an Land gehen. Sie können sich also ausschlafen, in aller Ruhe Ihre Sachen packen und gemütlich frühstücken, bevor Sie zur Paßkontrolle gehen.«

Ich saß gerade beim Frühstück, als die Barkasse der Hafenpolizei am Schiff festmachte. Gleich darauf tönte es aus dem Lautsprecher: »Alle Passagiere, die in Alexandria an Land gehen, werden gebeten, sich zur Paßkontrolle in den Speisesaal dritter Klasse zu begeben.«

Als ich zwanzig Minuten später dort ankam, war die Paßkontrolle bereits in vollem Gange. Ich stellte mich an und beobachtete interessiert die Prozedur. Die Tische waren hufeisenförmig aufgestellt und an den drei Seiten hatten insgesamt sechs Offiziere in der weißen, goldbetreßten Uniform der Hafenpolizei Platz genommen – ein Oberstleutnant, ein Major und vier Hauptleute. Die Kontrollprozedur war kompliziert und zeitraubend. Zunächst erhielten die Passagiere ein Formular zum Ausfüllen: Name, Staatsangehörigkeit, Paßnummer, Heimatanschrift, Beruf, Religion, Zweck des Aufenthalts in Ägypten, Einzelheiten über frühere Einreisen, Bekannte mit Wohnsitz in Ägypten und vieles mehr. Nach Beendigung dieser Fleißarbeit übergab man das Formular zusammen mit dem Reisepaß einem Hauptmann, der das Ganze bedächtig durchlas, Paß und Formular abstempelte und an Hauptmann Nummer zwei weiterreichte. Dieser las alles noch einmal, verglich die Angaben auf dem Formular mit denen im Paß und gab alles an Hauptmann Nummer drei weiter. Dieser hatte ein schwarzes Fahndungsbuch, in dem alle polizeilich gesuchten oder in Ägypten unerwünschten Personen eingetragen waren. Er las und verglich alles noch einmal, fragte nach dem Namen und sah dann im Fahndungsbuch nach, gemeinsam mit Hauptmann Nummer vier, der neben ihm saß. Anschließend brachte ein Polizist die Reisedokumente zu dem Major am anderen Ende des Raumes, der sie unbesehen abstempelte, das Formular zurückbehielt und den Paß seinem Besitzer aushändigte. Der Oberstleutnant überwachte und beaufsichtigte die Prozedur, die zwischen fünfzehn und zwanzig Minuten dauerte.

In dem überfüllten Speisesaal herrschte brütende Hitze, gegen die die Klimaanlage des Schiffes nicht ankam. Ich tupfte mir mit dem Taschentuch den Schweiß von der Stirn. War es nur die Hitze, die diesen Schweißausbruch verursacht hatte? Eine Dame hinter mir lächelte mir zu und sagte auf englisch: »Nichts auf der Welt kann so einfach sein, daß es ein ägyptischer Beamter nicht komplizieren könnte.«

»Paßt Ihnen etwas nicht, Madame?« fragte Hauptmann Nummer drei in scharfem Ton und begann, die Reisedokumente der Dame einer besonders genauen Kontrolle zu unterziehen. Man winkte mich weiter, und ich weiß nicht, wie die Sache für die Dame ausging.

Inzwischen zog uns ein Schlepper langsam in den Hafen. Es würde wohl noch einige Zeit dauern, bis wir am Kai festmachten. Zeit genug also für einen Spaziergang an Deck und eine Zigarette. Ich beobachtete das geschäftige Treiben am Kai. Hunderte von Menschen warteten am Anlegeplatz. Unzählige zerlumpte Träger fieberten dem Augenblick entgegen, wo man die Gangway ausfuhr, und sie sich an Bord stürzen konnten. Hafenagenten, die von ihren Beziehungen zu den Behörden lebten, standen bereit, um ihre Kunden gegen ein entsprechendes Entgelt ein wenig schneller als üblich durch den Zoll zu

schleusen. Eine bunte, lärmende Menge von Taxifahrern, Hotelportiers, Reiseleitern, Fotografen, Spediteuren, Händlern, Musikanten und Akrobaten belebte das Bild. Alles Menschen, die davon lebten, daß sie etwas anzubieten hatten – eine Ware, eine Dienstleistung, eine Information.
Ich hatte schon mehrere Zigarettenkippen über Bord geworfen, als das Schiff endlich anlegte und die Passagiere von Bord gehen durften. Nachdem auch die Zollkontrolle durchgestanden war, ließ ich mich von einem rumpeligen Taxi in die Stadt fahren, die sich in den sechzehn Jahren, die ich nicht mehr hier gewesen war, kaum verändert hatte; später bestieg ich den Reisebus nach Kairo. Die Fahrt auf der leeren, trostlosen Wüstenstraße zwischen Alexandria und Kairo – über eine Entfernung von 240 Kilometern – dauerte knapp drei Stunden. Kurz vor Kairo hielt der Fahrer auf einer Anhöhe, damit die Fahrgäste – zum größten Teil Touristen – den ersten Blick auf die Stadt in Ruhe genießen konnten. Wir waren am Ende der gelben, staubigen Wüste angekommen und befanden uns inmitten üppigster Vegetation. Die Grenze zwischen der Wüste und dem grünen fruchtbaren Land war wie mit dem Lineal gezogen. Rechts von uns sah man die Pyramiden von Giza, linker Hand, umrahmt von Palmenhainen und Gärten, lag Kairo mit seinen Türmen, Minaretten und Kuppeln inmitten moderner Wolkenkratzer.

Dieser imposante Eindruck, den die Stadt von weitem vermittelte, verlor sich weitgehend, als wir ihr näherkamen und den Schmutz, den Gestank und das Elend wahrnahmen. Der Straßenverkehr raubte einem den Atem. Amerikanische Luxuslimousinen schoben sich neben klapperigen Vehikeln, die man in Deutschland längst verschrottet hätte, in halsbrecherischem Tempo durch das Gewirr von Fußgängern, Eselskarren, Lastkamelen und Wasserbüffeln. Der Lärm war ohrenbetäubend, der Gestank überwältigend, und niemand schien sich an irgendwelche Verkehrsregeln zu halten. Doch trotz alledem faszinierte mich Kairo auch dieses Mal, und ich freute mich, nach so vielen Jahren wieder hier zu sein.

Es wunderte mich ein wenig, daß ich überhaupt nicht beunruhigt war und nicht einmal ein leises Kribbeln in der Magengrube verspürte. Aber was konnte mir schon passieren? Ich war ein normaler Tourist (mit garantiert echten Papieren) unter tausend anderen und hatte sogar Weisung, diese Rolle strikt beizubehalten und mich keinesfalls geheimdienstlich zu betätigen. Übrigens hatte der Chef darauf bestanden, daß ich vorgeben sollte, kein Arabisch zu können. Da mußte ich allerdings aufpassen, damit mir nicht versehentlich eine arabische Redewendung herausrutschte, denn jeder Ägypter hätte sofort bemerkt, daß das kein Touristenarabisch war.

Von der Endstation ließ ich mich in einem Taxi zum Hotel Semiramis fahren. Das Zimmer hatte ich bereits in München gebucht. Das Semiramis war ein sehr altes, gediegenes Hotel am Nilufer. Die Gastlichkeit und die vollendeten Umgangsformen des Personals waren typisch ägyptisch.

Vom Balkon meines Zimmers hatte ich einen herrlichen Ausblick auf den Nil und die Löwenbrücke, die zur Nilinsel Gezira führt. Links dahinter waren in der Ferne die Pyramiden von Giza zu erkennen. Ich hatte seit dem Frühstück nichts mehr gegessen und beschloß, das Abendessen im Hotelrestaurant einzunehmen, das, wie ich mich erinnerte, auf dem Dach gelegen war und eine große Terrasse hatte. Von dort aus würde ich die Aussicht noch besser genießen können. Am Eingang empfing mich der Maître d'Hôtel in tadelloser, weißer Smokingjacke mit einer tiefen Verbeugung.

»Ich möchte zu Abend essen«, sagte ich ihm auf englisch.

»Selbstverständlich, Monsieur. Sind Monsieur Gast des Hotels?«

»Ja. Zimmer 309.«

»Dann würde es Monsieur vielleicht nichts ausmachen, schnell noch einmal hinunterzufahren und eine Krawatte umzubinden. Krawatte ist Pflicht in unserem Restaurant, fürchte ich.«

Es wäre keine allzu große Mühe gewesen, seinen Wunsch zu erfüllen, aber mich stach der Hafer. Ich trug einen eierweißen, rohseidenen Einreiher, den ich speziell für diese Reise gekauft hatte, mit offenem, dunkelblauem Hemd und einem blau-weiß getüpfelten seidenen Halstuch.

»Ich denke gar nicht daran, mich jetzt noch einmal umzuziehen«, erwiderte ich und zog eine Pfundnote aus der Tasche. »Ich nehme an, man wird mich auch so bedienen.«

Der Maître akzeptierte den Geldschein mit einer weiteren tiefen Verbeugung. »Ich hatte gar nicht bemerkt, Monsieur, daß Sie bereits einen Binder tragen. Gestatten Sie.« Er faßte vorsichtig mein Halstuch an, rückte es zurecht und gab mir mit einer einladenden Handbewegung den Weg frei. »Wenn ich bitten darf, Monsieur.«

Ägypten hatte sich offenbar nicht grundlegend geändert.

Ich ließ mir die gegrillten Hummerkrabben »Abukir« und den herben Cleopatra-Wein schmecken. Nach dem Essen ging ich hinunter in die Bar, in der Hoffnung, dort einen Gesprächspartner zu finden. Irgendwann mußte ich schließlich anfangen, Bekanntschaften zu machen.

Die Bar war noch fast leer. Am Ende der Theke saß ein Ägypter in hellgrauem Anzug und unterhielt sich mit dem Barman. Die pralle Ausbuchtung an der linken Seite seiner Jacke war nicht zu übersehen. »Aha«, dachte ich. »Die allgegenwärtige ›Mabahas al Amma‹ – die Geheimpolizei.« Mit einem kurzen Gruß nahm ich – drei Barhocker weiter – ebenfalls an der Theke Platz.

»Wissen Sie, wie man einen Cuba Libre macht?« fragte ich den Barman auf englisch.

»Selbstverständlich, Sir. Mit braunem Rum oder Bacardi?«

»Mit braunem. Captain Morgan, wenn Sie das haben.«

»Sofort, Sir.«

»Gedid da?« fragte der Geheimpolizist den Barman auf arabisch – »Ist das ein Neuer?«

»Ja. Auf Zimmer 309«, antwortete der Barman prompt.

Nicht schlecht, dachte ich, wenn man bedenkt, daß ich noch keine drei Stunden im Hotel bin und zum erstenmal in die Bar komme. Dagegen sind die V-Leute vom Verfassungsschutz Waisenknaben.

Ich bekam meinen Drink und nahm einen herzhaften Schluck.

»Sind Sie Tourist?« fragte mich der Geheime mit höflichem Lächeln. »Kommen Sie aus Amerika?«

»Aus Deutschland.«

»Das ist gut. Die Deutschen mögen wir.«

»Und die Amerikaner nicht?«

»Doch, schon. Aber mit den Deutschen verbindet uns mehr.«

»Wohl noch vom Krieg her«, meinte ich. »Damals war ich auch eine Weile hier in der Gegend. Ich war Offizier bei Rommel, wurde dann bei El Alamein gefangengenommen und verbrachte ein paar Jahre in einem Kriegsgefangenenlager am Suez-Kanal.«

»Dann sind Sie wohl gekommen, um alte Erinnerungen aufzufrischen«, bemerkte der Geheime.

»Das vielleicht auch«, erwiderte ich. »Aber hauptsächlich will ich mir die Sehenswürdigkeiten und Antiquitäten ansehen und das Klima genießen. In Deutschland ist es jetzt bitter kalt. Ich interessiere mich auch sehr für arabische Pferde. Ich bin von Beruf Pferdezüchter, und zu Hause reite ich sehr viel. Ich hoffe, das wird hier auch möglich sein.«

»Oben bei den Pyramiden können Sie Pferde mieten«, sagte der Geheime. »Da haben Sie beides gleichzeitig: Besichtigung der Pyramiden und einen schönen Ausritt.«

Jetzt mischte sich der Barman ins Gespräch. »Wenn der Herr ein ernsthafter Reiter ist, werden ihm die Verleihklepper bei den Pyramiden nicht viel Spaß machen. Ich würde vielmehr den Nadi el Feroussia – den Kavallerieklub – vorschlagen. Von hier aus erreichen Sie ihn in fünf Minuten mit dem Taxi.«

»Was ist denn das für ein Klub?« erkundigte ich mich.

»Er wird von Kavallerieoffizieren geleitet«, ergriff der Geheime wieder das Wort, »ist aber ein Privatklub. Man muß zwar Mitglied sein, um dort reiten zu können, aber oft nimmt man auch Touristen, die gut reiten können, als zeitweilige Mitglieder auf. Versuchen Sie es doch mal. Es ist gleich hier drüben in Gezira und grenzt an den Gezira Sporting Club und die Rennbahn.« Das schien mir eine gute Idee zu sein.

Am nächsten Morgen um neun Uhr betrat ich das Gelände des Kavallerieklubs »Nadi el Feroussia«. Ich war die kurze Strecke vom Hotel zu Fuß gegangen, um ein wenig von der Kairoer Atmosphäre aufzunehmen. Hier auf der Nilinsel Gezira, wo viele der ortsansässigen Europäer und Amerikaner wohnten, sah es sauberer und ordentlicher aus als in der Innenstadt, durch die ich gestern gefahren war. Doch auch hier trat das »öffentliche Auge« der Geheimpolizei sehr auffällig in Erscheinung. Meine Ausbilder in Israel hatten mich gewarnt: Jeder Hausdiener, jeder Türsteher, Ladenbesitzer, Schuhputzer, Taxifahrer ist notgedrungen ein Polizeispitzel. Wenn er nicht regelmäßig über alles, was er hört und sieht, Bericht erstattet, entzieht man ihm seine Arbeitserlaubnis oder macht ihm auf andere Weise das Leben schwer. Außerdem sind die Ägypter von Natur aus ein neugieriges Volk.

An jeder Straßenecke, vor jeder Tür, vor jedem Geschäft saß jemand und hielt Ausschau. Jede meiner Bewegungen wurde genau beobachtet, obgleich ein Tourist, der die Straße am Nilufer entlangwandert, wirklich keine Seltenheit war. Aber das ständige Ausschauhalten und Beobachten schien ein wesentlicher Bestandteil der Kairoer Straßenszene zu sein, wie das Gewühl in den Kaffeehäusern und der chaotische Straßenverkehr. Die ganze Stadt schien mich anzustarren wie ein lauerndes, wachsames Tier.

Der Kavallerieklub machte einen äußerst gepflegten Eindruck: Die Stallungen waren peinlich sauber, die Reitbahnen und die Springplätze in vorbildlichem Zustand, die Rasenflächen und Gärten wie aus dem Bilderbuch.

Da mich niemand aufhielt, begann ich umherzuschlendern, betrachtete die Ställe und sah dann ein paar Reitern zu, die Springübungen machten. Nach einer Weile trat ein Ägypter in Reitkleidung an mich heran, begrüßte mich mit höflichem Lächeln und stellte sich vor:

»Mein Name ist Ghorab«, sagte er auf englisch und machte eine knappe Verbeugung. »General Youssef Ali Ghorab. Ich bin Ehrenpräsident dieses Klubs. Entschuldigen Sie, daß ich Sie einfach anspreche, aber ich sah Sie hier so allein herumstehen und dachte mir, ich könnte Ihnen vielleicht behilflich sein.«

Dies war die höflich-ägyptische Art, mich zu fragen, was zum Teufel ich hier zu suchen hätte. Ghorab war eine stattliche Erscheinung. Sein graumeliertes Haar, seine glattrasierte dunkle Haut, sein teures Aftershave, verrieten den Gentleman.

»Ich bin derjenige, der sich entschuldigen muß, daß ich so einfach hier hereinspaziert bin«, erwiderte ich. »Mein Name ist Wolfgang Lotz. Ich bin Tourist aus Deutschland. Pferde sind mein Hobby – ich züchte auch ein wenig – und als ich im Vorbeigehen diesen schönen Klub hier und die edlen Araberpferde sah, konnte ich der Versuchung nicht widerstehen, mir das Ganze aus der Nähe anzusehen. Hoffentlich haben Sie nichts dagegen, Herr General.«

»Aber ich bitte Sie«, protestierte Ghorab. »Es ist uns ein Vergnügen, ausländische Gäste bei uns im Klub begrüßen zu dürfen. Hätten Sie Lust, drüben im Klubhaus einen Kaffee mit mir zu trinken, Mr. Lotz?«

So fing es an. Bald gesellten sich andere Klubmitglieder zu uns, darunter ein paar Offiziere in Uniform, die der General mir vorstellte. Er war übrigens Polizeigeneral, gab sich sehr würdevoll und wurde von allen mit großem Respekt behandelt.

Eine der anwesenden Damen, eine Reiterin namens Wigdane el Barbary, die von allen Danny genannt wurde, erwähnte – genau zehn Minuten, nachdem sie mir vorgestellt worden war – daß sie am Abend eine kleine Cocktail-Party in ihrem Hause gäbe und sich geehrt fühlen würde, wenn ich auch käme. Ich nahm die Einladung gern an, und in den nächsten Tagen war ich jeden Abend irgendwo eingeladen. Auch im Laufe des Tages sorgten meine neuen Freunde dafür, daß ich mich nicht langweilte. Danny und andere luden mich fast täglich zu Ausflügen und Besichtigungen von Sehenswürdigkeiten ein. Natürlich revanchierte ich mich, indem ich meine Freunde gruppenweise in Nachtlokale oder elegante Restaurants ausführte.

General Ghorab und ich ritten von nun an fast täglich zusammen aus und wurden bald gute Freunde. Mit der Zeit galt ich als sein Protegé und lernte durch ihn eine Menge einflußreicher Leute kennen. Darunter waren drei, die später meine vertrautesten Freunde werden und mir (in aller Unschuld) unschätzbare Dienste erweisen sollten. Der eine, Abdel Salaam Suleiman – von seinen Freunden Abdo genannt – war Armeegeneral und hatte einen hohen Verwaltungsposten im Generalstab inne. Der zweite, Brigadegeneral Fouad Osman, arbeitete beim Sicherheitsdienst der Armee und war für die Kriegsfabri-

ken und Raketenbasen verantwortlich. Beide waren besonders sympathisch, und im Laufe der Zeit entwickelte sich zwischen uns eine echte Freundschaft. Der Dritte, Oberst Mohsen Sabri, gehörte zum Geheimdienst; in sein Ressort fiel die Überwachung der Ausländer in Kairo. Er war zwar ein unmanierlicher Kerl, korrupt bis in dic Knochen, doch konnte er mir auf seinem Posten ungemein nützlich sein, und ich mußte die Bekanntschaft mit ihm schon aus diesem Grunde kultivieren.
Im Hause von General Ghorab war ich binnen kürzester Zeit ein regelmäßiger und gerngesehener Gast. Kleine Geschenke erhalten die Freundschaft, sagt man, und ich geizte nicht mit meinen Freundschaftsbeweisen... Als Gegenleistung gebrauchte Ghorab seinen beträchtlichen Einfluß zu meinen Gunsten. Hier eine Einführung, dort ein Telefonat, eine Empfehlung – all dies diente dem wahren Zweck meines Aufenthalts in Ägypten in hervorragender Weise. Youssef Ghorab besaß seinen eigenen Ehrenkodex und wies bei jeder passenden und unpassenden Gelegenheit darauf hin, wie geradeheraus und ehrlich er sei. »Ich bin ein armer Mann und stolz darauf«, pflegte er zu sagen. In der Tat war er ehrlicher und integrer als die meisten anderen, mit denen ich zusammengetroffen bin.

Zwei Monate vergingen wie im Fluge, und es wurde schließlich Zeit, an die Rückkehr zu denken. Ich besaß nun in Kairo einen großen Bekanntenkreis und war in den feinsten Klubs und in der besten Gesellschaft eingeführt.

Soweit war alles gut gelaufen. Viel besser sogar, als ich erwartet hatte. Doch unter welchem Vorwand konnte ich nach einem kurzen Aufenthalt in Europa nach Ägypten zurückkehren und mich dort mehr oder weniger permanent niederlassen? Die Vereinigte Arabische Republik, wie sie sich nach dem Anschluß von Syrien an Ägypten nannte, begrüßte keineswegs die Einreise von Ausländern, die sich im Lande niederlassen und dort geschäftlich tätig sein wollten. Nur Touristen, besonders, wenn sie viel Geld unter die Leute brachten, waren jederzeit herzlich willkommen. Aber wie lange konnte ich mich als Tourist ausgeben? Schon nach ein paar Monaten würde die Anwesenheit eines Dauer-Touristen Verdacht erregen. Entweder man würde meine Aufenthaltserlaubnis, die jeweils drei Monate in Kraft war, nicht erneuern, oder mich sehr genau unter die Lupe nehmen, was durchaus nicht wünschenswert erschien. Es war ein ernstes Problem.

Die Lösung bot sich ganz unverhofft an, etwa zwei Wochen vor meiner Abreise. Der glückliche Zufall erschien in Gestalt des Polizeigenerals Youssef Ghorab. Wir saßen beim Mittagessen auf der Terrasse des Gezira Sporting Club, wo ich dank seiner Empfehlung bereits Mitglied war.

»Wie ich hörte, reist du bald in deine Heimat zurück«, sagte der General in seiner würdevollen Art und nippte an seinem Orangensaft. Er war ein begeisterter Whisky-Trinker, rührte jedoch in der Öffentlichkeit niemals einen Schluck Alkohol an.

»Ja, langsam wird es Zeit wieder nach Hause zu fahren«, erwiderte ich mit bedauerndem Achselzucken, »so gut es mir hier auch gefällt. Ich liebe dieses Land und seine Menschen und habe mich, wie du weißt, hier schon richtig eingelebt. Aber alles Schöne hat einmal ein Ende.«

»Darüber habe ich mir auch schon Gedanken gemacht«, sagte Youssef. »Warum bleibst du nicht einfach hier?«

»Wie meinst du das?« fragte ich erstaunt.

Er lehnte sich in seinem Korbsessel zurück und musterte mich mit wohlgefälligem Lächeln. »Auch wir haben dich liebgewonnen, Rusty.« (Weil mein Vorname – Wolfgang – für Ägypter schwer auszusprechen ist, hatte ich auf meinen früheren Spitznamen »Rusty« zurückgegriffen.) »Meine Familie und ich sowie all unsere Freunde mögen dich sehr. Du paßt gewissermaßen hierher wie die Faust aufs Auge, wenn ich mich so ausdrücken darf. Und ich habe mir folgendes überlegt: Du bist doch ein Deutscher der alten Schule. Gleich nach dem Krieg bist du nach Übersee ausgewandert, aus Gründen, die dir selbst wohl am besten bekannt sind. Und jetzt bist du, wie du mir öfters erzähltest, in dem neuen Deutschland auch nicht sehr glücklich, was bei einem Mann wie dir nur zu verständlich ist. Du hast weder familiäre Bindungen noch geschäftliche Verpflichtungen. Was hält dich dort? Pferde züchten kannst du auch hier, und zwar die herrlichsten Vollblutaraber. Kaufe oder pachte dir eine schöne Farm und eine Villa und laß dich bei uns nieder. Grundbesitz ist heute – nach der Enteignung der Paschas und Feudalherren – billig zu haben, und ich kann dir dabei behilflich sein und dir alle Wege ebnen. Im Laufe der Zeit wirst du auch unsere Sprache erlernen und in jeder Hinsicht einer von uns sein. Na, was hältst du von meinem Vorschlag, Rusty? Laß es dir doch mal durch den Kopf gehen.«

Ich mußte mich hart zusammennehmen, um mir meine Freude über diese unverhoffte Wendung nicht anmerken zu lassen. »Im Prinzip gefällt mir dein Vorschlag schon gut«, erwiderte ich vorsichtig, »aber wie stellst du dir das praktisch vor? Du kennst doch die hiesige Bürokratie. Ich müßte unter Umständen einen jahrelangen Papierkrieg führen.«

Er reagierte genauso, wie ich erwartet hatte. Mit überlegenem Lächeln sagte er: »Du vergißt, daß ich General der Polizei bin, Rusty. Mein Wort hat immerhin einiges Gewicht. Wenn nötig, wird auch Mohsen seinen Einfluß geltend machen, aber ich glaube, daß ich dir innerhalb von vierundzwanzig Stunden die notwendigen Papiere verschaffen kann. Also, was sagst du? Bist du einverstanden?«

»Das kommt alles etwas plötzlich«, sagte ich zögernd. »Ich möchte es mir ein paar Tage überlegen.«

Zwei Tage später teilte ich ihm mit, ich nähme seinen Vorschlag nach reiflicher Überlegung herzlich gern an. Am selben Abend gab er eine Party, auf der er bekanntgab, sein Freund Lotz würde sich bald für immer in Ägypten niederlassen und Araberpferde züchten.

Es traf sich, daß gerade zu diesem Zeitpunkt Danny Barbary zwei prächtige Araberhengste preiswert zum Verkauf anbot; ich erstand beide und stellte sie bis zu meiner Rückkehr im Klub unter.

* * *

Ich hatte es also geschafft. Zwei Wochen später traf ich den Chef in Paris, der mit meinem Erfolg sehr zufrieden war. Mehrere Tage lang trafen wir in einer konspirativen Wohnung im 16. Arondissement die Vorbereitungen für meinen nächsten

Einsatz. Meine Aufgabe würde zunächst darin bestehen, ägyptische Militärinstallationen, hauptsächlich in der Umgebung von Kairo und in der Suez-Kanal-Zone, ausfindig zu machen und in näheren Augenschein zu nehmen sowie die Ausbildung und Einsatzbereitschaft der dort stationierten Infanterie- und Panzereinheiten zu beurteilen. Gleichzeitig sollte ich die Ankunft deutscher und österreichischer Flugzeug- und Raketenkonstrukteure überwachen. Über alles wäre laufend Bericht zu erstatten. Zu diesem Zweck erhielt ich ein winziges Funkgerät, das äußerst geschickt in dem hohlen Absatz eines Reitstiefels verborgen war. Der Code, den ich benutzen sollte, war in einem Fachbuch über Pferdezucht enthalten. Nachdem der Chef mir gute Reise gewünscht und sich verabschiedet hatte, übergab mir sein Assistent noch einen präparierten Schreibblock für Geheimschrift und eine beträchtliche Geldsumme. Damit war ich reisefertig.

Nach Weisung des Chefs sollte ich die Rückreise nach Ägypten von München aus antreten und nach Möglichkeit nichts über meinen kurzen Abstecher nach Paris verlauten lassen. Paris war damals die Hochburg der israelischen Geheimdienste, die dort ganz ungeniert operierten und Hand in Hand mit dem französischen Geheimdienst arbeiteten. Natürlich hätte ich für meinen Aufenthalt in Paris eine plausible Ausrede erfinden können, aber der Chef wollte jedes unnötige Risiko vermeiden. Darum hatte er mich auch angewiesen, mit der Bahn und nicht mit dem Flugzeug zu reisen.

Am Morgen des 3. Juni 1961 bestieg ich kurz vor acht am Gare de l'Est den Orientexpreß nach München und nahm in einem Abteil Platz, in dem bereits eine gutaussehende, blauäugige Blondine saß. Es gibt nichts Besseres, um Menschen zusammenzubringen, als eine ausgedehnte und langweilige Bahnfahrt, und obgleich sie meine ersten Annäherungsversuche etwas reserviert aufnahm, waren wir doch bald in ein angeregtes Gespräch verwickelt. Ich erfuhr, daß sie Waltraud Neumann hieß und aus Heilbronn stammte. Sie war Absolventin einer Hotelfachschule und im Moment als Direktionsassistentin im Roosevelt Hotel in Los Angeles tätig. Jetzt hatte sie Urlaub und fuhr zu ihren Eltern nach Heilbronn. Ich erzählte ihr, ich sei Pferdezüchter in Ägypten, was der Wahrheit ja ziemlich nahekam.

Die elfstündige Reise verging wie im Fluge, und als sie in Stuttgart ausstieg, war mir klar, daß ich sie wiedersehen mußte. Der Chef hatte mir ja vor meiner Abreise noch einen kurzen Urlaub genehmigt, den ich in Oberbayern zu verbringen gedachte. Das tat ich dann auch, aber ganz anders, als es mir vorgeschwebt hatte.

Nach ein paar Tagen hatten meine wiederholten Anrufe in Heilbronn schließlich Erfolg und sie kam nach München. Wir verbrachten zwei herrliche Wochen in Oberbayern und verliebten uns Hals über Kopf ineinander. Es war ungewollt, unlogisch, verrückt und – phantastisch!

Nach zwei gescheiterten Ehen und einer Reihe ziemlich uninteressanter Liebesaffären hatte ich bereits die Hoffnung aufgegeben, jemals eine Frau zu finden, die mehr als ein vorübergehendes Interesse an mir erwecken konnte. Doch Waltraud war so bezaubernd, daß es mich umwarf. Jeder Tag mit ihr waren vierundzwanzig unvergeßliche Stunden. Doch der Tag der Trennung rückte immer näher. Bald würde sie nach Los Angeles zurückmüssen und ich nach Kairo. Wahrscheinlich würden wir uns nie wiedersehen.

Normalerweise wäre es ein idealer Urlaub gewesen. Zwei schöne Wochen mit einer schönen Frau, und dann – auf Wiedersehen. Der Traum jedes Junggesellen. Doch diesmal quälte mich der Gedanke an die bevorstehende Trennung mit nie gekannter Intensität. Am meisten bereitete mir jedoch die Tatsache Sorge, daß ich mir Sorgen machte. Unter normalen Umständen hätte ich Waltraud vom Fleck weg geheiratet. Aber dies waren keine normalen Umstände.

»Was bist du doch für ein Schmock!« sagte ich eines Morgens beim Rasieren zu meinem Ebenbild im Spiegel. »Was hattest du denn erwartet? Hast du noch nicht genug nach zwei gescheiterten Ehen? Was hattest du dir denn vorgestellt? Waltraud nach Kairo mitzunehmen? Sie einzuweihen, ihr alles zu erzählen und dann mit ihr als Herr und Frau Spionin glücklich bis ans Ende eurer Tage zu leben? Wenn sie euch nur nicht vorher aufhängen! Da würde sich der Chef aber freuen! Und woher willst du wissen, daß sie keine feindliche Agentin ist, die man auf dich angesetzt hat? Nein? Du legst deine Hand für sie ins Feuer? Also gut. Aber auch wenn sie absolut zuverlässig ist und sich damit abfände, mit einem Spion verheiratet zu sein, wäre das viel zu riskant. Ein einziges falsches Wort, in aller Unschuld gesprochen, und ihr wäret beide dran. Heller Wahnsinn wäre das! Der Chef würde niemals sein Einverständnis geben, und wer kann es ihm verdenken? Und wenn du es ohne sein Einverständnis tust, reißt er dir den Arsch auf bis zum Kragen, und das mit Recht. Also höre jetzt auf wie ein Idiot zu denken und reiß dich am Riemen. Was nicht geht, geht eben nicht.«

Ich wischte mir den Rasierschaum vom Gesicht, riß mich zusammen und faßte den einzig vernünftigen Entschluß: So weh es auch tat, das Ende dieses Urlaubs mußte auch das Ende unserer Beziehung sein. Logik und Vernunft hatten den Sieg über einen Anfall von Sentimentalität davongetragen. Der Chef wäre stolz auf mich gewesen.

Drei Jahrzehnte im Nahen Osten hätten mich lehren müssen, daß Siege niemals endgültig sind.

Am Nachmittag lagen Waltraud und ich auf der Wiese am Ufer des Wolfsees, einem der vielen bayerischen Bergseen, und sonnten uns nach einem erfrischenden Bad. Waltraud hatte sich ein Stück Pappe auf die Nase gesetzt, um sich vor der Sonne zu schützen; sie war eingeschlafen. Ich lag neben ihr, auf die Ellbogen gestützt, und blickte hinüber zu den anderen Badegästen. Alles sorglose, normale Menschen, dachte ich neidvoll

Die Tatsache, daß ich mich heute – nach 28 Jahren – noch ganz deutlich an jedes Wort unseres nachfolgenden Gesprächs erinnere, ist nicht allein dem Gedächtnis-Training zuzuschreiben, das ich während meiner Ausbildung erhalten habe. Nein – es war ein Gespräch, das mein ganzes Leben veränderte und sich mir für immer einprägte.

Ich eröffnete die Diskussion, indem ich Waltraud mit einem Grashalm am Ohr kitzelte.

»Schläfst du?« erkundigte ich mich.

»Ja«, murmelte sie. Dann blickte sie auf die Uhr. »Mein Gott, ich habe ja über eine Stunde geschlafen. Was hast du denn die ganze Zeit über gemacht?«

»Ich habe nachgedacht.«

»Nachgedacht? Heb' dir bloß keinen Bruch dabei. Darf man wissen, worüber du nachgedacht hast? Oder ist das geheim?«

»Du wirst lachen, aber es ist wirklich ein Geheimnis. Und ich habe mich entschlossen, es dir anzuvertrauen.«

Sie blickte mich etwas unsicher an. Offenbar wußte sie nicht, ob es mir ernst war.

»Klingt ja wahnsinnig spannend«, bemerkte sie trocken. »Also heraus damit.«

»Gleich. Erst muß ich dir noch etwas erklären. Wenn du jemals ein Wort von dem verlauten läßt, was ich dir jetzt sage, kann es mich den Kopf kosten.«

»Moment mal!« Jetzt war sie hellwach. »Das ist doch nicht dein Ernst, oder?«

»Doch, es ist mein voller Ernst, Schatz. Es hört sich vielleicht verrückt an, aber es ist mir bitter ernst.«

»Warum erzählst du es mir dann? Schau, Wolfgang, es gibt im Leben eines jeden Menschen Dinge, die er lieber für sich behält; Geheimnisse, wenn du so willst. Du bist offenbar schon viel herumgekommen und hast Dinge erlebt, die du nicht gern publik machen möchtest. Das stört mich nicht. Ich mag dich so wie du bist. Warum mußt du mir davon erzählen?«

»Weil es auch dich betrifft.«

»Oh! Ja, dann sollte ich es vielleicht hören. Du weißt doch, daß ich es nicht weitererzähle.«

»Also folgendes: Pferdezucht ist nicht die einzige Tätigkeit, die ich in Ägypten ausübe. Ich habe noch eine ... nun ja, eine Art Nebenbeschäftigung.«

»Weißt du, Wolfgang, das hatte ich mir schon gedacht. Du bist wohl einer der deutschen Wissenschaftler, die in der ägyptischen Kriegsindustrie tätig sind. Richtig?«

»Falsch. Im Gegenteil – ich arbeite gegen diese Leute. Ich sammle wichtige Informationen über sie.«

Sie starrte mich an. »Willst du damit sagen, daß du ein ... ein Spion bist?«

»Geheimagent ist ein eleganterer Ausdruck.«

»Nenne es wie du willst, es ist doch dasselbe. Aber ist das nicht wahnsinnig riskant?«

»Nun ja, ein gewisses Risiko ist immer dabei. Aber es ist nicht wie im Kino, wo man die ganze Zeit durch die Gegend knallt. Man lebt im Grunde recht bequem. Ich habe ausgezeichnete Beziehungen, und das Risiko aufzufliegen ist nicht sehr groß.«

»Aber was passiert mit dir, wenn man dich schnappt?«

»Das würde mich – offen gesagt – allerdings den Kopf kosten. Das mindeste, was ich zu erwarten hätte, wäre jedenfalls lebenslänglich Zuchthaus!

»Und wie lange mußt du noch in Ägypten bleiben?«

»Noch ein paar schöne Jährchen, nehme ich an. Erfolgreiche Agenten sind nicht so leicht zu ersetzen. Außerdem gefällt mir der Job.«

»Nervenkitzel, was? Das paßt zu dir. Was für Berufe doch manche Leute haben! Ich habe ja schon allerhand erlebt, aber das schlägt doch alles.«

»Wäre nichts für dich, was?«

»Das habe ich nicht gesagt. Und ich bin nicht halb so entsetzt, wie du vielleicht glaubst. Aber warum erzählst du mir das? – Du weißt, daß ich nichts ausplaudere, da kannst du ganz sicher sein. Mit deinem Vertrauen machst du mir ein großes Kompliment. Aber warum belastest du mich mit diesem Wissen?«

»Weil ich möchte, daß du die Gefahr erkennst und dir deine Antwort genau überlegst, wenn ich dich bitte, meine Frau zu werden.«

»Wolfgang!« Sie setzte sich kerzengerade auf und starrte mich mit suppentellergroßen Augen an. Eine Weile sagte sie nichts. Dann schüttelte sie ungläubig den Kopf. »Du solltest einen Menschen nicht so erschrecken, Wolfgang. Macht der Kerl mir doch einfach einen Heiratsantrag! – So was muß sich eine Frau doch erst überlegen.«

»Gewiß. Ganz besonders in einer Situation wie dieser. Darum habe ich auch meinem Gewissen einen mächtigen Stoß gegeben und dir reinen Wein eingeschenkt. Wenn mein Chef das wüßte, würde er aus der Haut fahren.«

»Wie würde der denn auf deine Heirat reagieren?«

»Begeistert wäre er keinesfalls. Wenn er ahnte, daß ich so

etwas vorhabe – und ich habe nicht die Absicht, es ihm zu diesem Zeitpunkt mitzuteilen –, würde er eine Heirat um jeden Preis zu verhindern suchen. Natürlich wird er es mit der Zeit herausbekommen, aber wir müßten ihm zuvorkommen. Angenommen, du bist wirklich so verrückt und heiratest mich.«

»Moment mal, Wolfgang. Laß mich erst mal ein paar Minuten nachdenken. Das hat mich ja regelrecht umgehauen. Ich meine – du kannst doch unsere Heirat – falls es dazu kommen sollte – nicht vor deinen Vorgesetzten geheimhalten. Du sagst doch selbst, sie würden es früher oder später herausbekommen. Was passiert dann?«

»Zunächst gehen sie mal mit dem Kopf durch die Decke. Dann schlucken sie ein halbes Dutzend Valiumtabletten. Aber sie können bestehende Tatsachen nicht aus der Welt schaffen. Sobald der Chef genug Dampf abgelassen und sich wieder beruhigt hat, kann ich darauf hinweisen, daß unsere Ehe – wenigstens, was meine Tarnung betrifft – eher von Vorteil als von Nachteil ist. Je länger wir es hinausschieben können, um so besser. Wenn längere Zeit alles geklappt hat, wird er leichter zu überzeugen sein.«

»Glaubst du, er nimmt dir das ab?«

»Was bleibt ihm übrig? Entweder gibt er uns seinen Segen oder er muß in Zukunft auf meine Dienste verzichten.«

»Wie meinst du das?«

»Ganz einfach: Es bestehen für ihn nur zwei Möglichkeiten. Er kann nachträglich sein Einverständnis geben oder er beordert mich nach Hause und stellt mich vor ein Kriegsgericht wegen Nichtbeachtung der Vorschriften, und weil ich dir gegenüber Staatsgeheimnisse enthüllt habe. Aber ich glaube kaum, daß er das tun wird. Es würde ihn sehr viel Zeit und Geld kosten, mich zu ersetzen.«

»Du mußt ja ein besonders angenehmer Mitarbeiter sein, Wolfgang. Für wen arbeitest du eigentlich, den BND?«

»Doch nicht für diesen lahmarschigen Pfadfinderverein! Spielt es eine Rolle für wen?«

»Ja. Unter Umständen könnte es eine große Rolle spielen.«

»Warum denn? Angenommen, du liebst mich so sehr, daß du die Risiken und Gefahren mißachtest und mich wirklich heiratest – was für einen Unterschied macht es, wer meine Brötchengeber sind?«

»Einen sehr großen Unterschied, Wolfgang. Vergiß nicht, daß ich in Schlesien geboren bin, in einem Teil Deutschlands, der heute zur DDR gehört. Während des Krieges war ich noch ein Kind. Meine Eltern waren Zeugen Jehovas und erzogen mich im anti-nazistischen Sinne.

Dann wurde unsere Heimat von den Kommunisten besetzt, und die waren fast noch schlimmer als die Nazis. Und die Polen! Mit dreizehn Jahren hat mich ein polnischer Priester vergewaltigt. Ein russischer Offizier rettete mich aus den Händen polnischer Soldaten, die mich ebenfalls vergewaltigen wollten. Einige Monate später konnten meine Eltern und ich in den Westen fliehen. Nein, vom Kommunismus habe ich ein für allemal genug!

Du wirst mich fragen, was das alles mit uns beiden zu tun hat. Ich gestehe ganz offen, daß ich dich sehr liebe und deine Frau werden möchte. Ich nehme das Risiko, das deine Arbeit mit sich bringt, gern auf mich und gehe mit dir durch dick und dünn. – Außer, du bist ein kommunistischer Agent!«

»Und wenn ich einer wäre? Würdest du mich dann im Wolfsee ertränken?«

»Mach bitte keine Witze, es ist mir bitter ernst. Ich würde dich ganz einfach verlassen und dich nie wiedersehen. Aber verraten würde ich dich trotzdem nicht. Das habe ich dir versprochen.«

»Da kann ich dich beruhigen, Schatz. Ein Kommie-Agent bin ich bestimmt nicht. Ganz im Gegenteil. Ich teile deine Ansichten über den Kommunismus. Nichts könnte mich dazu bewegen, für diese Kerle zu arbeiten.«

Waltraud war sichtlich erleichtert und lächelte mich glücklich an. »Dann stünde ja unserer Heirat nichts mehr im Wege. Aber für wen arbeitest du nun wirklich, die CIA?«

»Für den israelischen Geheimdienst.«

»Für den Mossad? Bist du denn jüdisch? Ich hatte das gar nicht...«

»Du hattest es nicht bemerkt? Du bist doch sonst so aufmerksam. Ja, ich bin Jude. Nur das Markenzeichen fehlt, was in meinem Job ein ziemlicher Vorteil ist.«

Sie wurde rot. »Wolfgang, du bist unmöglich. Aber wie kommt es, daß ... ich meine ...«

»Im Dritten Reich hätte man mich als ›Halbarier‹ bezeichnet. Meine Mutter war Jüdin, mein Vater ein Goj.«

»Was ist ein Goj?«

»Du zum Beispiel. Einen Nichtjuden nennen wir Goj. Ich wurde nicht in der jüdischen Tradition erzogen und bin daher auch nicht beschnitten.«

»Spielt keine Rolle«, lachte sie. »Ich nehme dich so wie du bist.«

Zehn Tage später wurde sie meine Frau.

III
Erster Einsatz

Wieder tönte es aus allen Lautsprechern an Deck der Esperia: »Meine Damen und Herren, das Fotografieren im Hafen von Alexandria ist streng verboten...«

Das gute alte Ägypten. Ich war wieder in meiner neuen Wahlheimat angekommen. Die Paßkontrolle hatte noch nicht begonnen, und ich konnte mir Zeit lassen. Ich hoffte sehr, daß Youssef Ghorab mein Telegramm erhalten hatte und mich im Hafen erwarten würde. Nicht, daß ich Anlaß dazu gehabt hätte, mir wirklich Sorgen zu machen. Die paar Gebrauchsgegenstände, die mir gefährlich werden konnten – wie das Funkgerät im Absatz des Reitstiefels – waren so gut versteckt, daß die Chance einer Entdeckung eins zu tausend stand. Was mich jedoch ein wenig beunruhigte, waren die zahlreichen Mitbringsel in meinem Gepäck. Nicht weniger als acht Koffer und Kisten enthielten Geschenke für meine ägyptischen Freunde. ›Wer gut schmiert, der gut fährt‹ – dieser Grundsatz trifft wohl überall zu, doch ganz besonders im Nahen Osten. Die Ägypter waren ganz verrückt nach Elektrogeräten, die dort mit hohen Zöllen belegt waren. Es wäre gewiß nicht leicht gewesen, einem Zollinspektor in Alexandria zu erklären, wozu ich fünf elektrische Mixer, neun Elektrorasierer, drei Tonbandgeräte, zwölf Schweizer Uhren und zahlreiche andere Gegenstände benötigte. Doch in Begleitung eines Polizeigenerals würde man mich wohl kaum genau kontrollieren.

Ich steckte mir eine Zigarette an, lehnte mich an die Reling und betrachtete das Treiben im Hafen. Plötzlich schnarrt der Lautsprecher: »Mr. Lotz wird gebeten, in den Speisesaal Erster Klasse zu kommen. Ich wiederhole: Mr. Lotz...«

Ich erschrak, nahm mich aber gleich wieder zusammen.

Wahrscheinlich hatte ich etwas vergessen, was man mir wiedergeben wollte. Kein Grund zur Unruhe, aber ein Agent hat eben immer ein schlechtes Gewissen.

Im Speisesaal erwartete mich der Zahlmeister in Begleitung zweier ägyptischer Polizeioffiziere, einem Oberstleutnant und einem Hauptmann von der Paßkontrolle. Die drei erhoben sich zur Begrüßung. Auf dem Tisch, an dem sie gesessen hatten, standen zwei halbgefüllte Whiskygläser. Der Oberstleutnant wandte sich in recht gutem Englisch an mich:

»Habe ich die Ehre, mit Herrn Lotz zu sprechen?«

»Ja, der bin ich«, erwiderte ich. »Worum handelt es sich bitte?«

Er nahm Haltung an und machte eine stramme Ehrenbezeigung. »Ich bin Oberstleutnant Abdel Aziz Metwally. General Ghorab bittet mich, Sie zu begrüßen und Ihnen meine Dienste zur Verfügung zu stellen. Der General wird Sie am Kai erwarten. Er ist extra von Kairo gekommen, um Sie zu empfangen.« Er blickte mich prüfend an. »Sind Sie ein Freund des Generals, Herr Lotz?«

»Ja, ein guter Freund. Wir kennen uns schon lange. Es ist mir eine große Ehre, zum engeren Freundeskreis von General Ghorab zu gehören.«

Er verstand den Hinweis und sagte beflissen: »Er bat mich, Sie nach Möglichkeit zu unterstützen. Darf ich bitte Ihren Paß sehen?«

Ich gab ihm meinen Paß. Er wandte sich an den Hauptmann und sagte auf arabisch: »Sofort abstempeln.«

Der Hauptmann nahm einen Stempel aus seiner Aktentasche und stempelte meinen Paß sorgfältig ab. Dann reichte er ihn mir mit einen höflichen »etfaddal effendim« (bitte sehr, mein Herr) wieder zurück.

»Alf Schoukr«, sagte ich unwillkürlich – herzlichen Dank.

Der Oberstleutnant mischte sich wieder ein: »Oh, Sie sprechen Arabisch? Wie gut für Sie.«

»Eigentlich nicht«, erklärte ich ihm. »Nur ein paar Brocken, die ich hier in Ägypten aufgeschnappt habe.«

»Was ist mit Ihrem Gepäck?« fragte er. »Ist es noch in Ihrer Kabine?«

»Nur die kleineren Stücke. Die größeren sind im Laderaum. Mein Auto auch. Vielleicht wäre es das beste, alles von einem Spediteur erledigen zu lassen.«

Er reagierte wie erwartet: »Wo denken Sie hin, Herr Lotz! Selbstverständlich werden wir alles regeln!«

Er salutierte nochmals und ging mit dem Hauptmann davon. Zehn Minuten später war Youssef zur Stelle. Ich beobachtete ihn, wie er die Gangway hinaufkam – in voller Uniform, ordensgeschmückt und mit einem Gefolge von Offizieren. Youssef genoß es, General zu sein und spielte seine Rolle perfekt. Er war als tüchtiger Verwaltungsfachmann bekannt und bei Untergebenen wegen seiner Strenge gefürchtet. Annähernd fünfundzwanzig Jahre im Polizeidienst – viele davon in sehr verantwortlichen Positionen – hatten ihre Spuren hinterlassen. Wo andere gingen, marschierte er. Wo andere sich gehen ließen, bewahrte er Haltung. Und alles, was er zu sagen hatte, klang, als verkünde er ein königliches Dekret. Darüber hinaus stand er im Ruf, ehrlich zu sein – wie schon erwähnt einer der Gründe, weswegen ich ihn mochte. Während andere in vergleichbaren Positionen mit ihrer Bestechlichkeit und Begünstigung Reichtümer anhäuften, war er oft in finanziellen Schwierigkeiten. Andererseits liebte er, wie alle Ägypter, nichts mehr als Pomp und Zeremonien. Von seinem stets auffällig zur Schau getragenen Nationalismus machte er viel Aufhebens; Gamal Abdel Nasser war sein Vorbild und Idol – wie es zuvor König Farouk gewesen war.

Jetzt schritt er würdevoll auf mich zu und breitete die Arme aus: »Rusty, mein Freund, mein lieber Freund, willkommen daheim in Ägypten.«

»Wahaschtini«, sagte er auf arabisch, »ich habe dich vermißt. Wir haben dich alle vermißt«, fügte er mit ausholender Armbewegung hinzu, als wolle er die gesamte Bevölkerung miteinbeziehen. »Aber du bist zurückgekehrt.«

Ich erwiderte seine Höflichkeit, indem ich ein altes ägyptisches Sprichwort zitierte: »Wer jemals vom Wasser des Nil getrunken hat, kehrt immer zurück.«

Youssef strahlte: »Das hast du von mir gelernt, und du hast es nicht vergessen! Bald wirst du richtig Arabisch können. Ich habe mich schon nach einem Privatlehrer für dich umgesehen. Darf ich dir jetzt diese Offiziere hier vorstellen. Das hier ist Oberst Mistikawi, der Hafenkommandant.« Salutieren, Händeschütteln. »Oberst Raschidi.« Salutieren, Händeschütteln, »und Oberst Said«, Salutieren, Händeschütteln. »Ich schlage vor, wir verlassen dieses überfüllte Deck und trinken im Büro des Hafenkommandanten einen Kaffee, während wir auf dein Gepäck warten. Es wird ein Weilchen dauern, bis das Auto ausgeladen ist.«

Wir gingen die Gangway hinunter und steuerten auf das Hauptgebäude zu. Zwei Polizisten machten uns den Weg frei, indem sie mit Bambusstöcken auf jeden, der ihnen nicht gleich auswich, einschlugen. Sobald wir saßen, klatschte der Hafenkommandant in die Hände und bestellte Kaffee.

»Dieser Oberstleutnant Metwally war mir übrigens sehr behilflich, was die Paßkontrolle und mein Gepäck betraf«, sagte ich zu Youssef.

»Gut, sehr gut«, erwiderte er. »Ich bin froh, daß er dir nützlich sein konnte. Paßt das ganze Gepäck in deinen Wagen?«

»Das glaube ich kaum. Ich habe eine Menge Sachen mitgebracht.« Dabei warf ich ihm einen bedeutungsvollen Blick zu.

»Maalesch – das macht nichts«, sagte er. »Ich werde es in einem Polizeifahrzeug nach Kairo bringen lassen. Du kannst mit mir zurückfahren, und mein Fahrer kümmert sich um dein Auto. Aber zuerst wollen wir hier im Offiziersklub von Alexandria zu Mittag essen. Ah, da kommt ja schon der Hauptmann mit deinen Papieren. Wenn alles geregelt ist, können wir losfahren.«

»Rusty, es ist schön, daß du wieder da bist«, sagte er, als wir in seinem riesigen Dienstwagen auf der Küstenstraße zum Offiziersklub fuhren. »Erzähl mal von deiner Reise. Was gibt es Neues?«

»Unter anderem habe ich inzwischen geheiratet«, eröffnete ich ihm. »Meine Frau hat noch eine Menge persönlicher Dinge zu regeln, weil ja alles ziemlich überstürzt kam; sie kommt in etwa drei Monaten nach. Ich werde inzwischen alles für sie vorbereiten.«

»Das ist ja phantastisch! Zunächst brauchst du eine passende

Wohnung. Ich werde mich darum kümmern. Antoine in Zamalek ist ein guter, zuverlässiger Makler. Ich schick ihn gleich morgen zu dir.«

»Das wäre nett. Wenn er weiß, daß wir befreundet sind, wird er mir hoffentlich nicht das Fell über die Ohren ziehen.«

»Das wird er nicht wagen, sonst entziehe ich ihm seine Lizenz. Das weiß er genau.«

Also so läuft das, dachte ich mir im stillen. Offenbar hat eine Militärdiktatur auch ihre Vorteile.

Youssef zog sein schweres, silbernes Zigarettenetui aus der Tasche, ein Geschenk von mir – mit Empfehlungen des israelischen Steuerzahlers –, und bot mir eine Zigarette an. »Auf deine Frau bin ich gespannt«, sagte er.

»Wirst du ihr auch Blumen schicken, wenn sie ankommt?«, fragte ich ihn lächelnd.

»Blumen schicken? Wir werden sie empfangen wie eine Königin. Überlaß das nur mir. Aber was wird Danny sagen?«

»Danny Barbary? Was hat die damit zu tun?«

»Eigentlich nichts. Aber sie hatte ein Auge auf dich geworfen.«

»Wirklich? Davon habe ich nichts gemerkt. Sie ist doch verheiratet. Soviel ich weiß, ist ihr Mann ein prominenter und sehr wohlhabender Arzt.«

»Diese Ehe besteht seit fünfzehn Jahren nur noch auf dem Papier. Das weiß jeder, der in der Kairoer Gesellschaft verkehrt. Sie sucht schon lange einen Mann. Und wenn sie den gefunden hat, läßt sie sich von Dr. Barbary scheiden. Zwar wohnt sie mit ihm noch unter einem Dach, aber die beiden sehen sich oft wochenlang nicht. Danny ist hinter wohlhabenden Ausländern her, denn ein Ägypter wird sie nicht nehmen. Ägypter haben wenig Verständnis oder Sympathie für Frauen, die zu selbständig sind. Auch unsere Frauen sind emanzipiert, aber sie reiten nicht und gehen nicht ohne Begleitung auf Partys oder in öffentliche Lokale. Darum will Danny einen Ausländer, dem so etwas nichts ausmacht, und offenbar hatte sie dich als Kandidaten erwählt. Nun, sie wird den Schock überwinden müssen.«

Der Wagen hielt vor dem Offiziersklub, einem ehemaligen Landhaus des Königs, direkt am Meer gelegen, inmitten großer, gepflegter Gärten. Wir stiegen aus dem Wagen und die Wache vor dem Eingang präsentierte das Gewehr.

»Bevor ich es vergesse«, sagte Youssef, »Abdo rief mich heute morgen an. Er gibt heute abend eine Willkommensparty für dich in seinem Haus in Heliopolis.«

»Das wird mal wieder eine wilde Nacht«, lachte ich. »Du kennst ja Abdo und seine Freunde.«

»Was macht das schon«, meinte Youssef. »Du kannst ja morgen ausschlafen.«

Das dachte er sich so. Schon um sechs Uhr dreißig mußte ich einen Morse-Funkspruch durchgeben. Diesmal nur einen kurzen Satz: ARRIVED SAFELY (.) ALL IS WELL (.)

* * *

Drei Monate später holte ich Waltraud am Hafen von Alexandria ab und fuhr mit ihr nach Kairo. Ich hatte sie sehr vermißt. Die Zeit unserer Trennung war mir viel länger erschienen als die langen einsamen Monate, bevor ich sie kennengelernt hatte. Auf Youssefs Rat hin hatte ich in Zamalek, einem der besten Wohnviertel in Kairo eine schöne, elegant im englischen Stil möblierte Dreizimmerwohnung gemietet. Das sei jedoch nur eine Zwischenlösung, hatte mir Youssef erklärt. Was ich bräuchte, wäre eine zweistöckige Villa mit großem Garten. Bis ein geeignetes Haus gefunden und eingerichtet sei, könnten Monate vergehen.

Mir sollte es recht sein, solange der Funkverkehr funktionierte, und dafür war das Haus bestens geeignet. Nur mit der Antenne hatte ich ein kleines Problem. Ich benötigte für mein Funkgerät eine normale, neun Meter lange Radioantenne, die auf dem Dach mit der Breitseite nach Osten ausgerüstet werden mußte. Fast überall auf der Welt hätte ich mir eine passende Antenne kaufen, auf's Dach steigen und sie montieren können. In Ägypten allerdings war das nicht ganz so einfach. Hätte der vornehme »Hawaga« (europäische Herr) persönlich eine so niedere Arbeit verrichtet, wäre das nicht nur sehr auffällig gewesen, sondern auch vom »öffentlichen Auge« – von den zahllosen Spitzeln, die überall herumlungernten – sofort weitergemeldet worden. Also wählte ich das kleinere Übel und bestellte einen Radiotechniker, der die Antenne anbrachte. Die Überlänge der Antenne erklärte ich damit, daß ich abends deutsche Programme empfangen wolle. Das würde man zwar auch melden, war aber weniger verdächtig.

Auf der Anhöhe kurz vor den Pyramiden hielt ich den Wagen an, um Waltraud Gelegenheit zu geben, den berühmten ersten Blick auf Kairo zu werfen.

»Das bekommst du als Ersatz für Los Angeles«, sagte ich.

»Sehr eindrucksvoll«, lächelte sie. »Das geheimnisvolle Morgenland. Es sieht schön aus – und auch gefährlich.«

Ich grinste sie an. »Gefährlich ist hier hauptsächlich der Straßenverkehr. Komm, wir fahren in unser neues Heim.«

Wir fuhren durch Giza, vorbei am Zoo und über eine der langen Brücken, die sich über den Nil spannen, bis nach Zamalek. Hier standen neugebaute Häuser, die Straßen waren sauberer und der Verkehr schwächer. Es gab moderne Läden und man sah viele Europäer und Autos mit fremden Nummerschildern. Ich hielt vor dem achtstöckigen Mietshaus in der Sharia Ismail Mohamad Nr. 16, wo wir wohnten. Die beiden sudanesischen Boys kamen die Stufen heruntergelaufen, um unser Gepäck in Empfang zu nehmen. Diese »Boabs« oder »Türsteher« hatte es wahrscheinlich schon im Alten Ägypten gegeben und jeder Haushalt, der etwas auf sich hielt, verfügte über mindestens einen. Ihre Aufgabe bestand im wesentlichen darin, am Eingang zu stehen, Diebe und Bettler zu verscheuchen, sich als Boten und Träger nützlich zu machen und kleinere Arbeiten im Haus zu verrichten. Außerdem gehörten sie natürlich zum »öffentlichen Auge« und waren, wie fast alle Dienstboten, Polizeispitzel. Einmal wöchentlich berichteten sie der Geheimpolizei, was sich im Haus abspielte: wie die Besitzer lebten, wie sie ihr Geld ausgaben, worüber sie miteinander sprachen, wer zu Besuch kam, was sie für Post erhielten und vieles mehr. Viele der Dienstboten, besonders die Sudanesen, deren Treue hochgepriesen wurde, spitzelten jedoch nur widerwillig oder unter Drohung für die Polizei.

Als wir im Lift zu unserer Wohnung im zweiten Stock hinauffuhren, sagte ich zu Waltraud: »Heute abend werden wir ein volles Haus haben. Die meisten Freunde wissen von deiner Ankunft und werden vorbeikommen. Alle sind gespannt, dich kennenzulernen.«

Sie sah mich erschrocken an. »Um Gotteswillen, schau doch mal, wie meine Haare aussehen... und wie soll ich so schnell das Essen für eine Party auf den Tisch zaubern?«

»Schätzchen, wir sind in Ägypten. Hier gibt es Diener, die sich um diese Dinge kümmern. Deine brillanten Kochkünste kannst du bei einer anderen Gelegenheit vorführen. Ich habe übrigens gestern eine Wanze aus der Telefonmuschel entfernt. Wir können frei sprechen.«

»Aber warum hören die dich denn ab, Wolfgang? Verdächtigt man dich?«

»Das ist nicht anzunehmen«, beruhigte ich sie. »Reine Routine-Maßnahme. Vor mir hat hier ein Attaché der amerikanischen Botschaft gewohnt. Der hat mir die Wanze gezeigt.«

Das Wohnzimmer sah aus wie ein Blumenladen. Große und kleine, runde, ovale und hohe Körbe mit den kunstvollsten Blumenarrangements standen auf jedem verfügbaren Möbelstück. Das Nachrichtensystem meiner Freunde hatte funktioniert.

»Schauen wir doch mal nach, wer diese ganze Pracht geschickt hat«, sagte ich zu Waltraud. Gemeinsam lasen wir die angehefteten Karten.

Wir begannen mit dem größten und aufwendigsten Korb: ›Wir beehren uns, die Braut unseres geschätzten Freundes Rusty herzlichst in Kairo zu begrüßen. General der Polizei Youssef Ali Ghorab und Familie.‹ »Der gute alte Youssef. Von ihm habe ich dir ja schon erzählt.«

Die nächste: ›Tausend Willkommensgrüße der schönen Frau von Rusty Bey. Möge Ihnen unser Nilwasser schmecken – mit etwas Whisky gemischt. Abdel Salaam Suleiman, General.‹ »Der Witzbold. Wir sind gute Freunde, und ich mag ihn sehr.«

»Schon wieder ein General?« fragte Waltraud.

»Davon gibt es in Ägypten Tausende. Wenn einer erst einmal ein paar Jahre Oberst ist, wird er entweder zum aktiven General befördert oder er wird pensioniert – mit dem Ehrentitel General. So kann sich jeder Leutnant ungefähr ausrechnen, wann er General wird. Aber Abdo ist wirklich tüchtig. Er hat lange in England gelebt und denkt schon fast wie ein Europäer. Hier im Generalstab ist er einer der wichtigsten Experten für Logistik. Das ist auch für mich sehr wichtig.«

»Du meinst, er gibt dir militärische Informationen?«

»Ziemlich oft. Aber er merkt es nicht. Schauen wir uns jetzt die anderen Karten an. Ah ja, hier ist eine auf Deutsch: ›Wir freuen uns auf Ihre Bekanntschaft. Nadia und Franz Kiesow.‹ »Das ist ein Paar, das dir sicher gefallen wird. Sie ist Ägypterin und er ist Deutscher – der Kairoer Repräsentant von Mannesmann. Er ist schon lange hier und schreibt manchmal recht interessante Berichte über die Wirtschaftslage. – Von wem ist denn das hier? Noch eine auf Deutsch: ›Meine Empfehlung – Gerhard Bauch.‹ »Das paßt zu ihm. Der typische deutsche Offizier. Angeblich ist er der hiesige Handelsvertreter des Quandt-Konzerns. Er hat eine tolle Villa in Pyramid Gardens, außerhalb der Stadt. Und im Faroussia Club hält er sich ein Reitpferd. Aber irgendetwas stimmt nicht mit ihm. Er ist auch nicht der Typ des Geschäftsmannes. Er lebt viel zu aufwendig und hat zuviel Zeit für Ausflüge und Parties. Geschäfte scheint er überhaupt keine zu haben. Irgendetwas ist faul an diesem Herrn.«

»Klingt ganz nach einem Spion«, meinte Waltraud.

»Daran hatte ich auch schon gedacht. Sei vorsichtig ihm gegenüber.«

»Aber du lebst doch auch auf großem Fuße«, warf Waltraud ein, »und gehst nicht gerade sparsam mit deinem Geld um. Wirkt das nicht auch verdächtig?«

»Im Gegenteil. Uns kann es nur nützen. Der Unterschied zwischen mir und diesen ausländischen Geschäftsleuten besteht darin, daß die ihren Lebensunterhalt verdienen müssen. Die ägyptischen Behörden können sehr leicht ihr Einkommen überprüfen. Wenn sie mehr ausgeben, als sie verdienen, müssen sie logischerweise über zusätzliche Einnahmequellen verfügen. Entweder schmuggeln sie Devisen ein – wie manche der Botschaftsangehörigen – oder sie haben einen anderen Nebenverdienst. Bei mir ist das ganz anders. Ich gelte von Haus aus als reicher Mann. Niemand kann meine Bankkonten in Deutschland überprüfen. Nach allem, was die wissen, bin ich Millionär – schön wär's. Ich bin hergekommen, um Araberpferde zu züchten – ein ehrbares Hobby für einen reichen Mann. Ich kann nicht nur soviel Geld ausgeben, wie ich will, man erwartet es sogar von mir. Nichts lieben die Ägypter mehr als Angeberei.«

Ich nahm die nächste Karte zur Hand. ›Brigadegeneral Fouad Osman und Oberst Mohsen Said.‹ »Die beiden werden heute bestimmt noch vorbeikommen. Militärischer Abwehrdienst. Ich treffe sie recht häufig.«

»Und wie stellst du es an, Informationen von ihnen zu bekommen?« wollte Waltraud wissen. »Bezahlst du sie dafür?«

»Viel zu plump und zu gefährlich. Aber sie betrachten mich als Freund und nehmen sich in meiner Gegenwart kein Blatt vor den Mund. Die meisten Ägypter sind von Natur aus geschwätzig. Und wer viel redet, sagt früher oder später etwas, was besser ungesagt geblieben wäre. Nein, ich lade eine passend zusammengesetzte Gruppe von ihnen zu einer Party ein, lasse ein erstklassiges Essen und reichlich Whisky servieren, und dann fangen sie bald von selbst an zu reden. Da sie annehmen, ich verstünde kein Arabisch, unterhalten sie sich frei von der Leber weg über vertrauliche Dienstangelegenheiten. Ich staune immer wieder, was man auf diese Weise alles in Erfahrung bringt. Das Trinken macht sie unvorsichtig. Manchmal bin ich auch nur mit einem von ihnen zusammen, der mir dann nicht selten sein Herz ausschüttet. Entweder hat er Probleme und will meinen Rat einholen, oder er will einfach damit angeben, wie mächtig und wichtig er ist und wieviel er weiß. Sie glauben alle, daß ich Offizier im Afrikakorps war und diskutieren gern mit mir über militärische Fragen. Die Tatsache, daß ich mit einigen großen Tieren hier gut bekannt bin, beweist ihnen, daß ich in Sicherheitsfragen über jeden Verdacht erhaben bin.

Natürlich nehme ich nicht alles, was sie mir erzählen, für bare Münze. Aber zumindest gibt es mir einen Hinweis, in welcher Richtung ich suchen muß. Nehmen wir an, irgendeine vage Information erscheint mir wichtig. Dann sorge ich für eine Gelegenheit, mit noch einem oder zwei anderen zu sprechen, die ebenfalls über die Sache Bescheid wissen müßten. So unauffällig wie möglich schneide ich das Thema an und warte ab, was ich zu hören bekomme. Wenn sich die Informationen dekken, kann ich sie als bestätigt an meine Zentrale weiterleiten. Oder wenn ich zum Beispiel von einer wichtigen neuen militärischen Einrichtung höre, muß ich unter Umständen selbst hinfahren und sehen, was es damit auf sich hat.«

»Das scheint dir richtig Spaß zu machen«, meinte Waltraud.

»Ich glaube, jeder tut Dinge gern, mit denen er etwas zu erreichen hofft. Wer dauernd daran denkt, daß er eventuell geschnappt werden könnte und unaufhörlich über die Schulter nach hinten blickt, der ist bald ein Nervenbündel. Er ist wie ein Soldat, der im Kampf nur daran denkt, daß er getroffen werden könnte. So ein Mann ist zu nichts zu gebrauchen und ihn erwischt es meistens zuerst.«

Die Gäste trafen, wie in Ägypten üblich, kurz nach zehn Uhr ein, und blieben dann bis in die frühen Morgenstunden.

Als erste erschien Danny. Sie rauschte herein, umarmte uns beide und wünschte uns Glück. So weit so gut. Nach meinem Gespräch mit Youssef war ich nicht ganz sicher gewesen, wie sie auf meine plötzliche Heirat reagieren würde. Unter normalen Umständen hätte ich mich überhaupt nicht um ihre Reaktion gekümmert, aber in meiner Position mußte ich darauf bedacht sein, mich mit niemandem zu verfeinden. Ich war hier, um Freunde zu gewinnen, nicht Feinde.

Bald erschienen auch die anderen Gäste, allein oder in kleinen Gruppen, vorwiegend Männer, da Ägypter in der Regel ihre Frauen zu gesellschaftlichen Anlässen nicht mitnehmen. Unser großes Wohnzimmer war bald voller Gäste, die sich mit viel Stimmaufwand und Schulterklopfen auf arabisch oder englisch begrüßten. Mein Diener Zaki reichte Getränke herum, und zwei Kellner, die ich extra dafür angestellt hatte, betreuten das Buffet im Speisezimmer.

Ich sah Waltraud inmitten einer Gruppe meiner engeren Freunde, unter ihnen Abdo und sein Busenfreund General Fouad Osman, der Sicherheitschef für die Raketenbasen und

Rüstungsfabriken war. Nadia und Franz Kiesow waren auch dabei. Ich bahnte mir einen Weg durch die Menge, um sie zu begrüßen.

»Du brauchst uns deine Frau nicht mehr vorzustellen«, rief mir Nadia zu. »Wir haben uns schon miteinander bekanntgemacht.« Sie umarmte mich. »Rusty, du alter Seeräuber, wo hast du so eine hübsche Frau her? Das verdienst du doch gar nicht.«

»Du hast recht, liebe Nadia. Und wie geht es dir, Franz?«

»Ach Gott – das Geschäft ist beschissen, der Whisky wird immer teurer, Nadia gibt immer mehr Geld aus, mit anderen Worten: Alles wie gehabt.«

Und so ging es weiter: Komplimente, Scherze, Drinks, noch mehr Komplimente, mehr Scherze, mehr Drinks.

Dann erschien General Ghorab in voller Uniform. Er blieb einen Augenblick im Türrahmen stehen, bis ihn alle bemerkt hatten und ihm ehrerbietig Platz machten. Er war der einzige in dieser Runde, der sich niemals gehen ließ und niemals richtig locker wurde. Youssef war stets darauf bedacht, würdevoll zu erscheinen. Jetzt steuerte er auf mich zu wie ein Schlachtschiff auf hoher See, schloß mich in seine Arme und versetzte mir den unvermeidlichen Bruderkuß. Dann stellte ich ihn Waltraud vor. Er küßte ihr elegant die Hand und versicherte ihr, ich sei einer seiner besten Freunde und es wäre ihm eine Ehre, wenn auch sie seine Freundschaft akzeptieren würde.

Die Schiebetüren zum Speisezimmer, wo das kalte Bufett aufgebaut war, wurden zur Seite gerollt, und alles stürzte sich auf das Roastbeef, die gefüllten Tauben, die Truthähne und die anderen Delikatessen, die Groppis Lebensmittelabteilung vorbereitet hatte.

Der Abend verlief, wie die meisten dieser Abende verlaufen.

Waltraud und Youssef gingen bald Arm in Arm und waren binnen kürzester Zeit die besten Freunde. In diesem Kreis ließ sich Youssef sogar herab, mehrere Glas Whisky zu trinken – wohl aus Gesundheitsgründen, wie Nadia Kiesow spöttisch bemerkte.

»Was hast du morgen vor?« fragte mich Youssef. »Bist du morgen früh im Klub?«

»Natürlich«, erwiderte ich, »ich muß Waltraud doch unsere

Pferde zeigen; außerdem hat sie morgen ihre erste Reitstunde bei Captain Ibrahim.«

»Dann komme ich auch«, sagte Youssef, »und stelle sie den Klubmitgliedern vor. Kommt ihr morgen abend zu uns zum Essen?«

»Riesig gern«, sagte ich. »Aber könnten wir das vielleicht auf einen anderen Abend verschieben? Für morgen haben wir schon eine Einladung. Von Leers gibt eine Party.«

Das wollte ich auf keinen Fall verpassen. Von Leers, ehemaliger Mitarbeiter von Goebbels, stand auf der Liste der deutschen Kriegsverbrecher. Vielleicht traf ich auf seiner Party ein paar frühere Nazigrößen, die den Chef interessierten.

»Ich habe Professor von Leers schon einmal kennengelernt. Ein äußerst gebildeter alter Herr. Gut, Rusty, meine Frau und ich erwarten euch dann übermorgen.«

»Und morgen abend kommt ihr zu uns«, rief mir Franz Kiesow zu, der gerade vorbeikam und meine letzten Worte nicht mehr gehört hatte.

»Tut mir leid, Franz, ich sagte Youssef Bey eben, daß wir morgen bei von Leers eingeladen sind. Kommt ihr auch?«

»Wir? Ganz bestimmt nicht. Ich will mit dieser Nazi-Clique nichts zu tun haben. Es wundert mich, daß du ... nun gut, jeder nach seinem Geschmack.«

Ich ging auf seine Bemerkung nicht ein, aber Gerhard Bauch, der offenbar gute Ohren hatte, gesellte sich zu uns. Er schlug die Hacken zusammen, verbeugte sich vor Waltraud und lächelte jungenhaft. »Mein Kompliment, gnä' Frau, eine reizende Party.« Dann wandte er sich mir zu. »Ich hörte, Sie sind mit von Leers verabredet. Den wollte ich schon immer einmal kennenlernen. Könnten Sie mich vielleicht mit ihm bekanntmachen? Ich wäre Ihnen sehr dankbar.«

Das konnte ich ihm kaum abschlagen. Aber was sollte er mit von Leers? Die meisten Handelsvertreter in Kairo mieden diesen alten Nazi wie die Pest.

»Ich glaube, das ließe sich machen, Gerhard«, sagte ich.

»Sehr verbunden.«

Youssef wechselte das Thema. Er war stets bemüht, sich aus Diskussionen über den Nationalsozialismus herauszuhalten.

Ich wußte, wie sehr er mit den Nazis sympathisiert hatte, doch war er es seiner Stellung schuldig, sich öffentlich nicht dazu zu äußern. Er fragte mich, ob ich mit Waltraud Ausflüge machen wolle, um ihr das Land zu zeigen. Ich erwiderte, sie solle sich erst einmal mit dem Leben hier vertraut machen und meine Freunde kennenlernen. Dann wollten wir nach und nach die schönsten Gegenden und Sehenswürdigkeiten besichtigen.

»Ein guter Plan«, stimmte mir Youssef zu. »Ihr braucht wirklich nicht wie Touristen durch die Gegend zu rasen. Ihr habt ja Zeit. Ich würde übrigens gern einmal mitkommen und euch einiges zeigen, was Touristen nie zu sehen bekommen. Altertümer sind sicher sehr interessant, aber ich möchte euch das moderne Ägypten zeigen, und was der arabische Sozialismus hier durch technischen Fortschritt und militärische Macht erreicht und geschaffen hat.«

So ging es noch eine Weile weiter. Wenn er in Fahrt kam, war er kaum zu bremsen. Zum Glück unterbrach ihn Danny und lenkte das Gespräch in andere Bahnen. Ich wandte mich meinen übrigen Gästen zu.

Etwas abseits auf einem Sofa saßen die anderen zwei Generale, Abdo und Fouad, tranken Whisky aus großen Gläsern und unterhielten sich leise auf arabisch. Mir war, als hätte ich das Wort »Mifarkaat« (Sprengladung) gehört. Ich zog einen Sessel heran und setzte mich zu ihnen.

»Was seid ihr doch für ungesellige Typen«, sagte ich. »Oder störe ich euch bei einem dienstlichen Gespräch?«

»Keineswegs«, versicherte mir Fouad. »Ich erzählte Abdo nur gerade ... nun, dir kann ich es ja sagen, Rusty, aber behalte es für dich. In einem unserer Rüstungsbetriebe in Helwan ist eine Sprengladung hochgegangen. Vier Arbeiter und ein Ingenieur wurden getötet.«

»War es ein Unfall?« fragte ich.

»Das sieht eher nach den Israelis aus. Die Sprengladung kam von außerhalb, in einer Kiste mit Ersatzteilen. Wir wollen aber nicht, daß das publik wird.«

Ich nickte verständnisvoll.

Fouad verabschiedete sich. Er habe noch Dienstgeschäfte, erklärte er uns. Abdo und ich grinsten uns an. Wir kannten

Fouads Dienstgeschäft. Es war hellblond gefärbt und hatte einen ziemlich breiten Po.

»Ich habe dich schon ein paar Tage nicht gesehen«, sagte ich zu Abdo, als Fouad gegangen war. »Wo hast du dich denn versteckt?«

»Ach, die halten mich auf Trab. Ich mußte ein paarmal nach Suez.«

»Was ist denn so interessant an Suez?«

»Gar nichts. Du weißt ja, was für ein langweiliges Drecknest das ist. Aber wir haben die neunte Infanteriebrigade in den Sinai verlegt, und da mußte ich wieder mal für ein paar unfähige Stabsoffiziere das Kindermädchen spielen.«

Ich lachte. »Abdo, sag mir nur rechtzeitig Bescheid, wann der Krieg losgeht, damit ich mich mit Whisky eindecken kann.«

»Whisky kann man nie genug haben«, meinte er, »aber auf den Krieg werden wir noch eine Weile warten müssen.«

»Aber ihr rüstet doch wie wild.«

»Ja, wir haben genug Waffen und Munitionsvorräte, um den ganzen Nahen Osten zu erobern. Aber mit Kriegsmaterial allein ist es nicht getan. Der Zustand der Streitkräfte ist skandalös.«

»Du übertreibst, Abdo. So schlimm kann es doch nicht sein.«

Er zog eine Grimasse. »Doch. Das Schlimmste ist, daß Gamal, der Marschall und der Generalstab das nicht einsehen. Sie bekommen jede Menge Flugzeuge und Panzer von den Sowjets und benehmen sich wie ein Haufen Kinder mit einem neuen Fußball. Doch was nützt der beste Fußball, wenn das Team nicht spielen kann? Gewiß, wir haben ein paar Elite-Einheiten, aber eine Schwalbe macht noch keinen Sommer. Im Ganzen gesehen sind unsere Soldaten schlecht ausgebildet, und die Moral der Truppe ist miserabel. Die Verwaltung erstickt in bürokratischem Kleinkram und arbeitet viel zu langsam, wenn überhaupt. Dazu kommt, daß unsere Truppenoffiziere nicht einmal in der Lage sind, die kleinste Entscheidung selbständig zu fällen, und unsere Vorstellung von Taktik läßt einem die Haare zu Berge stehen.«

Ich winkte einem der Kellner und ließ uns zwei Whisky bringen. Abdo stürzte das halbe Glas mit einem Zug hinunter.

»Hör mal zu, Rusty«, fuhr er fort. »Ich habe in Farouks Armee gedient, lange Jahre bevor diese glorreiche Republik entstand. Es war alles nur Lack und Fassade. Die Kavallerie und die königliche Garde und Paraden mit blankem Säbel: alles sehr hübsch und dekorativ. Aber jeder – vom König abwärts bis zum letzten Stallburschen – wußte, daß das keine Armee zum Kämpfen war, und daß wir alle nur Soldat spielten. Mein Gott – 1948, im ersten Feldzug gegen Israel, als Nokrashi Pascha leichtsinnigerweise die Armee ausrücken ließ, um Israel zu erobern, hatten die doch tatsächlich vergessen, auch nur eine einzige Landkarte mitzunehmen! Rusty, ich weiß, wie eine richtige Armee zu funktionieren hat. Schließlich besitze ich Abgangszeugnisse von zwei Militärakademien in England. Und du bist ein ehemaliger Nazi-Offizier. Dir brauche ich wohl nicht zu erklären, wie eine schlagkräftige Truppe aussieht.«

Ich bot ihm eine Zigarette an.

»Du malst alles sehr schwarz, Abdo«, sagte ich beiläufig. »Du bist überarbeitet, wie üblich.«

»Ich bin nicht überarbeitet, nur angeekelt von dem ganzen Quatsch. Dreimal schon habe ich um meine Pensionierung nachgesucht. Mein kaputtes Bein ist wohl Grund genug. Jetzt haben sie zum drittenmal abgelehnt. Sie brauchen mich in der Verwaltung.«

»Kein Wunder, so wie du schuftest. Aber man hört doch von allen Seiten, daß die Streitkräfte immer besser werden. Ihr habt jede Menge ausländische Berater und Experten, und außerdem hat die Armee doch praktische Kampferfahrung, noch aus dem Suez-Krieg.«

»Oh ja, natürlich. Ausländische Berater haben wir in Hülle und Fülle. Erst hatten wir Deutsche, jetzt haben wir Russen. Ich will dir mal erzählen, wie das bei uns läuft. Wir heuern für teures Geld die besten Fachleute der Welt an, um uns die Handhabung einer bestimmten Waffe oder eines bestimmten Geräts beibringen zu lassen. Fünf Minuten später sagen *wir ihnen* nicht nur, was sie zu tun haben, sondern auch, wie sie es machen müssen. Das ist die ägyptische Mentalität. Schau dir nur die Flugzeug- und Raketenindustrie an, auf die Gamal so stolz ist. Hunderte Millionen Pfund haben wir da reingesteckt, und was können wir dafür vorzeigen?«

»Nicht viel. Ich weiß.«

»Jeder weiß das. Ebenso wie jeder weiß, was von unserer Kampferfahrung und den sogenannten Siegen von 1956 zu halten ist. Alles Angabe. Ich war selbst auf Sinai. Ich habe mit eigenen Augen gesehen, was sich dort abgespielt hat. Es war ein Debakel! Keine Koordination, widersprüchliche Befehle oder überhaupt keine. Und dann machten wir kehrt und rannten davon, Offiziere vorneweg. Jetzt glauben Gamal und der Marschall, daß sie es mit weiteren drei oder vier Divisionen und fünfhundert Flugzeugen mehr schaffen können. Quantität statt Qualität. Und wir werden wieder die Zeche bezahlen müssen, wenn es soweit ist.«

»Und wann denkst du, wird das sein?«

»Nicht nächste Woche oder nächsten Monat. Aber zum Krieg wird es kommen, das ist gewiß.«

Er lachte und erhob sich ein wenig mühsam. »Das ist genau so sicher, wie ich schon ziemlich beschwipst bin und nach Hause gehen muß.«

Ich stand ebenfalls auf und klopfte ihm tröstend auf die Schulter. »Nimm es dir nicht so zu Herzen, alter Junge. Wenn sie dich aus der Armee rausschmeißen, weil du dauernd stänkerst und kritisierst, verschaffe ich dir einen Job in Deutschland. Das heißt, wenn du ohne deine Goldtressen und dein Lametta auskommst.«

»Was heißt hier ›ohne‹ auskommen? Das brauche ich doch, wenn ich Portier im Berliner Hilton werden.«

Er hatte seinen Humor wiedergefunden. »Es ist gut, wenn man ab und zu mal eine Schulter findet, an der man sich ausweinen kann«, sagte er lachend. »Im Dienst kann ich so nicht reden. Kritik hört man dort nicht gern.

Er verabschiedete sich von Waltraud und mir und lud uns ein, ihn bald in seinem Haus in Heliopolis zu besuchen. Dann winkte er den anderen Gästen zu und ging. Sein Hinken, das von einer alten Kriegsverletzung herrührte – er war im Sinai mit seinem Jeep auf eine Mine gefahren – war heute abend besonders auffällig.

IV
Die glorreiche Vergangenheit

Am nächsten Morgen um halb sieben setzte ich mich ans Funkgerät und gab den folgenden Morse-Funkspruch durch, den ich noch vor dem Zubettgehen verschlüsselt hatte:

EURE KISTE MIT ERSATZTEILEN PLANMÄSSIG IN RÜSTUNGSFABRIK HELWAN EXPLODIERT (.) FÜNF TOTE (.) NEUNTE INFANTERIEBRIGADE NACH SINAI VERLEGT (.) INFORMATIONSQUELLE GENERAL A. S. SULEIMAN (.) ENDE (.)

»Machst du das jeden Morgen?« fragte Waltraud vom Bett her.

»Im Durchschnitt zwei- bis dreimal die Woche«, antwortete ich. »Manchmal auch öfter. Komm, steh jetzt auf. Wir haben einen langen Tag vor uns.«

»Meine erste Reitstunde«, rief sie fröhlich und sprang mit einem Satz aus dem Bett. »Und abends sind wir bei diesem Uralt-Nazi, über den Franz Kiesow gestern so abfällig sprach. Wer ist das eigentlich?«

»Ehemals Judenreferent im Propagandaministerium von Goebbels. Standartenführer SS, Schreibtischtäter. Er hat hier in Ägypten politisches Asyl gefunden und hat irgendwo im Innenministerium einen Beraterposten. Nichts Wichtiges. Der Kerl ist schon vollkommen senil.«

»Bringt das etwas? Ich meine, was versprichst du dir von dem Besuch bei ihm?«

»Viele der rangälteren deutschen Raketenexperten verkehren bei ihm. An die muß ich herankommen. Und hin und wieder tauchen dort alte Nazigrößen auf. Mir ist zum Beispiel ein

Gerücht zu Ohren gekommen – ich weiß nicht, ob etwas dran ist – nach dem Martin Bormann hier gewesen sein soll. Auf der Durchreise. Das würde natürlich den Chef sehr interessieren.«

»Und wenn du so jemanden fändest? Könntet ihr den entführen, so wie Eichmann in Argentinien?«

»Hier aus Ägypten wohl kaum. Aber wenn so jemand weiterreist, kann man ihm nachstellen. Oder ihn hier an Ort und Stelle aus dem Verkehr ziehen.«

»Du meinst umbringen?«

»Du mußt dich nicht immer ganz so kraß ausdrücken, Schätzchen.«

»Aber darauf läuft es doch hinaus. Würdest du so etwas tun?«

»Selbstverständlich. Der Mossad ist doch kein Gesangsverein. Aber so etwas lohnt sich nur im Falle von wirklich prominenten Nazis, die schwere Kriegsverbrechen begangen haben. Kleine Nazis gibt es hier genug, besonders in der Rüstungsindustrie. Das waren kleine Parteigenossen, die durch die Straßen marschiert sind und ›Heil Hitler‹ gebrüllt haben. Mit denen geben wir uns nicht ab – nur mit den jetzigen Aufträgen.«

Waltraud setzte sich an ihren Toilettentisch, die Haarbürste in der Hand, und sah mich im Spiegel mit schiefem Lächeln an. »Wie es scheint, habe ich einen Killer geheiratet. Wenn ich dir irgendwie helfen kann...«

Ich ging ins Badezimmer, verbrannte das Blatt Papier, auf dem ich meinen Funkspruch verschlüsselt hatte, und spülte die Asche im Klo herunter.

Der Nadi el Feroussia – der Kavallerieklub – lag nahe beim Rennplatz des Gezira Sporting Club auf der Nil-Insel Gezira, weniger als fünf Autominuten vom Bezirk Zamalek entfernt, wo wir wohnten. Wir kamen kurz nach acht an, ein wenig später, als ich es gewohnt war. Als wir durch die schmiedeeisernen Tore auf das Klubgelände fuhren, sah ich die übliche Gruppe bereits versammelt, manche zu Pferd, andere an den Kaffeetischen auf dem gepflegten Rasen vor dem Klubhaus. Zur Linken, auf dem Hauptreitplatz, arbeitete Youssef Ghorab mit Boulboul, einer prächtigen Araberstute, die zwar dem Klub gehörte, jedoch ausschließlich zur persönlichen Verfügung des Generals gehalten wurde. Youssef machte als Reiter eine gute Figur. Er galt als einer der besten Dressurreiter des Landes, obgleich seine Methoden für meinen Geschmack ein wenig zu streng waren. Als er uns erblickte, saß er ab, klopfte der schwitzenden Stute den Hals und kam uns entgegen.

»Ich habe auf dich gewartet«, sagte er. »Ich dachte, wir würden gemeinsam ein paar Sprünge üben. Aber euch Neuvermählten scheint die nachtschlafende Zeit nicht recht zuzusagen.« Er lachte. »Willst du jetzt noch reiten?«

»Ich glaube kaum«, erwiderte ich. »Wie ich sehe, wartet Captain Ibrahim schon darauf, Waltraud ihre erste Reitstunde zu geben; anschließend wird es so heiß sein, daß man es nur noch im Schatten aushalten kann.«

Nach der Unterrichtsstunde, während der sich Waltraud wacker hielt, machten wir mit Youssef einen Rundgang durch die Stallungen und gingen dann alle drei zum Klubhaus hinüber. Es war kurz vor zehn, und die Hitze begann bereits unangenehm zu werden. Niemand ritt mehr, und die meisten Klubmitglieder räkelten sich in Liegestühlen auf der schattigen Veranda bei Kaffee oder eisgekühlter Limonade.

Einige der Anwesenden kannte Waltraud bereits. Danny hielt gerade eine Abhandlung über die Spezialanfertigung eines Springsattels, doch niemand hörte ihr richtig zu. Nadia Kiesow trug wie immer hochelegante Reitkleidung, obwohl sie nur selten ritt. Sie besaß eine kleine, schüchterne Stute, das bravste Tier im Klub, vor der sie sich aber trotzdem schrecklich ängstigte. Neben ihr saß Bauch, der wie immer unbegrenzt Zeit zu haben schien. Youssef stellte Waltraud diejenigen Leute vor, die sie noch nicht kannte: Oberst Kamal Hadidy, Kommandeur der Polizeischule, Oberst Mohsen Sabri, der gestern Blumen geschickt hatte, aber selbst nicht in Erscheinung getreten war, und Dr. Raouf Megally, ein Augenarzt, mit Wynn, seiner australischen Frau. Ebenfalls anwesend waren fünf Kavallerieoffiziere, Mitglieder der ägyptischen Springreiter-Equipe, die jeden Morgen eine Stunde mit ihren Pferden trainierten und danach den Rest des Tages in allen möglichen Klubs verbrachten oder jungen Touristinnen nachstellten.

Als wir uns setzten und Kaffee bestellten, rückte man die Stühle zu einem Halbkreis zusammen, und alle beteiligten sich an der Unterhaltung.

»Sie haben schon eine Menge Pferde, Mr. Lotz«, bemerkte Oberst Sabri. »Wollen Sie sich auf Dauer in Ägypten niederlassen?« Er war, wie schon erwähnt, Geheimdienstoffizier und mit der Überwachung von Ausländern betraut. Nur selten stellte er eine Frage ohne besonderen Grund.

»Auf Dauer ist ein großes Wort, Mohsen«, erwiderte ich. »Aber wenn meine Frau dieses Land ebenso liebt wie ich, werden wir bestimmt einige Jahre hierbleiben. Das heißt, wenn die Behörden nichts dagegen haben.«

»Warum sollten sie das?« fragte Sabri lächelnd. »Im Gegenteil: Wir freuen uns, Sie bei uns zu haben. Vize-Präsident El-Schafei sprach kürzlich sehr wohlwollend von Ihnen.«

»Wie nett von ihm. Bitte grüßen Sie ihn von mir.«

Ich hatte Schafei durch den Reiterverband kennengelernt, dessen Ehrenpräsident er war. Politisch war er eine Null, einer von Nassers Jasagern, der, obgleich er das Amt eines Vizepräsidenten der Republik bekleidete, keinen Einfluß besaß. Hinter seinem Rücken nannte man ihn »el gahasch el gomhoury« – den republikanischen Esel.

»Ich habe mir gerade das Rennprogramm für heute nachmittag angesehen«, bemerkte Major Alwy Ghazy, einer der Kavallerieoffiziere. »Wie ich sehe, startet Ihr neues Pferd Ibn Meran im fünften Rennen, Rusty. Soll ich fünf Pfund riskieren?«

»Sie könnten Schlechteres tun, Alwy. Aber garantieren kann ich für nichts.«

»Wer ist Ihr Trainer?«

»Maurice. Er ist ausgezeichnet.«

»Zweifellos. Ich war neulich auf seiner Trainingsstrecke in Heliopolis. Sie grenzt an das Depot der Panzereinheiten in Huckstep.«

Das war kein Zufall; ich hatte diesen Umstand natürlich in Betracht gezogen, als ich mir meinen Trainer aussuchte. Abgesehen von wenigen kleinen Panzerverbänden in der Kanal-Zone und im Sinai hatten die Ägypter praktisch ihre gesamte Panzermacht auf dem riesenhaften Stützpunkt Huckstep bei

Heliopolis konzentriert. Ein taktisches Paradox. Jede größere Bewegung von Panzerverbänden mußte von dort ihren Ausgang nehmen und war leicht zu beobachten. Die Strecke, auf der mein Trainer Maurice jeden Morgen mit den Pferden arbeitete, lag unmittelbar daneben. Überdies hatte er einen fünf Meter hohen hölzernen Beobachtungsturm in der Mitte des Ovals errichtet, damit Trainer und Besitzer ihre Pferde bei der Arbeit beobachten konnten.

Etwa zweimal die Woche stieg ich, mit einem Feldstecher bewaffnet, in den frühen Morgenstunden auf diesen Holzturm, und es waren nicht nur die Pferde, denen ich meine Aufmerksamkeit widmete. Von dort aus konnte ich mühelos fast alles beobachten, was sich innerhalb des Stützpunktes abspielte. Größere Verschiebungen von Panzereinheiten meldete ich natürlich sofort über Funk.

»Kaufen Sie bald wieder neue Pferde?« erkundigte sich Bauch.

»Sicherlich, nur weiß ich noch nicht, wie bald. Wie Sie wissen, habe ich vor, hier im kleinen Rahmen Araber zu züchten. Vor kurzem sah ich ein paar Prachtexemplare auf der Farm von Hamza Pascha. Ich glaube, er will einige verkaufen, aber bis ich nicht meine eigenen Stallungen habe, wüßte ich nicht, wo ich sie unterbringen sollte. Hier im Klub ist keine einzige Box frei.«

»Warum stellen Sie sie nicht einfach zu unseren Pferden in den Stallungen der Armeekaserne von Abassia, Rusty?« fragte Major Ghazy. »Omar, ließe sich das nicht machen?«

Oberst Omar el-Hadary, Kommandeur der Kavallerieeinheit in Abassia und Chef d'Equipe der Springreiter, strich sich mit der Hand über den Schnurrbart. »Das ginge schon«, meinte er. »Platz genug haben wir. Jedes Ihrer Pferde bekäme einen Soldaten als Pfleger und wäre gut versorgt, und das wäre für Sie billiger als hier im Klub.«

Ich dankte ihm herzlich, gab jedoch zu bedenken, daß es dann wohl kaum möglich wäre, meine Pferde regelmäßig zu sehen. Schließlich war Abassia eine große, streng bewachte Militärkaserne, und ich konnte doch nicht jedesmal den Oberst bitten, mich zu begleiten.

Hadary lachte. »Rusty, wie typisch deutsch Sie doch sind. Haben Sie und Ihre Frau Paßbilder? Geben Sie sie mir, und ich lasse Ihnen beiden permanente Passierscheine ausstellen. Dann können Sie kommen und gehen, wann immer Sie wollen.«

So einfach war das. Schon seit langem brannte ich darauf, mir die Spezialeinheiten, die ebenfalls in Abassia einquartiert waren, einmal aus der Nähe anzusehen.

Alwy Ghazi blickte auf die Uhr. »Zeit zum Aufbruch«, rief er und sprang auf. »Im Gezira Sporting Club warten gewiß schon ein paar hübsche Blondinen, die sich ohne uns langweilen.« Die vier anderen Offiziere erhoben sich ebenfalls, grüßten höflich und folgten Alwy hinaus.

»Eine fröhliche Gruppe«, meinte Waltraud.

»Das sind keine seriösen Offiziere«, sagte Youssef mißbilligend. »Die haben nichts im Kopf als saufen und flirten und ihr Geld auf der Rennbahn verspielen. Leihe ihnen bloß kein Geld, Rusty. Du siehst es nie wieder.«

Ich lachte. »Der gute alte Youssef! Keine Sorge, ich passe schon auf. Aber ist es nicht nett von Hadary, mir seine Stallungen anzubieten?«

»Für den Augenblick ist es sicher eine gute Lösung. Aber du brauchst eine eigene Farm für dein Gestüt. Ich werde mich einmal umsehen.«

»Wunderbar. Vielleicht hörst du auch etwas von einer kleinen, hübschen Villa. Jetzt, wo ich verheiratet bin, hätte ich schon gern ein eigenes Haus.«

Youssef, Danny und Nadia erboten sich sofort, uns bei der Suche nach einem neuen Heim behilflich zu sein. Bald machten Waltraud und ich uns auf den Weg. Gerhard Bauch begleitete uns bis zum Auto und schimpfte ausgiebig darüber, daß man sein Pferd hier im Klub schlecht versorgte. Er übertrieb reichlich, und ich fragte mich, was er damit bezweckte. Schließlich ließ er die Katze aus dem Sack.

»Ich hörte, daß Oberst Hadary Ihnen seine Stallungen in Abassia zur Mitbenutzung angeboten hat, Wolfgang. Glauben Sie, daß Sie auch für mich ein gutes Wort einlegen könnten?«

Das war es also. Fast hätte ich laut gelacht.

»Das wird schwierig sein, Gerhard«, erwiderte ich. »Ich

möchte bei Hadary, der mir das aus freien Stücken angeboten hat, nicht den Eindruck erwecken, als wolle ich ihn ausnutzen. Sie wissen ja, wie empfindlich die Ägypter in diesem Punkt sind. Und so schlecht ist Ihr Pferd hier auch nicht aufgehoben. Wenn ich erst meine eigene Farm habe, können Sie es gern bei mir unterstellen.«

Waltraud und ich stiegen ins Auto, winkten ihm zu und fuhren los. Mit den Ergebnissen des Morgens konnten wir recht zufrieden sein.

»Es ist wie beim Angeln«, sagte ich zu Waltraud, die ihre Verblüffung kaum unterdrücken konnte. »Man steckt den Köder auf den Haken, wirft die Leine aus und wartet ab. Wenn man Glück hat, beißt ein großer Fisch an. Und ein Passierschein für Abassia ist unbedingt ein großer Fisch. Friedrich der Große sagte schon, ›Fortune‹ sei das Wichtigste für einen guten General. Hoffen wir, daß uns das Glück auch nachmittags auf der Rennbahn treu bleibt.

Zahlreiche Autos waren bereits bei von Leers vor dem Haus abgestellt, als wir gegen halb zehn vorfuhren. Der Pförtner am Tor der zweistöckigen Villa im Kairoer Vorort Meadi dirigierte uns zu einer Parklücke.

»Ihr Name bitte, Sir«, fragte er mich auf englisch und konsultierte eine Liste.

Es war recht ungewöhnlich, auf diese Weise kontrolliert zu werden, wenn man einen privaten Besuch machte. Ebenfalls ungewöhnlich war die Maschinenpistole, die sich unter seiner Galabya – der nachthemdartigen Nationalkleidung der Ägypter – deutlich abzeichnete. Offenbar wurde von Leers von der Mabahes el Amma – der Geheimpolizei – sehr gut bewacht. Ein Diener führte uns ins Haus; er war offensichtlich ein echter und kein verkleideter Sicherheitsbeamter.

Herr und Frau von Leers begrüßten uns an der Tür. Er war ein in sich zusammengesunkener alter Mann mit schütterem weißen Haar und wäßrigen, ausdruckslosen, hellblauen Augen.

»Treten Sie ein, mein lieber Lotz. Heil Hitler«, sagte er mit etwas zittriger Stimme. Seine Frau, etwas jünger als er, wandte sich Waltraud zu, die von dieser Art der Begrüßung nicht gerade begeistert zu sein schien.

»Und diese reizende junge Dame muß wohl Frau Lotz sein. Kommen Sie doch herein, meine Liebe. Es freut uns, Ihre Bekanntschaft zu machen. Und wie geht es Ihnen, Herr Lotz?«

Ich beugte mich zum Handkuß über ihre dargebotene Hand, wie man es von mir erwartete, murmelte die üblichen Redensarten, und wir betraten den weiträumigen Salon, wo schon etwa dreißig Personen vesammelt waren, teils stehend, teils sitzend, in mehreren kleinen Gruppen. Man trank Cocktails und unterhielt sich auf deutsch, englisch und arabisch.

»Sie werden heute abend eine Menge Bekannte treffen«, sagte Frau von Leers, »und wen Sie noch nicht kennen, werde ich Ihnen gleich vorstellen. Doch zuerst erzählen Sie mir – wie war Ihre Reise? Wie sieht es in Deutschland aus? Es muß sich doch alles sehr verändert haben.«

»Es war eine herrliche Reise«, erwiderte ich. »Trotzdem bin ich froh, wieder hier zu sein. Ägypten gefällt mir.«

»Natürlich, selbstverständlich. Uns geht es genauso. Wir lieben Ägypten. Aber manchmal bekommt Johann schreckliches Heimweh. Wenn wir nur einmal wieder hinfahren könnten, verstehen Sie, nur ein einziges Mal!«

»Der Professor würde damit aber ein großes Risiko eingehen.«

»Zweifellos. Die Juden würden ihn sofort ins Gefängnis werfen.«

»Die Juden?«

»Aber natürlich! Deutschland wird doch heute wieder von den Juden beherrscht. Wer sonst würde einem harmlosen alten Mann etwas antun? Herr Lotz, ist es nicht auch für Sie ein wenig gefährlich, so oft nach Deutschland zu reisen?«

»Gefährlich? Inwiefern gefährlich?«

»Ach, ich dachte nur... ich glaubte nur... wissen Sie, Herr Lotz, wir hatten neulich sehr aufregenden Besuch. Ich habe geschworen, niemandem zu erzählen, wer es war. Er kam ganz im Geheimen. Aus Südamerika. Johann und unser Gast unterhielten sich zwei volle Nächte lang. Mein Gott, was für Erinnerungen das wieder weckte!«

»Ich hörte gerüchtehalber, Reichsleiter Bormann sei ein paar Tage hier gewesen.«

»Das haben Sie gesagt!« rief sie erschrocken. »Aber ich rede zuviel. Kommen Sie mit zu den anderen.«

Waltraud stand ein paar Schritte entfernt und hörte von Leers zu.

»... und jetzt nenne ich mich Omar Amin«, sagte er gerade.

»Hör auf mit dem Unsinn, Liebes«, unterbrach ihn seine Frau. »Dein Name ist Johann von Leers, und es besteht kein Grund, ihn zu ändern. Es ist ein guter und ehrbarer Name, und eines Tages wird das deutsche Volk wieder stolz auf diesen Namen sein.«

Ein hochgewachsener, grauhaariger Mann mit tiefen Furchen im Gesicht war hereingekommen und trat jetzt auf uns zu.

»Meine Verehrung, gnädige Frau – Herr Professor.«

»Heil Hitler, lieber Doktor«, hörten wir unseren Gastgeber sagen.

»Guten Abend genügt wohl unter diesen Umständen«, meinte der Neuankömmling und schaute sich im Raum um.

»Ach, lassen Sie doch«, sagte Frau von Leers beschwichtigend. »Mein Mann möchte immer gern die Vergangenheit wieder zum Leben erwecken. Darf ich Ihnen ein befreundetes Ehepaar vorstellen: Herr Doktor Eisele – Herr und Frau Lotz. Doktor Eisele ist Werkarzt in der Rüstungsindustrie und kümmert sich besonders um die deutschen Fachleute.«

Das war also der berüchtigte Eisele, der ehemalige KZ-Arzt, der tödliche Experimente an Zehntausenden von Männern, Frauen und Kindern durchgeführt hatte, und der in ganz Europa wegen Massenmordes steckbrieflich gesucht wurde. Ich hatte gehört, daß er hier sei und daß die Vereinigte Arabische Republik ihm politisches Asyl gewährt hatte. Jetzt hatte er einen gut dotierten Posten als Werkarzt in der Rüstungsindustrie. Eigentlich sah er gar nicht so aus, wie man sich gemeinhin einen Massenmörder vorstellt. Er wirkte vornehm und gepflegt, war höflich und zurückhaltend und hatte gütige graue Augen.

Ich setzte auch meinerseits ein höfliches Lächeln auf und drückte ihm die Hand. »Es freut mich, Sie kennenzulernen,

Doktor.« Über Waltrauds mögliche Reaktion war ich ein wenig besorgt. Wenn sie jemanden aus tiefster Seele haßte, dann waren es die Nazis. Ich hoffte inständig, daß sie sich beherrschen würde. Wir hatten unsere Rolle zu spielen, und Begegnungen wie diese gehörten nun einmal dazu. Waltraud hatte ihr Taschentuch genommen und rieb sich damit am Auge herum. Sie nickte Eisele zu. »Entschuldigen Sie bitte, aber mir ist etwas ins Auge geflogen. Ich glaube, eine Mücke. Frau von Leers, würden Sie mir bitte den Weg ins Badezimmer zeigen?«

»Aber gern, meine Liebe«, sagte die alte Dame beflissen. »Hier entlang, bitte.«

Gut inszeniert, dachte ich mir im stillen. So hatte sie es vermieden, dem Kerl die Hand geben zu müssen. Wir durften ihn keineswegs vor den Kopf stoßen, wenn ich mir Zutritt zu den Kreisen der deutschen Raketenbauer verschaffen wollte.

Ein Ägypter, den von Leers als Dr. Ahmed Sowieso vorstellte, gesellte sich zu uns und begann, mit Eisele über ein neues Röntgengerät zu sprechen. Von Leers nahm mich zur Seite.

»Kommen Sie, lieber Lotz, setzen wir uns einen Augenblick in die frische Luft auf der Veranda, und kosten Sie meinen Wein. Ob Sie es glauben oder nicht, ich habe ein paar Flaschen echten Mosel bekommen.«

Er rief nach einem Diener und trug ihm in seinem klassischen Gelehrtenarabisch auf, die gewünschte Flasche zu holen. Wir nahmen in zwei Korbsesseln Platz. Die Hitze des Tages war einer kühlen Brise gewichen. Von Leers bot mir eine Zigarre an und gab mir Feuer. Er selbst rauchte nicht. Der Diener brachte die Flasche und zwei Gläser und schenkte uns ein.

»Zum Wohle, mein Lieber.«

»Auf Ihr Wohl, Professor.«

»Ein vorzüglicher Wein. Man kann die deutsche Sonne richtig herausschmecken.«

»Ganz ausgezeichnet«, bestätigte ich. »Und wie angenehm es hier draußen ist.«

»Ja, wir haben Glück, daß der kühle Wind die Moskitos

vertreibt. Haben Sie Dr. Eisele schon früher einmal getroffen?«

»Nein. Er scheint sich in der Kairoer Gesellschaft nicht allzu häufig zu zeigen.«

»Ich meinte, ob Sie ihm früher in Deutschland während des Krieges schon einmal begegnet ind.«

»Nein, ich bin ihm noch nie begegnet. Deutschland ist groß, Professor.«

»Und damals war es noch viel größer. Ich dachte, Sie hätten ihn vielleicht während des Krieges irgendwo kennengelernt. Wo haben Sie eigentlich gedient, Lotz?«

»Im Afrikakorps, 125. Division. Ich glaube, das habe ich Ihnen schon einmal erzählt.«

»Ja, das haben Sie erzählt. Und ich kann auch verstehen, warum Sie allen Leuten dieses Märchen erzählen. Sie machen das ganz richtig. Es wäre sehr dumm und könnte auch riskant sein, den Leuten die Wahrheit zu sagen.«

Mir wurde es bei diesen Worten ein wenig heiß unterm Kragen. Ich hatte keine Ahnung, worauf er hinauswollte.

»Ich verstehe nicht, Professor«, sagte ich mit Befremden in der Stimme. »Es *ist* die Wahrheit.«

»Kommen Sie, Lotz. Sie sind ein kluger Kopf, aber bei mir können Sie sich dieses Spielchen ersparen. Haben Sie kein Vertrauen zu mir? Goebbels vertraute mir – und der Führer auch. Ich habe keinen je enttäuscht.«

»Ich weiß wirklich nicht, wovon Sie reden. Niemand bezweifelt Ihre Vertrauenswürdigkeit, Herr Professor. Aber was hat das mit unserem Thema zu tun?«

Er lächelte überlegen. »Nun gut, wenn Sie Ihre Karten nicht auf den Tisch legen wollen, dann lassen Sie es, Obersturmbannführer. Ich werde Sie bestimmt nicht verraten.«

»Verraten? Was soll das heißen?« rief ich gereizt. »Und warum nennen Sie mich Obersturmbannführer? Soll das ein Witz sein?«

Sein wissendes Lächeln vertiefte sich. »Kein Witz. Aber für einen Narren dürfen Sie mich auch nicht halten, Lotz. Ich mag ein alter Mann sein, und manche Leute behaupten hinter meinem Rücken, daß ich mit der Zeit senil geworden sei, aber ich habe immer noch ein ausgezeichnetes Personengedächtnis. Ich erinnere mich genau an Ihr Gesicht. Wir sind uns nur einmal begegnet, auf irgendeiner Konferenz in Berlin-Grunewald. Ich weiß nicht mehr aus welchem Anlaß, aber es muß gegen Ende des Krieges gewesen sein. Sie sahen sehr gut aus in der schmukken, schwarzen Uniform des Obersturmbannführers. Leugnen Sie nicht! Ich freue mich, daß Sie einer der Unsrigen sind und werde Ihr Geheimnis zu wahren wissen.«

Hatte der alte Trottel mich doch tatsächlich mit einem SS-Führer, den er nur einmal gesehen hatte, verwechselt! Er war geschwätzig wie ein altes Waschweib und würde es zweifellos überall herumerzählen. Das konnte ja nett werden! Aber, wenn man es recht bedachte, konnte es auch von Vorteil für mich sein. Alte Nazis und Nazi-Sympathisanten gab es hier genug, und auch bei den Ägyptern würde mir diese Geschichte keinesfalls schaden. Natürlich würde ich es trotzdem weiterhin ableugnen, wie es wohl jeder SS-Mann an meiner Stelle getan hätte.

»Wollen Sie mich ruinieren, Professor?« fragte ich ihn und legte soviel Besorgnis wie möglich in meine Stimme. »Ist Ihnen überhaupt klar, wie sehr mir das schaden könnte, wenn diese Geschichte bekannt würde? Hier vielleicht nicht, aber in Deutschland.«

»Ich habe vollstes Verständnis dafür«, versicherte mir der Alte. »Ihnen geht es besser als mir. Sie können jederzeit nach Deutschland zurück. Ich werde bestimmt nicht derjenige sein, der Ihnen das verdirbt.«

Waltraud kam in Begleitung von Oberst Mohsen Sabri heraus auf die Veranda. Von Leers und ich brachen unser Thema ab und erhoben uns. Sabri fragte, wie es uns am Nachmittag bei den Rennen ergangen sei.

»Nicht schlecht«, erwiderte ich. »Mein Pferd Ibn Meran hat zwar nicht gewonnen, aber es wurde Zweiter. Und wie ist es Ihnen ergangen, Mohsen? Haben Sie gewonnen, wie immer?«

Sabri lächelte säuerlich. »Ich habe mein letztes Hemd verwettet und bin vollkommen pleite.« Er faßte mich am Ellbogen und führte mich zur Seite. »Sagen Sie, Rusty, könnten Sie mir wohl noch einmal eine Kleinigkeit leihen? Ich brauche das

Geld für ein paar wichtige Dinge, und ich brauche es bald. Sie würden mir einen riesigen Gefallen tun.«

Also wieder ein Kredit. Das war bereits der dritte. Aber diesen »riesigen Gefallen« konnte ich dem Abwehr-Offizier, der für Ausländer verantwortlich war, kaum verweigern. Natürlich konnte ich nicht erwarten, das Geld jemals wiederzusehen. Wenn er gewußt hätte, aus welcher Kasse es kam!

»Wieviel brauchen Sie, Mohsen?« fragte ich ihn. »Reichen fünfzig Pfund?«

»Könnten Sie mir fünfundsiebzig geben? Und bitte, Rusty, in Dollars, nicht in ägyptischen Pfunden. Dann bekomme ich mehr dafür.«

»Da kann man nichts machen«, dachte ich mir, als ich meine Brieftasche zückte. »Der israelische Steuerzahler wird auch dafür aufkommen müssen.«

Nachdem ich Waltraud wiedergefunden hatte, führte ich sie ans Ende des langen L-förmigen Raumes, wo sich eine laute, lustige Gesellschaft um das Klavier geschart hatte. Die meisten waren deutsche und österreichische Flugzeug- und Raketenbauer. Auf dem Klavier stand Cognac, Wodka und Steinhäger. Brenner, ein strammer Nazi, der die Triebwerkfertigung des Abfangjägers HA 300 leitete, und Schonmann, ein anderer Abteilungsleiter, führten das große Wort. Brenner, ein dicker, aufgedunsener Kerl, dessen Gesicht heute noch röter erschien als gewöhnlich, fuchtelte mit einem Glas vor Schonmanns Gesich herum.

»Und ich sage Ihnen«, schrie er, »der letzte Test war erfolgreich. Die Triebwerke funktionieren einwandfrei. Wenn euch lahmarschigen Übergenies nicht alles kaputtginge, was ihr anfaßt, hätten wir den Vogel schon in der Luft und könnten in sechs Monaten mit der Serienherstellung beginnen. Nur Ihre Abteilung ist schuld, daß das Ding noch im Experimentierstadium dahindämmert!«

Das läuft ja ausgezeichnet, dachte ich mir.

Brenner leerte sein Glas in einem Zug und füllte es wieder. Schonmann nahm einen kleinen Schluck Steinhäger und wischte sich Zigarrenasche vom Ärmel.

»Sie haben leicht reden, Brenner«, sagte er in seinem melodischen österreichischen Akzent. »Es ist sehr einfach, immer andere für alles verantwortlich zu machen. Sie wissen doch genausogut wie ich, wo der Hund begraben liegt! Es ist die Qualität der einheimischen Arbeit dieser sogenannten Ingenieure und Techniker und die Verzögerungen bei der Lieferung von Ersatzteilen und tausend andere Dinge. Dazu blockieren uns die Behörden mit ihrem bürokratischen Kram. Es dauert Monate, bis man...«

»Kommen Sie mir nicht damit«, unterbrach ihn Brenner. »In meiner Abteilung ist jeder auf Draht, zu jeder Zeit. Warum besuchen Sie uns nicht einmal? Vielleicht können Sie sich einiges abgucken.«

»Ein Familienstreit, meine Herren?« mischte ich mich lächelnd ein. »Acht Stunden täglich im Werk dürften doch ausreichen, alles Geschäftliche zu besprechen. Darf ich Sie meiner Frau vorstellen?«

Alle wandten sich uns zu. Wer noch saß, stand eiligst auf.

»Die frischgebackene Frau Lotz«, rief Brenner. »Es ist mir ein Vergnügen, gnädige Frau. Ich muß schon sagen, der Reitersmann hat einen verdammt guten Geschmack.«

»Bitte setzen Sie sich doch, gnädige Frau«, sagte Schonmann, nachdem alle vorgestellt waren, und zog einen Stuhl heran. »Darf ich Ihnen einen Drink besorgen?«

»Bitte keinen Champagner mehr«, bat Waltraud und setzte sich. »Vielleicht einen kleinen Whisky mit viel Soda.«

»Wird gemacht. Und Sie, Lotz?«

»Ich kenne sein Lieblingsgift«, lachte Brenner. Er goß ein Glas Steinhäger ein und reichte es mir. »Trinken Sie, Reitersmann. Sie haben viel aufzuholen.«

»Zum Wohl.« Ich trank ihnen zu. »Auf eure Triebwerke und womit ihr sonst den lieben langen Tag herumspielt. Offenbar auch nachts. Ich hoffe, wir haben keine wichtige Produktionskonferenz unterbrochen.«

»Zum Teufel damit – Verzeihung, gnädige Frau«, rief Brenner. »Für Konferenzen habe ich ohnehin nicht viel übrig – immer dasselbe Blabla. Bei mir in der Abteilung gebe ich meine Weisungen, ohne erst lange Diskussionen zu veranstalten, bei denen doch nur Blödsinn geredet wird. Jeder, der aus der

Reihe tanzt, erlebt sein blaues Wunder. Das ist die einzig richtige Methode. Denn das ist ja der Haken bei diesem Verein: keine Disziplin. Die sind viel zu lasch, genau wie Sie, Schonmann. Bevor ich jemanden einstelle, schaue ich mir an, was er im Krieg gemacht hat. Das sagt alles über einen Mann. Die alten Kameraden von der Luftwaffe sind die besten. Flugzeugführer, Flugingenieure – manche von ihnen waren sogar bei der ›Wilden Sau‹, dem Himmelfahrtskommando am Ende des Krieges. Prächtige Burschen! Wer erinnert sich noch an das Lied der Staffel? Tarara-tam-tata...« Er setzte sich ans Klavier und schlug einen Akkord an. »Wissen Sie noch den Text, Lotz?« Er begann zu singen, und nach ein paar Takten fiel auch ich ein:

»Und wenn es bumst und kracht,
Dann weißt du es genau,
Das war ein Flugzeugführer von der Wilden Sau!«

Von Leers gesellte sich zu uns und nickte mit dem Kopf im Takt des Liedes.

»Ich sehe, das Fest nimmt Formen an«, sagte er mit seiner zittrigen Greisenstimme, »und Herr Brenner ist wie immer die Seele vom Ganzen. Ich hoffe, Sie unterhielten sich gut, Herr Lotz. Das erinnert einen an die große Zeit, als junge Menschen noch bereit waren, für ein Ideal zu kämpfen – aus Vaterlandsliebe. Die heutige Jugend interessiert sich ja nur für Transistorradios und degenerierte amerikanische Musik. Wenn ich da an unsere sauberen deutschen Jungs und Mädels zurückdenke, in ihrer schmucken Kluft, wie sie zu den Klängen richtiger Musik marschierten... Herr Brenner, spielen Sie uns doch ein paar von den schönen alten Liedern vor, und laßt uns alle mitsingen. Ich bin sicher, Herr Lotz kennt die meisten Texte«, fügte er mit einem breiten, konspirativen Grinsen hinzu, das nicht zu übersehen war.

Nun hatten sich fast alle der Anwesenden um uns geschart, und das Singen wurde immer lauter und lebhafter, das Repertoire immer nationalsozialistischer:

»... wir wollen weiter marschie-hieren,
wenn alles in Scherben fällt,
heute gehört uns Deu-heutschland
und morgen die ganze Welt.«

So ging es etwa zwei Stunden weiter. Ich sang aus vollem Hals mit. Wenigstens hatte es sich gelohnt, die Lieder in mühsamer Heimarbeit auswendig gelernt zu haben. Von Leers hatte Tränen in den Augen. Nach jedem Lied trank man eine Runde, und einige der Umstehenden lallten bereits merklich. Ein paar ägyptische Gäste waren herangetreten und hörten uns amüsiert zu. Die jüngeren Deutschen, die zur Zeit des Dritten Reiches noch Kinder gewesen waren, nahmen sich ein wenig verloren aus.

Auf mein aufmunterndes Lächeln hin hatte sich Waltraud zu den anderen deutschen Damen an einen benachbarten Tisch gesetzt und beobachtete amüsiert das Treiben.

»Jetzt wird es aber Zeit aufzubrechen«, sagte Brenner und schaute auf die Uhr. »Morgen ist schließlich ein Arbeitstag. Es war ein schönes Fest.« Er schlug wieder einen Akkord an. »Und nun noch zum Schluß:

»Die Fahne hoch ...«

Wir alle stimmten aus voller Kehle ein:

»Die Reihen fest geschlossen,
SA marschiert in ruhig-festem Tritt,
Kameraden, die Rotfront und Reaktion erschossen,
Marschiern im Geist in unsren Reihen mit.«

Auf dem Nachhauseweg erzählte ich Waltraud, daß von Leers mich mit einem SS-Führer verwechselt habe und fest davon überzeugt sei, ich sei ein ehemaliger Obersturmbannführer.

»So hast du dich heute abend auch aufgeführt, mein edler, halbarischer Recke«, meinte Waltraud lachend. »Kann dir das nicht schaden?«

»Ich glaube, hier in Ägypten könnte es mir eher nützen«, erwiderte ich. »Natürlich wird der alte Knallkopp die Geschichte überall verbreiten, und ich werde nach wie vor leugnen, aber nicht allzu überzeugend.«

In der Tat ging das Gerücht von meiner SS-Vergangenheit bald in ganz Kairo um. Je mehr ich es ableugnete, um so fester glaubte man daran. Ägyptische Offiziere und Beamte kamen immer wieder darauf zurück und sprachen mich wohlwollend auf meine vermeintliche Vergangenheit an. Einige Deutsche allerdings, meist Vertreter deutscher Firmen in Kairo, benahmen sich mir gegenüber merklich kühler oder mieden künftig ganz meine Gesellschaft.

Ich beschloß, den Stier bei den Hörnern zu packen und forderte von der Zentrale in Tel-Aviv einen Satz »frisierter« Dokumente an, die von Leers' Vermutungen bestätigen sollten. Die Unterlagen kamen dann per Post aus Deutschland. Es sollte mir nur recht sein, wenn der ägyptische Zensor diese Papiere zu Gesicht bekäme. Um ganz sicher zu gehen, ließ ich einen großen Umschlag mit diesen und anderen Dokumenten zu Hause auf der Anrichte liegen und schimpfte meinen Diener dafür aus, daß er »meine wichtigsten Papiere, die niemand sehen dürfe« einfach so herumliegen ließ. Dann legte ich den Umschlag in Gegenwart des Dieners in eine Schublade.

Drei oder vier Tage später sah ich wieder nach. Der Puder, den ich über den Umschlag gestreut hatte, war weg, und auch das Haar, das ich mit einem Ende an den Umschlag und mit dem anderen an das Schubfach geklebt hatte (allerdings nicht in Gegenwart des treuen Dieners), war abgerissen. Zweifellos hatte sich der ägyptische Geheimdienst die Papiere ausgeliehen und abgelichtet. Nun wußten sie also genau, wer ich war und was sie von meinem Leugnen zu halten hatten.

V
Rusty Bey

»Ruhe, Junge, Ruhe!« Ich parierte durch. Doktor, mein großrahmiger Fuchshengst, reagierte gehorsam auf meine Hilfen. Ich drehte mich im Sattel um. Waltraud war mir dicht auf den Fersen. In den letzten zwei Jahren war sie zu einer guten Reiterin und echten Pferdenärrin geworden. Sie saß fast täglich mehrere Stunden im Sattel. Ihr Lieblingshengst »Snowball« war vor sechs Monaten gestorben, und ich hatte ihr als Ersatz eine braune Anglo-Araberstute geschenkt, die sie selbst zugeritten hatte.

»Sie hat Isis verdammt gut hinbekommen«, dachte ich mir, als Waltraud neben mir herritt. Wir ließen die Wüste hinter uns und trabten gemächlich einen sandigen Pfad hinunter, der, von hohen Dattelpalmen überschattet, durch grüne Plantagen führte. Hier, in einem abgelegenen Teil des Nil-Deltas, etwa fünfzehn Kilometer nördlich von Kairo, hatte ich eine schön angelegte Farm gepachtet, zu der auch Stallungen, Koppeln, ein Reitplatz und sogar eine Rennbahn gehörten. Hier züchteten wir Araberpferde. Ich unterhielt außerdem einen kleinen Rennstall; diejenigen meiner Rennpferde, die sich gerade nicht im Training befanden, waren ebenfalls auf der Farm untergebracht. Die Farm war zum Treffpunkt für viele unserer ägyptischen und deutschen Freunde geworden. Manche von ihnen ritten oft mit uns und hatten sogar ihre Privatpferde bei uns in Pension, andere kamen nur, um die schöne Landschaft und die frische Luft zu genießen.

»Alles in Ordnung?« rief ich Waltraud zu, die mir auf dem schmalen Pfad folgte.

»Alles bestens«, gab sie zur Antwort. »Der Galopp hat den Pferden gutgetan.«

Wir ließen die Zügel durchhängen, und die Pferde gingen im

Schritt ruhig nebeneinander her. Sie kannten den Weg genau und brauchten keine Führung.

»Weißt du, ich kann mich an dieser schönen Landschaft hier gar nicht sattsehen«, meinte Waltraud. Man konnte auf dieser Strecke unter den Dattelpalmen auch bei größter Hitze kilometerweit im Schatten reiten. Plötzlich ertönte ein lautes Dröhnen, etwa wie das eines Düsenflugzeugs. Mein Hengst scheute ein wenig, doch ich brachte ihn mit einer kurzen Parade gleich wieder unter Kontrolle. Dann schaute ich auf die Uhr und merkte mir die Zeit.

Einer der großen Vorteile dieser Farm war ihre unmittelbare Nähe zu einem Raketenversuchsgelände. Es befand sich unweit der Wüstenstraße von Kairo nach Alexandria. In den Morgenstunden wurden hier ziemlich häufig Raketen abgeschossen; es war ein wichtiger Teil meiner Arbeit, die genauen Uhrzeiten festzustellen und weiterzumelden.

»Ja«, stimmte ich Waltraud bei, »ich bin froh, daß wir diese Farm genommen haben. Sie ist in vielerlei Hinsicht ihr Geld wert.«

»Sie ist nicht nur eine gute Tarnung«, meinte Waltraud, »sondern auch eine Quelle wichtiger Informationen, wenn man bedenkt, wer hier so alles herumlungert.«

Ich mußte lachen. »Ja, es scheint fast so, als ob der ägyptische Generalstab und die deutschen Techniker keinen anderen Ort hätten, um ihre Probleme zu erörtern.

Die Farm war wirklich eine tolle Nachrichtenquelle. Zu Anfang hatte sich Waltraud über die offene, ungenierte Art gewundert, mit der ich meine Gäste manchmal ausfragte. Doch dann hatte ich ihr erklärt, daß Unverschämtheit manchmal die beste Tarnung ist. Es gibt zwei Grundtypen von Spionen. Der eine gibt sich als grauer, unauffälliger kleiner Mann, der sich stets im Hintergrund hält, und dessen Gesicht und Erscheinung man gleich wieder vergißt. Der andere Typ ist derart extrovertiert und bewegt sich ständig in so grellem Scheinwerferlicht, daß niemand auf die Idee kommen würde, er könne ein Spion sein. So hätte es sich wohl niemand träumen lassen (das hoffte ich jedenfalls), daß der reiche und exzentrische Pferdezüchter Lotz, der im Winter auf dem Rennplatz im bayerischen Trachtenanzug mit einem Gamsbart am Hut umherstolziert und seinen Ansichten laut und bestimmt Ausdruck verleiht, etwas anderes sein könnte, als er darstellte. Und wenn man in Ägypten erst einmal für das gehalten wird, was man zu sein vorgibt, kann man sich praktisch alles erlauben. So hatte ich zum Beispiel General Abdel Salaam dazu gebracht, mir eine Besuchserlaubnis für bestimmte Sperrgebiete in der Kanalzone zu besorgen; er gab sich damit zufrieden, daß ich ihm erklärte, im Bittersee ließe es sich viel besser angeln als woanders. Es wäre ihm nie eingefallen zu glauben, daß sein guter Freund unlautere Motive haben könnte.

»Es ist wirklich komisch«, sagte ich zu Waltraud. »Die deutschen Flugzeug- und Raketenbauer sind davon überzeugt, daß ich ein Düsentriebwerk nicht von einer Kaffeemühle unterscheiden kann. Und je weniger Interesse ich zeige, um so mehr bestehen sie darauf, mir all den technischen Kram zu erklären. Schau dir die Bilanz der letzten sechs Monate an: Zwei neue Raketenstellungen einschließlich des neuen Versuchsgeländes geortet, genaue Berichte über den Fortgang der Flugzeug- und Raketenproduktion erstellt, exakte Personalangaben über alle ausländischen Experten gemacht, die ägyptische Flotte im Roten Meer sowie Truppen- und Materialtransporte auf der Sinai Halbinsel beobachtet und dazu noch eine Fülle politischer und wirtschaftlicher Informationen geliefert. Kein schlechter Ertrag für diese Zeitspanne, würde ich sagen.«

»Nur weiter so, Obersturmbannführer«, sagte Waltraud trocken. »Am Ende verleiht man dir noch einen Orden.«

Und dann interessierte mich natürlich der Krieg im Jemen. Von Abdo und anderen erhielt ich regelmäßig genaue Informationen über den Verlauf dieses Krieges, in dem Nassers Truppen schon lange Zeit gegen die jeminitischen Bergstämme kämpften, aber trotz schwerer Luftangriffe und Einsatz von Nervengas kaum nennenswerte Erfolge zu verzeichnen hatten. Natürlich war es für Israel wichtig zu wissen, welche ägyptischen Truppenteile dort gebunden waren und wie es um deren Kampfmoral stand – ganz abgesehen von Einzelheiten über die chemische Kriegsführung.

»Übrigens«, unterbrach Waltraud meine Gedanken, »hast du deinen Kollegen schon Vorschläge wegen Horst Wasser gemacht?«

»Noch nichts Endgültiges. Ich will ihn noch eine Weile im Auge behalten. Es gibt noch einiges, was mich an ihm stört.«

Es gehörte ebenfalls zu meinen Aufgaben, Informanten, die man unter Umständen als Mitarbeiter anwerben konnte, ausfindig zu machen. Freilich versuchte ich nie, selbst jemanden anzuwerben – das wäre viel zu riskant gewesen. Ich wies lediglich auf solche Leute hin und überließ den Rest meinen Kollegen in Israel. Wenn sie diesen oder jenen für geeignet hielten, würden sie schon das Nötige tun, ohne daß ich davon etwas erfahren würde.

Wir überquerten die Asphaltstraße vor der Einfahrt zu unserer Farm.

»Laß Isis nicht allein in den Stall laufen«, warnte ich Waltraud. »Halte sie zurück. Da kommt schon Abdallah, die Pferde in Empfang zu nehmen. Ein Körbchen Karotten hat er auch schon vorbereitet.«

Waltraud verzog das Gesicht. »Ist das nicht Bauch dort drüben auf dem Reitplatz, mit seiner üblichen Imitation der Spanischen Hofreitschule?«

»Armes Pferd«, erwiderte ich. »Vielleicht bin ich überempfindlich, aber die Art, wie er sein Pferd schindet, geht mir wirklich auf die Nerven.«

»Warum hast du ihm dann erlaubt, seinen Gaul hier einzustellen?«

»Was konnte ich tun? Er weiß, ich habe genügend Platz, und Leuten wie Vogelsang und Dickmann habe ich es auch erlaubt.«

Wir sprangen ab, lockerten die Gurte und übergaben Abdallah die Zügel. Dann fütterten wir die Pferde mit ein paar Mohrrüben und klopften ihnen den Hals.

»Hatten Sie einen angenehmen Ritt, ya saad el Pascha?« erkundigte sich der alte Stallmann. Seit ich ihm seinen Lohn um fünf Pfund erhöht hatte, hatte er mich vom »Bey« zum »Pascha« befördert.

»Ja, es war ein guter Ritt, danke Abdallah. War Herr Vogelsang heute morgen schon hier?«

»Ja, er sitzt bei einer Tasse Kaffee auf der Terrasse. Er sagte mir, er müsse für ein paar Tage verreisen und bat mich, in der Zwischenzeit seine Stute zu bewegen. Dafür hat er mir ein Pfund Bakschisch gegeben.«

»Schön für dich, Abdallah. Dann bewege mal fleißig sein Pferd.« Zu Waltraud sagte ich auf deutsch: »Ein Pfund Bakschisch hätte ich dem alten Geizkragen gar nicht zugetraut.« Wir nahmen unsere Sporen ab und gingen nach hinten auf die Terrasse, wo wir uns zu Vogelsang setzten.

»Wie geht es dir, Harry?« fragte ich ihn, nachdem ein Diener für Waltraud und mich ebenfalls Kaffee gebracht hatte. »Abdallah sagte mir, du fährst weg.«

»Nur ein paar Tage, Rusty. Ich wäre dir sehr dankbar, wenn du Abdallah erlaubtest, sich ein bißchen um mein Pferd zu kümmern.«

»Gewiß doch. Machst du Urlaub?«

»Schön wär's. Nein, ich muß zu einer Konferenz nach München. Personalprobleme. Es ist wichtig und dringend.«

»Dann sieh nur zu, daß du rechtzeitig ein Hotelzimmer buchst. In München ist wieder einmal eine Messe und es wird kaum ein Zimmer zu haben sein.«

»Dafür ist schon gesorgt. Heute früh hat man mir meine Reservierung bestätigt.« Er zog ein Stück Papier aus der Tasche und zeigte es mir. Ich prägte mir den Namen des Hotels und die Zimmernummer ein. »Sag mal, Rusty«, fuhr er fort. »Was mir gerade einfällt: Wo kaufe ich mir am besten einen neuen Aktenkoffer? Bei Rivoli? Meiner fällt langsam auseinander, und außerdem ist er für die vielen Unterlagen und Personalakten, die ich mitnehmen muß, zu klein.«

»Wozu unnötig Geld ausgeben?« erwiderte ich. »Ich habe einen nagelneuen Aktenkoffer zu Hause, den ich so gut wie nie benütze. Den leihe ich dir gern für die Reise. Mein Diener bringt ihn dir morgen vorbei.«

»Danke. Das ist wirklich nett von dir, Rusty.«

»Was war denn das für eine Tour mit dem Aktenkoffer?« fragte mich Waltraud auf dem Nachhauseweg im Auto. »Du bsitzt doch gar keinen.«

»Ich fahre heute nachmittag in die Stadt und besorge einen

bei Rivoli«, erklärte ich ihr. »Die Unterlagen, die er mitnimmt, sind sicherlich von Interesse für meine Kollegen. Ich gebe noch heute einen Funkspruch durch. Ankunftsdatum, Hotel, Zimmernummer. Dann können die das Material in aller Ruhe fotografieren, während unser Freund Harry gerade mit einem netten Mädchen in München die Runden macht. Und wenn er kein Mädchen hat, setzen sie eines auf ihn an. Und einen der beiden Schlüssel, die ich bekomme, wenn ich den Aktenkoffer kaufe, behalte ich.«

»Und wie kommt der innerhalb von drei Tagen nach München?«

»Mit der Lufthansa. Ich kaufe ein kleines Geschenk – irgendein Andenken – und schicke es zusammen mit dem Schlüssel an den Kollegen in München. Der Stationsleiter hier in Kairo tut mir bestimmt den kleinen Gefallen. Wir sind alte Bekannte.«

* * *

Unser Koch wartete schon mit dem Mittagessen, als wir zurückkamen. Ich beeilte mich mit dem Essen. In einer knappen halben Stunde war es Zeit zu funken. Vor kurzem hatte man mir ein neues Funkgerät zur Verfügung gestellt, größer und stärker als mein voriges in dem ausgehöhlten Absatz meines Reitstiefels. Das neue Gerät war in einer speziell dafür präparierten Badezimmerwaage versteckt.

Mein altes Gerät hatte sich als zu schwach erwiesen und nach einigen Monaten versagt. Das hatte ich der Zentrale brieflich mitgeteilt, indem ich den für Geheimschrift präparierten Schreibblock benützte.

Zum Senden und Empfangen von Nachrichten pflegte ich zu festgesetzten Zeiten ins Schlafzimmer zu gehen, entweder um vierzehn Uhr oder ganz früh am Morgen.

»Zehn vor zwei«, sagte ich zu Waltraud, legte die Serviette weg und stand auf. »Ich muß jetzt hinauf.«

Waltraud und ich waren aus unserer alten Wohnung in Zamalek in eine schöne, zweistöckige Villa im Vorort Giza gezogen. Sie war gschmackvoll und teuer in englischem Stil eingerichtet. Wir hatten einen großen Garten mit alten Mangobäumen, der von einem hohen Zaun und einer dicken Hecke umgeben war. Unser Schlafzimmer befand sich im Obergeschoß. Dort empfing und sendete ich mein Funksprüche, da es der einzige Raum im ganzen Hause war, wo ich mich einschließen konnte, ohne bei der Dienerschaft, die jetzt vier Köpfe zählte, Verdacht zu erwecken.

Ich war schon auf der Treppe, als es an der Haustür klingelte. »Sieh bitte nach, wer es ist«, rief ich Waltraud zu. »Ich darf jetzt nicht gestört werden.« Sie lief an mir vorbei die Treppe hinauf und schaute durch die Gardinen im Schlafzimmer.

»Es sind Abdo und Fouad«, sagte sie. »Der Gärtner öffnet ihnen gerade das Tor. Was soll ich machen?«

»Geh hinunter und biete ihnen einen Drink an. Sage ihnen, ich stünde unter der Dusche und käme gleich herunter. Es dauert nicht lange.«

Ich schloß mich ein, machte das Gerät fertig und ging Punkt vierzehn Uhr auf Sendung. Als ich fertig war, verstaute ich die Ausrüstung wieder in ihrem Versteck in der Badezimmerwaage, feuchtete mir die Haare an – als Indiz, daß ich gerade aus der Dusche gekommen war – und kämmte mich. Dann ging ich hinunter in den kleinen Salon, wo die zwei Generale beim Whisky saßen und sich angeregt mit Waltraud unterhielten.

»Was für eine nette Überraschung!« rief ich. »Arbeiten Leute wie ihr eigentlich nie oder ist heute wieder einmal ein Feiertag?«

»Wir feiern den Tag der Wiederkehr deiner halbjährigen Dusche«, revanchierte sich Abdo. »Wie sauber du aussiehst, Rusty.«

»Eigentlich«, warf Fouad ein, »waren wir auf dem Wege nach Alexandria und wollten im Vorbeifahren kurz nach euch sehen.«

»Abdo erzählte mir eben«, sagte Waltraud, »die Badeparty neulich abend habe noch ein Nachspiel gehabt.«

Vor ein paar Tagen hatte uns Abdo mit seiner Frau Jasmin und seinen beiden erwachsenen Kindern am Abend besucht. Kurz vor Mitternacht erschienen Schonmann und Vogelsang und schlugen vor, wir sollten alle zusammen zu Schonmanns Villa in Pyramid Gardens fahren, im Swimmingpool ein Bad nehmen und anschließend noch etwas essen. Es wurde ein lustiger und unbeschwerter Abend.

»Du hast dich doch nicht etwa erkältet, Abdo?« fragte ich unschuldig.

»Nein, ich habe mich nicht erkältet«, erklärte Abdo in gereiztem Ton, »aber der Sicherheitsdienst hat mich um sechs Uhr früh aus dem Bett getrommelt.«

»Du meinst Fouads Leute?« fragte ich ungläubig.

»Natürlich nicht. Eine andere Abteilung. Zwei überhöfliche Herren in Zivil wollten wissen, was ich in Schonmanns Haus zu suchen hatte.«

»Also, wenn das nicht zu weit geht! Was geht die das an? Ich weiß, daß Schonmann scharf bewacht wird, aber du bist schließlich General und außerdem ...«

»Genau darum geht es ja, Rusty. Sie wiesen auf die bestehenden Vorschriften hin, nach denen kein Angehöriger der Streitkräfte ohne ausdrückliche Genehmigung der Sicherheitsbehörden gesellschaftliche Kontakte zu Ausländern unterhalten dürfe, insbesondere zu den deutschen Experten der Rüstungsindustrie. Man achtet darauf, daß diese Regel streng eingehalten wird.«

»Hat Nasser nicht erst neulich gesagt, daß seine Regierung für Freiheit, Fortschritt und Demokratie eintritt?« fragte ich spöttisch. »Wenn sich das so äußert ...«

»Sei nicht ungerecht, Rusty«, unterbrach mich Fouad hastig. »Natürlich ist es lächerlich, einem Mann wie Abdo einen Verweis zu erteilen, weil er bei Schonmann einen Drink genommen hat. Das habe ich ihnen auch gesagt. Aber wir dürfen nicht vergessen, daß wir im Krieg sind. Wir müssen uns schützen. Die Israelis haben ihre Spione überall. Manche der Sicherheitsmaßnahmen sind vielleicht lästig, aber sie sind notwendig, das kannst du mir glauben.«

»Wahrscheinlich hast du recht«, gab ich zu. »In Deutschland hatten wir während des Krieges auch eine ganze Reihe von Beschränkungen. Aber was weiter, Abdo? Was hast du ihnen gesagt?«

»Nun, ich erklärte ihnen die Situation«, fuhr Abdo fort. »Ich erzählte ihnen, wir hätten Schonmann und den anderen Experten zufällig in deinem Haus getroffen und konnten uns von der improvisierten Party bei Schonmann nicht gut ausschließen, ohne sehr unhöflich zu erscheinen.«

»Und haben sie dir das abgenommen?«

»Oh ja. Sie zeigten Verständnis für meine Lage, betonten aber, ich müsse in Zukunft die Vorschriften besser beachten und Kontakte mit Ausländern vermeiden.«

»Bezieht sich das auch auf uns? Wir sind doch auch Ausländer.«

Er lachte. »Großer Gott, nein. Die wissen über dich genau Bescheid und auch, daß wir befreundet sind. Du bist schon vor langer Zeit gründlich ›durchleuchtet‹ worden.« Er zwinkerte mir zu. »Glaube mir, man hat dich äußerst gründlich überprüft. Sie wissen, daß du mit dem Nasser-Regime sympathisierst und daß es in deiner Vergangenheit Dinge gibt, derentwegen manche der hiesigen Deutschen von dir Abstand halten.«

»Die können mir gestohlen bleiben«, sagte ich. »Trinken wir noch einen?«

»Einen kleinen, dann müssen wir los. Wie sind deine Pläne, Rusty? Sehen wir uns nächste Woche?«

»Wir fahren nach Mersa Matrouh, um General Ghorab einen längst überfälligen Besuch abzustatten.«

»Ach ja, ich hatte ganz vergessen, daß er jetzt dort unten ist. Irgendein Sicherheitsjob, nicht wahr?«

»Er ist Gouverneur des westlichen Verwaltungsbezirks und auch Sicherheitschef.«

»Sieh mal einer an. Der alte Youssef macht sich. Gouverneur – das dürfte dem alten Angeber aber gut gefallen.«

»Jetzt bist du ungerecht, Fouad«, sagte ich. »Ich bin sicher, er leistet ausgezeichnete Arbeit. Das ist mehr, als man von dem vorigen Gouverneur sagen kann.«

»Deshalb hat man den ja auch die Treppe hinaufgeworfen und zum Unterstaatssekretär in irgendeinem Ministerium befördert – ich weiß nicht mehr, in welchem. Die Dümmsten und Faulsten kommen immer am weitesten.«

Abdo kicherte. »Saure Trauben, ya Fouad! Rusty, hast du

Fouad schon die Geschichte erzählt, wie ihr in Mersa Matrouh ausgeraubt wurdet?«

»Die kenne ich noch nicht«, sagte Fouad.

»Also das war wirklich ein Ding«, lachte ich. »Vorigen Sommer fuhren wir mit noch ein paar Deutschen nach Mersa Matrouh zum Campen. Youssef stellte uns einen Olivenhain dicht am Meer zur Verfügung, wo wir unsere Zelte aufstellen konnten sowie einen Diener und einen Wächter, obwohl er nicht begreifen konnte, warum Waltraud und ich das primitive Wohnen in einem Zelt dem Komfort des Gouverneurspalastes vorzogen. Aber wir hatten, wie gesagt, noch andere Leute dabei und wollten die Gruppe nicht auseinanderreißen. Bauch war da und...«

»Ah, Gehlens kluger Junge«, sagte Fouad grinsend.

»Gehlens kluger Junge? Was soll das heißen?«

»Was – wußtest du das wirklich nicht, Rusty? Gerhard Bauch ist der hiesige Resident des deutschen Bundesnachrichtendienstes, der sich früher Organisation Gehlen nannte. Wir wissen das schon lange. Er tarnt sich zwar als Handelsvertreter, dieser Landsmann von dir, stellt sich aber so ungeschickt dabei an, daß wir von Anfang stutzig wurden und der Sache nachgingen. Wir überwachen ihn laufend, lassen ihm aber ziemlich freie Hand. Das ist besser, als ihn festzunehmen oder auszuweisen. Gehlen würde nur jemand anderen schicken, der vielleicht nicht so leicht zu erkennen ist. Aber ich habe dich unterbrochen. Erzähl' weiter, wie es in Mersa Matrouh war.«

»Nun ja, wir waren etwa eine Woche dort, und Waltraud entdeckte eines Tages, daß man ein paar Sachen aus dem Zelt geklaut hatte. Nichts besonders Wertvolles – eine Stange Zigaretten, eine meiner Badehosen, etwas Unterwäsche. Abends, als wir mit Ghorab beim Essen saßen, erwähnte ich den Diebstahl. Mein Gott, du hättest ihn erleben sollen! Er tobte regelrecht. Im Umkreis einer Meile ließ er alle Leute verhaften. Die Verhöre dauerten drei Tage. Immer, wenn man an der Polizeiwache vorbeikam, hörte man das Geschrei. Ich versuchte, ihn zu besänftigen und erklärte ihm, daß die paar Kleinigkeiten den ganzen Aufwand nicht wert seien. Aber davon wollte er nichts wissen. Man hatte seine Gäste bestohlen und ihn dadurch in seiner Ehre verletzt.

Schließlich mußten wir abreisen und ich erwähnte Youssef gegenüber, daß wir in Alexandria übernachten wollten, aber noch nicht wüßten, wo. Kaum waren wir aber in Alexandria angekommen und hatten ein Hotel gefunden, erhielt ich einen Anruf vom Polizeihauptquartier. Der diensthabende Offizier teilte mir mit, ich solle mich am nächsten Morgen sofort mit dem Kommandeur der Polizei, General Bischbischy, in Verbindung setzen.«

»Du dachtest wohl, man wolle dich verhaften«, grinste Fouad.

»Ich war mir keiner größeren Schandtat bewußt, aber gleich am nächsten Morgen wurden Waltraud und ich von einem Polizeioffizier abgeholt. Der wußte auch nicht, worum es ging, erzählte mir aber, man hätte sämtliche Hotels der Stadt abgeklappert, um uns zu finden. Jeder Streifenwagen hatte meine Autonummer und eine Personenbeschreibung von Waltraud und mir. Zufällig waren Waltraud und ich abends nicht mehr ausgegangen, sonst hätte man uns auf offener Straße festgenommen. Kannst du dir denken, worum es ging?«

»Man hatte den Dieb gefaßt.«

»So ist es. General Bischbischy erzählte mir bei mehreren Tassen Kaffee, man habe den Dieb – den Schwimm-Champion von Mersa Matrouh – gefaßt und würde mir nach dem Prozeß mein Eigentum zurückerstatten. Er erwähnte, daß Youssef Bey Ghorab bereits mit dem Richter vereinbart hätte, dem Dieb fünf Jahre aufzubrummen.«

»Da hast du die Polizei«, sagte Fouad zu Abdo. »Stell dir vor, man versetzt den gesamten Polizeiapparat von Alexandria in Alarmbereitschaft wegen einer Badehose und ein paar Zigaretten, die am Ende der Welt – in Mersa Matrouh – geklaut wurden.«

»Es geht ums Prinzip, mein Junge«, spöttelte Abdo. »Du sollst die Gäste deines Gouverneurs nicht bestehlen. Weder Badehosen, noch Büstenhalter ...«

»Danke, das genügt«, unterbrach ihn Waltraud. »Du bist unmöglich, Abdo.«

»Warte mal ab, es kommt noch besser«, sagte ich. »Während wir bei Bischbischy saßen, kam ein Offizier und erkundigte sich, ob die Suche nach uns jetzt eingestellt werden dürfe. Nur der General persönlich konnte den Befehl aufheben, den er gegeben hatte, egal, ob wir nun gefunden waren oder nicht.«

Abdo amüsierte sich köstlich. Fouad schien die Sache etwas peinlich zu sein. »Bitte Rusty, erzähle diese Geschichte nicht weiter, vor allem nicht in Deutschland«, bat er mich. »Es ist ein Skandal. In der Armee wäre so etwas nicht passiert.«

Abdo lächelte ironisch, behielt aber seine Meinung für sich. »Wir müssen jetzt gehen«, ermahnte er Fouad.

»Noch einen für unterwegs, Freunde?« fragte ich.

»Nur einen kleinen, Rusty. Trinken wir auf unseren guten Freund Ghorab.«

* * *

Wenige Tage später – ich hatte gerade einen Funkspruch durchgegeben und das Gerät in der Waage verstaut – klingelte das Telefon. Ich blickte auf die Uhr. Es war noch vor sieben. Wer in aller Welt rief mich zu dieser Stunde an?

»Lotz«, meldete ich mich.

»Guten Morgen, Obersturmbannführer.« Von Leers' dünne Stimme war nicht zu verkennen. »Entschuldigen Sie die frühe Störung. Haben Sie schon Nachrichten gehört? Die Juden in Israel haben doch jetzt tatsächlich den armen Eichmann ermordet! Sie haben ihn aufgehängt wie einen Verbrecher. Was sagen Sie dazu?«

»Lassen Sie nur, Standartenführer«, erwiderte ich naßforsch. »Die Hunde kriegen wir auch noch.«

VI
Boots

Frühjahr 1964. Es war wieder einmal Zeit für die Europareise, die wir alle sechs Monate unternahmen. Ich hatte gerade zwei prächtige Vollblutaraber, einen Hengst und eine Stute, an einen pferdenärrischen italienischen Millionär verkauft, an Baron Enrico di Portanova. Er hatte ein spezielles Transportflugzeug für die Pferde gechartert und Waltraud und mich eingeladen, mit den Pferden herüberzufliegen. In Rom waren wir Ehrengäste. Jeden Morgen ritten wir die Pferde – auf Wunsch unseres Gastgebers – im Park der Villa Borghese und zeigten sie dem Publikum. Nachmittags schliefen wir aus, und die Nächte verbrachten wir auf lärmenden Champagner-Parties, zu denen »Ricky«, unser Gastgeber, die Spitzen der römischen Gesellschaft einlud.

»Man lebt nicht schlecht als Spion«, bemerkte Waltraud nach etwa zwei Wochen, »aber langsam geht mir dieses Treiben auf den Wecker. Ich glaube, wenn ich noch eine einzige Flasche Champagner und ein Schälchen Kaviar vorgesetzt bekomme, fange ich an zu schreien. Ich will endlich mal wieder eine ›Bratwurscht‹ essen!«

Von Rom aus flogen wir nach Paris, wo ich mit dem Chef verabredet war. Ich ließ Waltraud im Hotel zurück und schlug ihr vor, sich mit ein paar Einkäufen die Zeit zu vertreiben. Meine Besprechung mit dem Chef konnten sich ein paar Tage hinziehen. Dann machte ich mich auf die Suche nach einer Telefonzelle außerhalb des Hotels und wählte dort eine Nummer, die ich seit Jahren im Gedächtnis hatte. Am anderen Ende nahm man sofort ab. Ich nannte ein Codewort, und man richtete mir aus, ich solle mich um fünfzehn Uhr im Café de la Paix einfinden. Im Klartext bedeutete das vierzehn Uhr im Café Wagram. Dazu gehörte auch folgende Prozedur: Genau zur festgesetzen Zeit traf man am verabredeten Ort ein und wartete exakt drei Minuten. Erschien der Gesprächspartner innerhalb dieser drei Minuten nicht, traf man sich genau eine Stunde später an einem anderen vorher vereinbarten Ort. Glaubte man sich verfolgt, ging man überhaupt nicht zum Treffpunkt.

Ich war pünktlich, setzte mich an einen Tisch im hinteren Teil des Lokals und bestellte mir einen Pernod. Zwei Minuten vergingen, und niemand erschien. War etwas schiefgegangen? Bei meinem letzten Besuch vor einem halben Jahr war mein Kontaktmann nicht gekommen. Nicht etwa, weil er von einer finsteren Gestalt mit Schlapphut verfolgt wurde, sondern weil er ganz einfach in einem Verkehrsstau steckengeblieben war.

Wieder blickte ich auf die Uhr und wollte schon meinen Pernod austrinken und mich zurückziehen, als der richtige Mann mit eiligen Schritten auf mich zukam. Es war Yaacov, ein alter Freund von mir und mein Führungsoffizier in Paris. Wir begrüßten uns herzlich und bestellten gleich noch zwei Pernods. Wir plauderten in aller Ruhe eine halbe Stunde und konsumierten noch einige Getränke, bevor er mit mir in die konspirative Wohnung fuhr, wo sich der Chef für die Dauer seines Aufenthalts mit zwei seiner Assistenten einquartiert hatte.

Zwei lange, anstrengende Tage vergingen mit Berichten, Besprechungen und Detaildiskussionen. Der Chef lobte besonders meinen Bericht über die verschiedenen Raketenstellungen.

»Wir haben sie von der Luftwaffe aufnehmen lassen und dabei gleichzeitig einige Bilder von der Flugplatzattrappe an der Wüstenstraße Kairo – Alexandria erwischt.«

»Attrappe?« erwiderte ich. »Das ist keine Attrappe. Die Flugzeuge sind echt.«

»Aber das ist doch unmöglich!« rief er. »Warum sollten die Ägypter eine solche Anzahl von Kampfflugzeugen in zwei Reihen schnurgerade ausgerichtet neben dem Rollfeld aufstellen? Doch nur, damit sie uns auffallen. Das *müssen* Attrappen sein.«

»Ich versichere dir, es sind keine«, erwiderte ich mit Bestimmtheit. »Einer meiner Freunde von der ägyptischen Luftwaffe war so freundlich, mich erst vor einigen Wochen auf diesem Flugplatz herumzuführen, wo ich die Flugzeuge aus unmittelbarer Nähe betrachten konnte. Ich kann jeden Eid schwören, daß sie echt sind.«

Der Chef lachte. »Ich glaube dir auch ohne Eid, Wolfi. In Ägypten scheint nichts unmöglich zu sein. Haben die noch nie davon gehört, daß man solche Ziele möglichst weit verstreut? Übrigens«, fügte er hinzu und wurde ernst, »ich habe hier ein paar andere Fotos, von denen ich gar nicht so begeistert bin. Bei dir ist wohl eine Schraube locker, Mensch!«

Er schlug ein Exemplar des deutschen Magazins *Reiter-Revue* auf und legte es vor mir auf den Tisch. Ich hatte mir bereits ein Exemplar nach Kairo kommen lassen und kannte die Aufnahmen, die mich zu Pferd zeigten; auf einer hatte ich mich nach einem Rennsieg von Ibn Meran stolz neben meinem Pferd postiert.

»Sage mal, wie kommst du denn dazu, einer Zeitschrift zu erlauben, solche Aufnahmen von dir zu machen, auf denen du obendrein sehr deutlich zu erkennen bist. Diese Zeitschrift kommt auch nach Israel. Ein einziger Schwätzer, der dich erkennt, und du bist erledigt.«

Er hatte natürlich vollkommen recht, aber ich hätte die Veröffentlichung dieser Fotos beim besten Willen nicht verhindern können. Der Vorsitzende eines deutschen Pferdezüchterverbandes war vor kurzem in Kairo gewesen und hatte einige Aufnahmen von mir gemacht, jedoch nicht erwähnt, daß er auch Mitarbeiter der *Reiter-Revue* war.

Als ich den Chef etwas besänftigt hatte, überreichte ich ihm meine halbjährliche Spesenabrechnung.

Für meine Spesenabrechnungen bestand ein sehr einfaches System, das ausschließlich auf gegenseitigem Vertrauen beruhte – der Alptraum eines jeden Buchhalters. Da ich aus naheliegenden Gründen die meisten meiner Ausgaben nicht zu Papier bringen konnte, kritzelte ich sie verschlüsselt in ein Notizbuch und machte alle sechs Monate, wenn ich nach Europa kam, eine ungefähre Aufstellung. Ich notierte auf einem Blatt Papier meine Spesen für jeden der letzten sechs Kalendermonate, darunter die Gesamtsumme und meine Unterschrift und übergab das Ganze dem Chef, der mir ein oder zwei Tage später den Betrag auf mein Bankkonto in Deutschland überweisen ließ.

An die Höhe der Beträge hatte er sich mit der Zeit schon gewöhnt und sah ein, daß es notwendige Ausgaben waren. Wenn man einen Agenten als reichen Pferdezüchter und Rennstallbesitzer tarnt, ist das kein billiger Spaß.

»Experten behaupten«, hatte er mir einmal gesagt, als er seufzend meine Spesenrechnung unterschrieb, »daß ein Spitzenagent eine Brigade Soldaten wert ist. Das mag sein, aber erst jetzt mache ich die Erfahrung, daß er auch ebenso viel kostet. Du bist ein regelrechter Champagner-Spion.« Dieser Spitzname blieb an mir haften, und in der Zentrale des Mossad wurde ich von nun an nur noch der Champagner-Spion genannt.

Bei einem solchen Abrechnungssystem hätte ich mir im Lauf der Jahre ohne weiteres ein hübsches Sümmchen beseite legen können, ohne daß es jemand gemerkt hätte. Ich habe es nicht getan. Ich habe – so unglaubwürdig es auch klingen mag – noch nicht einmal an eine solche Möglichkeit gedacht, sondern das Vertrauen, das man in mich setzte, auch in dieser Hinsicht gerechtfertigt. Heute bin ich mir nicht mehr so sicher, ob ich auf meine Ehrlichkeit stolz sein oder mir für meine Dämlichkeit selber einen Tritt in den Hintern verpassen soll.

Der Chef warf einen kurzen Blick auf meine Spesenrechnung und reichte sie mir zurück. »Ich kümmere mich nicht mehr um diesen Scheiß, Wolfi«, sagte er. »Es wächst mir über den Kopf, und ich habe Wichtigeres zu tun. Ich habe Erwin mitgebracht, der sich mit diesen Dingen befaßt. Er wird gleich hier sein. Wir beide treffen uns morgen früh um neun. Es gibt noch viel zu besprechen und zu erledigen. Jetzt darf ich mich verabschieden. Bis morgen.«

Erwin (natürlich hieß er ganz anders) erschien zehn Minuten später. Er war ein hagerer Buchhaltertyp mit langer Nase und Hornbrille. Er bat um die Abrechnung. Ich übergab sie ihm. »Sehr schön«, meinte er. »Das ist die allgemeine Aufstellung. Und wo sind die Belege?«

»Was für Belege?«

»Nun, wir benötigen für jede Ausgabe einen Beleg. Wenn Sie im Restaurant essen oder ein Taxi nehmen oder etwas kaufen, müssen Sie sich eine Quittung geben lassen.«

Ich sah, wes Geistes Kind ich vor mir hatte und vertröstete ihn auf morgen.

Am nächsten Morgen, kurz nach neun, als der Chef und ich uns gerade die erste Tasse Kaffee einschenkten, fragte ich unschuldig: »Wie ist das eigentlich mit den Abrechnungen, Joske? Wenn ich zum Beispiel Oberst X ein Anleihe gebe, die ich nie wieder zurückbekomme, oder General Y aus purer Freundschaft eine Schönheitsoperation für seine Tochter bezahle...«

»Ja, Wolfi, ich weiß. Deine ägyptischen Freunde kosten uns eine Menge Geld, aber wir müssen sie bei guter Laune halten. Hast du ein Problem?«

»Nur eine Frage: Muß ich mir diese Beträge von ihnen quittieren lassen?«

Er stellte seine Kaffeetasse ab und blickte mich verdutzt an. »Soll das ein Witz sein, Wolfi, oder bist du besoffen?«

»Weder noch, Chef. Nur will Erwin für jeden Dollar, den ich ausgebe, einen Beleg haben. Ich könnte ihm ohne weiteres Quittungen für die Miete und Autoreparaturen und dergleichen bringen, aber du weißt doch selbst, daß es für die eigentlichen Ausgaben keine Belege geben kann.«

»Natürlich nicht!« rief er ärgerlich. »Dieser Schmock! Weißt du was, Wolfi, übergib wie immer mir deine Spesenrechnungen, und ich halte dir die Krämerseelen vom Leibe. Ich wollte mir nur das Leben etwas einfacher machen, aber das scheint nicht zu klappen. Jeder hat eben sein Kreuz zu tragen, und ich habe Erwin. Aber wir haben heute viel wichtigere Dinge zu besprechen. Dein Bericht über die deutschen Wissenschaftler und Techniker hat in Jerusalem große Bestürzung hervorgerufen. Wenn die deutschen Wissenschaftler in Heliopolis tatsächlich Sprengköpfe mit bakteriellen und chemischen Kampfstoffen auf ihre Raketen setzen, wie du in Erfahrung gebracht hast, dann spielt deren Treffsicherheit keine ausschlaggebende Rolle mehr.«

»Das ist richtig«, warf ich ein. »Wo sie auch hintreffen, haben die Dinger eine furchtbare Wirkung. Besonders verheerend ist das Tabun-Gas, das die Ägypter bereits im Jemen getestet haben. Ein einziger Tropfen auf der Haut führt innerhalb von fünfzehn Minuten zum Tode.«

»Wir sind uns dessen bewußt«, sagte er, «und es hat deswegen im Verteidigungsministerium schon einen gewaltigen Krach gegeben. Wir haben uns entschlossen, die deutschen und österreichischen Wissenschaftler, die sich mit diesem Projekt befassen, aus Ägypten zu vertreiben.«

»Das sind in jedem Fall mehrere hundert Personen«, sagte ich zweifelnd. »Keine leichte Aufgabe. Wie wollt ihr denn das machen?«

»Mit deiner freundlichen Hilfe, Wolfi. Wir haben einen Großteil dieser Leute bereits angeschrieben.«

»Drohbriefe?«

»Ein häßlicher Ausdruck.« Joske verzog den Mund zu einem ironischen Lächeln. »Warnungsbriefe. Wir haben ihnen erklärt, an was für einem dreckigen Geschäft sie beteiligt sind und ihnen nahegelegt, ihre Stellung zu kündigen und nach Hause zu fahren. Wir haben uns sogar bereit erklärt, ihnen eine neue Anstellung zu vermitteln.«

»Jetzt wird mir klar, warum ihr so dringend die Privatadressen dieser Leute von mir haben wolltet. Und wenn sie sich nun nicht einschüchtern lassen und auf ihrem Posten bleiben?«

»Für diesen Fall haben wir ihnen angedroht, daß wir mit schärfsten Mitteln gegen sie und ihre Angehörigen vorgehen würden. Du erhältst morgen von Erwin zwei Koffer mit doppeltem Boden, die du mit deinen Sachen vollpackst und mitnimmst. Deine eigenen Koffer läßt du hier.«

»Da lasse ich mir aber von Erwin einen Beleg dafür geben«, grinste ich.

»Wie du willst. Die doppelten Böden sind sehr geschickt konstruiert und nicht zu bemerken. Aber du hast ja ohnehin keine Schwierigkeiten mit dem Zoll in Alexandria.«

»Und was enthalten diese doppelten Böden?« erkundigt ich mich.

»Briefe mit kleinen Mengen Sprengstoff, die beim Öffnen explodieren. Nicht viel mehr als ein Schreckschuß. Es ist nicht beabsichtigt, jemanden damit zu töten, aber ein Finger oder ein Auge kann dabei schon draufgehen, wenn man Pech hat. Und wenn zwei oder drei von ihnen erst einmal verletzt sind, spricht sich das herum, und der Exodus beginnt. Das hoffen wir wenigstens. Die Briefe sind bereits adressiert. Du brauchst sie nur noch zu frankieren und in Kairo in den Kasten zu werfen.«

»Warum schickt ihr die nicht von hier ab, so wie die Drohbriefe?«

»Weil der psychologische Effekt größer ist, wenn sie in Kairo abgeschickt werden. Es entsteht der Eindruck, daß wir ihnen im Nacken sitzen.«

»Das stimmt ja auch gewissermaßen. Gut, ich schicke die Briefe ab. Kein Problem.«

»Aber nicht sofort. Du wartest meine Weisung ab. Einen Funkspruch mit dem Wort BOOTS und einem Datum. Zu diesem Datum schickst du die Dinger ab. Das kann in zwei Wochen sein oder in zwei Monaten oder überhaupt nicht. Das entscheidet eine höhere Instanz.« Er öffnete seinen Aktenkoffer und entnahm ihm einen grünen Karton mit zehn Stück Yardley Seife, den er mir zuschob. »Das nimmst du auch mit.«

Ich nahm den Deckel ab und schnupperte an der angenehm duftenden Seife. Jedes Stück war einzeln verpackt und mit einem silbernen Bändchen versehen.

»Bevor du eine deiner ironischen Bemerkungen machst«, kam mir der Chef zuvor, » – das ist Sprengstoff. Pures TNT mit einer dünnen, parfümierten Seifenschicht überzogen. Das nimmst du auch mit. Du verstehst ja damit umzugehen. Vorläufig sollst du es nur aufbewahren. Für alle Fälle. Es steht noch nicht fest, ob und wie wir es verwenden. Du erhältst deine Weisungen wie immer über Funk.«

»Alles klar, Chef.«

Er erhob sich. »Damit wäre das Geschäftliche geregelt. Komm, laß uns bei dem schönen Wetter einen Spaziergang machen und anschließend bei Maurice eine Flasche Schampus trinken. Zum Abschied.« Es war uns zur Gewohnheit geworden, nach Abschluß der Dienstgeschäfte noch einen Spaziergang zu machen und uns privat zu unterhalten. ›Ideen wälzen‹ nannte er es, und in der Tat war uns bei diesen zwanglosen

Privatgesprächen schon manche gute Idee gekommen, die sich im Einsatz nutzbringend verwerten ließ.

Wir schlenderten duch den nahegelegenen Bois de Boulogne. »Wann fährst du ab?« fragte er mich.

»Ich hatte die Absicht, noch zwei oder drei Wochen in München oder in Österreich Urlaub zu machen, aber wenn die Sache mit den Briefen dringend ist...«

»Nein, nein, nimm dir nur deinen Urlaub. Du hast ihn verdient. Laß mich nur wissen, wo ich dich telefonisch erreichen kann. Für alle Fälle. Weißt du, es tut mir leid, daß ich dir diese Sprengstoffbriefe aufhalsen muß, aber du bist der beste und geeignetste Mann dafür. Ich weiß, so etwas geht einem gegen den Strich, und die Tatsache, daß du keinerlei Einwände gemacht hast, zeugt von Disziplin und Einsatzbereitschaft. Das gefällt mir.«

»Du brauchst gar nicht so geschwollen daherzureden«, sagte ich gereizt. »Jetzt erzähl' mir nur noch, daß der Zweck die Mittel heiligt und, wo gehobelt wird, da fallen Späne – dann kommt mir der Kaffee hoch. Natürlich macht mir sowas keinen Spaß, aber wenn die Ägypter unsere Zivilbevölkerung mit Giftgasraketen beschießen wollen, muß das mit allen Mitteln verhindert werden. Ich bin ja nicht nur dazu in Kairo, um auf dem Rennplatz Champagner zu trinken. Und die Leute, gegen die ich vorgehe, tun mir nicht mal leid. Wenn deutsche Wissenschaftler sich dazu hergeben, chemische Vernichtungswaffen zu konstruieren und trotz aller Warnungen nicht damit aufhören, dann dürfen sie sich auch nicht beklagen, wenn ihnen eines Tages eine Ladung Sprengstoff ins Gesicht fliegt. Das ist meine Meinung. Ende des Vortrags.«

Der Chef seufzte. »Ich wollte dir mit meinen Redensarten nicht auf den Wecker fallen, sondern nur andeuten, daß ich deine Arbeit zu schätzen weiß. Und deine Disziplin habe ich nur deshalb lobend erwähnt, weil ich ja schon einmal Anlaß hatte, dich wegen Disziplinlosigkeit zur Sau zu machen. Damit meine ich deine Eheschließung.«

Ich mußte lächeln. Es war jetzt über zwei Jahre her, daß der Chef mich darauf angesprochen hatte. Das Gespräch fand etwa ein Jahr nach meiner Heirat statt, als ich wieder einmal zu einem Treffen mit ihm nach Paris gekommen war. Es war eines unserer »privaten« Gespräche in einem Café, bei einem Glas Pastis.

»Und was gibt es sonst noch Neues in Kairo?« hatte er mich beiläufig gefragt und an seinem Pastis genippt, wobei er zwei jungen Pariserinnen mit überhohen Absätzen wohlgefällig nachsah.

»Nichts Besonderes«, erwiderte ich. »Du hast mich ja in den letzten drei Tagen schon bis auf's Hemd ausgefragt.«

»Das war dienstlich. Irgendwelche Veränderungen in deinem Privatleben?«

Die Frage hätte mich stutzig machen sollen. Aber er hatte sie in einem so gleichmütigen Konversationston gestellt, daß ich keine tiefere Bedeutung dahinter vermutete. Ich hätte ihn besser kennen müssen.

»Zwei meiner Rennpferde hatten ganz schönen Erfolg«, sagte ich, »aber die großen Preise gewinnt unsereiner ja nicht. Da wird zuviel geschoben.«

»Kann ich mir vorstellen«, brummte er. »Und es ist gut, daß du bei diesen Schiebungen nicht mitmachst. Du bist der brave Deutsche mit der schneeweißen Weste. – Aber mir ist da etwas zu Ohren gekommen, Wolfi. Man erzählt sich, du hättest geheiratet.«

»Ja, das auch.«

»Was soll das heißen, ›ja, das auch‹?« brauste er auf. »Du schaffst dir eine Frau an, heiratest sie vom Fleck weg, und ich weiß nichts davon?«

»Offenbar weißt du es aber doch.«

»Laß die Haarspalterei. Du weißt genau, was ich meine. Wo wäre ich, wenn ich meine Augen nicht offen hielte? Bist du denn von Sinnen? Da gehst du hin und heiratest diese Frau und erzählst ihr alles, schon weil es technisch unmöglich ist, mit ihr in Kairo unter einem Dach zu leben, ohne sie über deine wahre Tätigkeit aufzuklären, und berichtest mir das nicht einmal. Warum hast du nicht um Heiratserlaubnis nachgesucht?«

»Hättest du mir die Erlaubnis gegeben?«

»Natürlich nicht. Das weißt du ganz genau. Ich bin doch nicht verrückt.«

»Na also. Damit hast du eben deine Frage selbst beantwortet. Warum sollte ich mich in eine Lage versetzen, wo ich das direkte Verbot eines Vorgesetzten mißachte?«

»Wolfi, deine Logik wird immer ägyptischer, je länger du dich da unten aufhältst.« Er winkte dem Kellner. »Garçon, la même. Encore deux pastis. Wolfi, deinetwegen werde ich zum Alkoholiker. Sag mal, du Wahnsinniger, wie lange kanntest du denn die Dame, bevor du sie zum Altar führtest?«

»Etwa drei Wochen.«

»Ganze drei Wochen! Und was, stellst du dir vor, soll ich dazu sagen?«

»Du könntest uns ganz einfach deinen Segen geben und die Sache auf sich beruhen lassen. Schau mal, Chef, ich weiß, das ist alles etwas ungewöhnlich, aber doch nicht halb so schlimm, wie es in dem unpersönlichen Licht eines offiziellen Berichts aussehen mag. Meine Frau und ich sind jetzt über ein Jahr zusammen, und es hat noch nicht die kleinste Panne gegeben. Im Gegenteil – meine Frau ist in der Kairoer Gesellschaft sehr beliebt, und das wirkt sich vorteilhaft auf meine Tarnung aus. Außerdem weiß ich, daß ich mich absolut auf sie verlassen kann. In jeder Situation. Schließlich ist es *mein* Kopf, den ich riskiere.«

»Du kannst dich darauf verlassen, mein Lieber, daß ich über Waltraud Neumann sehr genaue Erkundigungen eingezogen habe. Sie scheint in Ordnung zu sein. Wenn sie es nicht wäre, hättest du schon längst von mir gehört.«

»Wo ist dann das Problem, Chef?«

»Das Problem ist deine maßlose Disziplinlosigkeit in dieser Angelegenheit. Ich habe Weisung von oben, dich gehörig zur Sau zu machen.«

»Gut – ich betrachte mich hiermit als gehörig zur Sau gemacht und verspreche, es nie wieder zu tun.«

»Das möchte ich mir auch ausbitten. Nach allem, was ich höre, ist sie eine tolle Frau und tut dir gut. Mein Glückwunsch.«

»Danke, Chef. Jetzt brauchst du mir nur noch deinen Segen zu erteilen und zur Feier des Tages eine Flasche Champagner zu bestellen – auf Kosten des israelischen Steuerzahlers natürlich.«

Er grinste. »Den Champagner bestelle ich, Rusty Boy, aber du wirst ihn alleine trinken müssen. Ich muß zu einer Sitzung und habe mich deinetwegen bereits verspätet.«

Ich sah ihm nach, als er davonging. Nach etwa zehn Metern drehte er sich plötzlich auf dem Absatz herum und kam an den Tisch zurück. »Noch etwas, Wolfi«, sagte er leise. »Und damit ist es mir todernst. Solange du noch da unten bist – keine Kinder!«

Ich ließ mir die Flasche Dom Perignon schmecken. Alles war gut gegangen. Sogar noch besser, als ich gehofft hatte.

* * *

Drei Wochen später ging ich mit Waltraud in Triest an Bord der AUSONIA. Nach ein paar Stunden legten wir in Venedig an. Ich stand an der Reling, genoß die Sonne, und beobachete die Passagiere, die langsam die Gangway heraufkamen. Einige von ihnen kannte ich. Es waren meistens Deutsche, die von ihrem Jahresurlaub zurückkehrten. Zwei, die ich noch nie gesehen hatte, fielen mir besonders auf; sie waren in zwei dicken Mercedes mit viel Gepäck vorgefahren und sahen nicht wie Touristen aus. Der eine hatte eine Frau und drei Kinder dabei, der andere schien allein zu sein.

Abends, kurz nach dem Ablegen, sah ich einen von ihnen allein an der Bar sitzen. Ich setzte mich auf den Hocker neben ihn, und wir kamen bald ins Gespräch. Ich fragte ihn, ob dies seine erste Ägyptenreise sei, was er bejahte.

»Dann sind Sie Tourist?« fragte ich.

»O, nein«, erwiderte er. »Ich werde die nächsten sechs Jahre in Ägypten arbeiten.«

»Wo denn?«

»Das weiß ich noch nicht genau«, sagte er unsicher.

Nanu! Ich stutzte, doch dann fand ich eine Erklärung. Die Ägypter pflegten allen frisch angeworbenen deutschen Experten die Notwendigkeit absoluter Geheimhaltung einzuschärfen. Daher wohl diese idiotische Antwort.

»Soll das heißen«, fragte ich ihn, »daß Sie nach Ägypten fahren, um die nächsten sechs Jahre dort zu arbeiten, und Sie wissen nicht wo?«

»Nein, ganz so ist es nicht«, erklärte er mir hastig. »Wissen Sie, es geht um einen Regierungsauftrag, darum erfahre ich die genauen Einzelheiten erst bei meiner Ankunft. Ich werde im Hafen von einem Kollegen abgeholt.«

Ich gab ihm meine Visitenkarte und sagte, ich würde mich freuen, ihn in Kairo einmal wiederzusehen. Er konnte nicht umhin, mir ebenfalls seine Karte zu geben. Daruf stand:

ERICH TRAUM
ELEKTRONIK-INGENIEUR

Am folgenden Morgen lagen mehrere Passagiere auf dem B-Deck in der Sonne, und ich gesellte mich dazu, als ich sah, daß auch Traum dabei war. Er lag in einem Liegestuhl und las in einer deutschen Zeitschrift. Alle lauschten der Musik, die aus einem Kofferradio kam. Es war ein ganz modernes und sehr teures Gerät, und man sprach gerade über seine besondern Vorzüge. Ich wandte mich an Traum:

»Ist dieses Gerät Ihres Erachtens wirklich das viele Geld wert, das man dafür bezahlt, Herr Traum?«

»Weshalb fragen Sie mich?« Das Mißtrauen in seiner Stimme war nicht zu verkennen.

»Ich frage Sie als Fachmann, Herr Traum. Sie sind doch Elektronik-Ingenieur. Das steht auf Ihrer Karte.«

»Die Elektronik hat viele Gebiete. Mein Fachgebiet ist ein anderes.«

»Elektronische Steuerungssysteme?« Hoffentlich hatte ich mich nicht zu weit hinaus gewagt.

»Woher wollen Sie das wissen?« fragte er aggressiv. »Ich möchte mit Außenstehenden nicht darüber sprechen.« Er wandte sich ab und begann wieder zu lesen.

Ich winkte dem Steward und bestellte mir eine Bloody Mary. Er hatte mir alles gesagt, was ich wissen wollte.

Einige Tage nach unserer Rückkehr nach Kairo statteten Waltraud und ich der Familie Knüpfer einen Besuch ab. Wir hatten uns in den letzten Monaten enger mit Karl und Marlis Knüpfer angefreundet – seit er die Leitung des Raketenprogramms übernommen hatte.

Frau Knüpfer bewunderte meine goldenen Manschettenknöpfe – ein Geschenk von Waltraud – und erkundigte sich, als ihr Mann gerade hinausgegangen war, wo ich sie gekauft hätte. Nächste Woche habe Charlie Geburtstag, sagte sie, und sie würde ihm gern auch so ein Paar kaufen. Ich erzählte ihr, die Manschettenknöpfe stammten aus einem kleinen Laden im Mousky-Bazar in der Altstadt, den sie nie allein finden würde, und erbot mich, sie dorthin zu begleiten.

Am nächsten Nachmittag um vier holte ich sie ab. Unterwegs sprachen wir von unserer Reise, über das Wetter und über unsere Erlebnisse in Europa.

»Das Schönste war eigentlich die Schiffsreise zurück«, sagte ich. »Ich liebe Schiffe. Zufällig haben wir auch zwei Kollegen von Charlie kennengelernt.«

»Ach ja, du meinst sicher Traum und Eberhard. Die hat Charlie angestellt, um endlich das Steuerungssystem, das immer noch nicht funktioniert, auf Vordermann zu bringen. Hoffentlich schaffen die das.«

»Hast du wieder mal was rausgekriegt?« fragte mich Waltraud, als ich nach Hause kam.

»Nichts Sensationelles, aber doch ein Mosaiksteinchen«, erwiderte ich. »Agentenalltag. Mühsam ernährt sich das Eichhörnchen.«

VII
Raketen und Champagner

Ich hatte gerade einen längeren Funkspruch empfangen, nahm den Kopfhörer ab und schaltete das Gerät aus.

»Bist du fertig?« fragte Waltraud verschlafen aus dem Bett.

»Fast«, antwortete ich ihr. »Der Empfang war heute schön deutlich. In einer Viertelstunde bin ich mit dem Entschlüsseln fertig. Eine längere Nachricht. Schlaf du ruhig noch ein Weilchen.«

Ich machte mich an die Arbeit, mit Notizblock, Zahlencode und Bleistift. Als ich fertig war, prägte ich mir den Text des Funkspruchs ein und verbrannte das Blatt. Waltraud war inzwischen aufgestanden.

»Was Wichtiges, Schatz?« erkundigte sie sich.

»Ich fürchte ja«, erwiderte ich mit einem Seufzer. »Sogar höchste Dringlichkeitsstufe. Es geht wieder um den SAM 2 Raketenstützpunkt in Schaloufa.«

Wir hatten in den letzten Wochen viel Zeit mit dem Versuch zugebracht, den Stützpunkt zu Gesicht zu bekommen. Zwar wußten wir genau, wo er lag – in einer riesigen Senke in der Wüste, unweit vom Bittersee – hatten aber noch keinen Weg gefunden, an ihn heranzukommen. Die israelische Luftwaffe hatte Aufnahmen von dem Stützpunkt und den einzelnen Abschußrampen gemacht, doch sollte ich herausfinden, ob es sich um echte Raketen oder Atrappen handelte, die die Ägypter in großer Zahl überall aufgestellt hatten. Darum sollte ich die Installation persönlich in Augenschein nehmen. Sooft ich auch in unmittelbarer Nähe an dem Gelände vorbeigefahren war, konnte ich doch von der Straße her nichts als leere Wüste sehen, und abseits der Straße war der Wüstensand zu tief, um mit einem Pkw vorwärtszukommen. Einmal war ich sogar mit der Bahn von Ismailia nach Suez gefahren, um von dem erhöhten Bahndamm aus möglicherweise etwas sehen zu können. Auch das war eine Niete gewesen.

»Ich muß unbedingt nochmal hin und einen letzten Versuch machen, an das verdammte Ding heranzukommen. Am besten noch heute. Es ist dringend.«

»Darf ich mitkommen?« fragte Waltraud.

»Natürlich, Partner. Wir nehmen Angelruten und Badezeug mit und tarnen die Fahrt als Ausflug mit Picknick am Bittersee.«

»Weißt du, ich mag es, wenn du mich Partner nennst.«

»Das bist du doch auch, oder? Eine Frau muß mehr für mich sein als nur Hausfrau und Geliebte. Sie muß alles mit mir teilen. Meine ersten zwei Ehen sind gescheitert, weil es in dieser Hinsicht nicht geklappt hat.«

Aus einem Schubfach nahm ich eine Straßenkarte des Gebiets nördlich von Suez und breitete sie auf dem Bett aus. Es war natürlich keine Generalstabskarte, wie ich sie gerne gehabt hätte – das wäre verdächtig gewesen, falls sie jemand sah –, sondern eine einfache Touristenkarte des Automobile Club of Egypt, nicht ganz so akkurat, aber zur Not verwendbar.

»Der Stützpunkt muß ungefähr hier liegen«, erklärte ich Waltraud und deutete mit dem Zeigefinger auf ein Gebiet in der Nähe von Schloufa, etwa auf halbem Wege zwischen Suez und Ismailia. »Hier verläuft die Wüstenstraße und auf der anderen Seite, parallel dazu, die Eisenbahnlinie. An manchen Stellen verlaufen beide dicht nebeneinander, an anderen liegen viele Kilometer Wüste dazwischen.

»Wir können jene Gebiete ausscheiden, wo man die Bahn von der Straße aus sehen kann und umgekehrt. Man kann einen Raketenstützpunkt nicht unter ein paar Palmen verstecken oder in einer Lehmhütte. Das Gebiet muß schon relativ groß sein. Es gibt drei solche Stellen – hier, hier und etwas weiter unten. Aber irgendeine Straße muß doch hineinführen.«

»Ich erinnere mich an zwei Straßen, die von der Wüstenstraße abzweigen«, sagte Waltraud. »Die eine führt zu einem Schuttabladeplatz, bei der anderen steht ein Schilderhaus mit einem Soldaten und einer Tafel: ›Keine Durchfahrt – Fotografieren verboten‹.«

»Solche Schilder gibt es in Ägypten zu Tausenden«, sagte ich, »besonders in der Kanalzone. Das ist sogar recht praktisch. Sie weisen darauf hin, daß es in der Nähe etwas Interessantes zu sehen gibt. Diese Abzweigung hier ist in unserem Falle wohl die einzige Möglichkeit. Fahren wir hin.«

Eine Stunde später machten wir uns auf den Weg. Hinten im Auto lagen deutlich sichtbar zwei Angelruten, Badezeug und ein wohlgefüllter Picknickkorb. Ich trug ein leuchtend gelbes Sporthemd mit blauen Punkten und eine rote Schirmmütze – durch und durch Tourist. Waltraud hatte ein rotes T-Shirt an und trug einen riesigen Strohhut.

Suez war weniger als eine Autostunde von Kairo entfernt. Kurz bevor wir die Stadt selbst erreichten, bogen wir nach Norden ab, überquerten die Eisenbahnlinie und fuhren auf der Wüstenstraße in Richtung Ismailia. Es herrschte kaum Verkehr.

Ich hielt den Wagen an einer einsamen Stelle an und konsultierte die Karte.

»Soll ich jetzt mal fahren?« fragte Waltraud. »Dann kannst du dich besser in der Gegend umsehen.«

»Gute Idee.« Wir tauschten die Plätze, und während sie weiterfuhr, verfolgte ich unseren Weg auf der Karte. Wir kamen an einigen Lehmgruben vorbei und passierten ein Militärlager. Dann kam wieder nichts als Wüste. »Fahr ein bißchen langsamer«, sagte ich, »wir sind fast da. Hier ist die Straße zum Schuttabladeplatz. Unsere Abzweigung kommt in etwa zwei oder drei Kilometern.«

»Können wir nicht von hier aus quer durch die Wüste fahren?« fragte Waltraud.

»Ich suche schon die ganze Zeit nach einer passenden Stelle«, sagte ich, »aber es ist hoffnungslos. Nichts als weicher Sand, in dem wir sofort steckenbleiben würden. Vielleicht gibt es weiter oben eine bessere Stelle.«

Es gab keine. Bald kam die Abzweigung in Sicht. Daneben stand ein Schilderhaus ohne Schranke. Ein einzelner Soldat mit der roten Armbinde der Militärpolizei hielt Wache, das heißt, er lehnte unbeteiligt am Schilderhaus und nahm keinerlei Notiz von uns. An seiner Hüfte baumelte ein Revolver.

Waltraud fuhr langsam weiter und hielt an, sobald wir hinter einem Hügel außer Sichtweite waren.

»Jetzt fahr noch mal zurück und halte an der Kreuzung«, wies ich sie an. »Wir müssen uns etwas einfallen lassen. Vielleicht täuschen wir eine Panne vor und bitten um Hilfe oder so was.«

Waltraud wendete, fuhr zurück und hielt am Schilderhaus.

»Das ist ja zu schön, um wahr zu sein!« rief ich aus, als ich die Szene überblickte. Der Anblick, der sich uns bot, war vielleicht nicht uneingeschränkt »schön«, doch im Augenblick konnte ich mir nichts Besseres wünschen. Der Wachsoldat hatte sich zwanzig Meter in die Wüste zurückgezogen, wo er mit heruntergelassenen Hosen im Sand hockte. Sein Koppel mit dem Revolver hing an der äußeren Wand des Schilderhauses.

»Schnell! Links rum und rein! Fahr' so schnell du kannst!« rief ich Waltraud zu. Sie legte den Gang ein, gab Gas und fuhr wie der Teufel die Abzweigung hinunter. Kaum waren wir am Schilderhaus vorbei und an einer Tafel ›Betreten verboten‹ in arabisch und englisch, hörten wir hinter uns einen heiseren Schrei. Der Wachsoldat hüpfte aufgeregt im Sand herum, hielt mit einer Hand seine Hose fest und winkte wie verrückt mit der anderen.

»Dreh' dich nicht um«, sagte ich zu Waltraud. »Fahr' weiter. Irgend jemand wird uns bestimmt bald anhalten, aber vorher will ich wenigstens einen Blick auf den Stützpunkt werfen.«

Wir waren im wahrsten Sinne des Wortes gewaltsam in ein militärisches Sperrgebiet eingedrungen – und das am hellichten Tage!

Die Straße führte abwärts in eine Senke, und der Wachsoldat entschwand unseren Blicken. Nach einer Kurve ging es wieder aufwärts.

»Da kommt jemand«, sagte Waltraud. Ein Jeep, vollbesetzt mit Soldaten, kam uns entgegen.

»Fahr weiter«, sagte ich, »bis sie uns anhalten.« Der Jeep fuhr an uns vorbei, die Soldaten starrten uns neugierig an.

»Bleib' jetzt ganz ruhig«, sagte ich. »Vielleicht finden wir eine Stelle, von wo wir die Raketenstellungen sehen können.« Ich blickte in den Rückspiegel. »Aha, jetzt fängt der Spaß an. Sie haben umgedreht und kommen uns nach.«

»Was passiert jetzt?« fragte Waltraud aufgeregt. »Soll ich versuchen, sie abzuhängen?«

»Nein. Viel zu verdächtig. Das bringt nichts. Sollen sie uns ruhig überholen. Ich will nur verhindern, daß sie uns wieder zurückschicken, bevor wir wissen, was hier steckt.« Dann kam mir plötzlich eine Idee. »Paß auf, in der nächsten Kurve fährst du das Auto einfach in den Sand. Wenn wir richtig festsitzen, kann es Stunden dauern, bevor wir da rauskommen. Da vorn ist eine Biegung, und da kommst du von der Straße ab, das wirkt überzeugend.«

Waltraud beschleunigte das Tempo, und der VW gab her, was er konnte. Der Jeep hinter uns fiel etwas zurück. »So hat man seinen Spaß«, zischte sie zwischen zusammengebissenen Zähnen hervor. »Halt' dich fest, jetzt kommt's.«

Ohne die Kurve zu beachten, fuhr sie geradeaus, und wir landeten mit einem kräftigen Ruck im Sand neben der Straße.

»Laß die Räder durchdrehen«, sagte ich, »damit wir tiefer einsinken.«

»Armes kleines Auto.« Sie legte den ersten Gang ein und gab Vollgas. Die Räder gruben sich noch tiefer in den Sand.

»Denk' nicht an das Auto. Der Chef schenkt mir ein neues. Jetzt kommen sie. Steig' aus, und ich werde dich ordentlich beschimpfen.«

»Mich beschimpfen?«

»Sicher. Die blöde Frau eines blöden Touristen wird angebrüllt, weil sie nicht aufgepaßt hat.«

Ich begann, auf sie einzuschreien, gestikulierte wild mit den Armen und gab mir alle Mühe, den wütenden Ehemann zu markieren. Der Jeep hielt neben uns auf der Straße. Die fünf mit Maschinenpistolen bewaffneten Soldaten sprangen ab und umstellten uns. Ein Unteroffizier sprach mich auf arabisch an:

»Was tun Sie in diesem Sperrgebiet? Wie sind Sie überhaupt hereingekommen?«

Ich antwortete auf englisch: »Nett von Ihnen, daß Sie uns helfen wollen. Kommen Sie, packen Sie mit an.«

»Misch fahim – ich verstehe nicht. Was machen Sie hier?«

»Sprechen Sie Englisch? Deutsch?«

Er schüttelte den Kopf. »Misch fahim.«

Ich öffnete den Kofferraum meines Wagens und holte eine Schaufel hervor, die ich immer bei mir hatte. »Helfen Sie mir, den Wagen freizuschaufeln«, sagte ich auf deutsch und machte ihm mit Handbewegungen klar, was ich wollte. Der Unteroffizier dagegen bedeutete uns seinerseits mit Handbewegungen, in den Jeep zu steigen. »Sie sind festgenommen«, sagte er auf arabisch. »Ich muß Sie mir zur Wache nehmen.«

Ich zuckte verständnislos mit den Schultern und begann zu schaufeln. Der Unteroffizier richtete seine Maschinenpistole auf meine Brust und schrie mich an: »Yalla – Jeep!«

»Nix Jeep«, antwortete ich und setzte mich auf die Kühlerhaube meines Wagens. »Ich rühre mich nicht vom Fleck, es sei denn in meinem eigenen Wagen.«

Natürlich verstand er kein Wort, aber der Sinn meiner Worte war ihm klar.

»Nehmen wir sie doch gewaltsam mit«, schlug einer der Soldaten vor.

»Uskut! – Halt' den Mund!« fuhr ihn der Unteroffizier an. »Hier entscheide ich, was getan wird.« Er überlegte eine Weile und sagte schließlich zum Fahrer: »Fahr' zum Stützpunkt und melde dem diensthabenden Offizier, daß wir zwei Ausländer in der Sperrzone gefunden haben, deren Fahrzeug im Sand feststeckt. Wir können uns nicht mit ihnen verständigen und bitten um Weisungen. Beeile dich. Wir bleiben hier und bewachen sie inzwischen.«

»Was hat der denn gesagt?« fragte Waltraud.

»Der Fahrer holt einen Offizier, und wir sind festgenommen.«

Sie lachte. »Das ist das erste Mal, daß ich festgenommen werde.«

»Du, das ist gar nicht so lustig, wie du glaubst. Die Kerle nehmen ihre Sicherheitsvorschriften sehr ernst. Es wird gar nicht so einfach sein, uns aus dieser Geschichte herauszureden. Vielleicht müssen wir Youssef bitten, uns hier herauszuhelfen, und es wäre mir sehr peinlich, unsere Beziehungen bis zum Gehtnichtmehr ausnutzen zu müssen. Natürlich wird Youssef alles für uns tun, aber auch er ist nicht allmächtig, und solche Geschichten hinterlassen leicht einen Nachgeschmack von Verdacht. Aber das ist nicht mehr zu ändern, und wir müssen sehen, daß wir das erledigen, weswegen wir gekommen sind.«

Ich zog ein Päckchen Zigaretten aus der Tasche und zündete Waltraud und mir eine an. Den Rest bot ich den Soldaten an, die sich bereitwillig bedienten. Einer von ihnen ging dicht an den Wagen heran und schaute hinein.

»Hier drin sind ein paar nette Sachen«, rief er seinen Kameraden zu. »Eine Kamera, Kleidung und eine Stange Zigaretten. Amerikanische. Wir sollten alles durchsuchen.«

»Laß die Hände von ihrem Eigentum«, rief der Unteroffizier. »Wenn die sich beschweren, gibt es Ärger.«

»Wie sollen die sich beschweren, wenn sie eingesperrt sind?« meinte der Soldat.

Die Unterhaltung wurde durch die Ankunft des Jeeps unterbrochen. Neben dem Fahrer saß ein Hauptmann im Khaki-Kampfanzug mit einem Revolver am Gürtel. Die Soldaten nahmen Haltung an, der Unteroffizier grüßte stramm, als der Hauptmann aus dem Jeep stieg.

»Guten Morgen«, sagte er auf englisch. »Was soll das alles?«

»Sie sehen es ja selbst, Herr Hauptmann«, erwiderte ich. »Wir sind im Sand steckengeblieben, und mit dieser kleinen Schaufel werden wir uns kaum ausbuddeln können. Könnten Sie uns vielleicht mit Ihrem Jeep wieder auf die Straße ziehen? Ich habe ein Abschleppseil im Wagen.«

»Ihr Auto interessiert mich im Augenblick überhaupt nicht«, erwiderte er. »Was machen Sie hier? Wie sind Sie überhaupt hier hereingekommen?«

»Was meinen Sie damit? In unserem Auto doch offensichtlich. Wir kommen aus Kairo, und wenn Sie wissen wollen, was wir hier tun – wenn Sie das etwas angeht –: wir fahren zum Bittersee, um dort zu baden. Ist das etwa verboten? Wissen Sie, daß Ihre Soldaten uns mit der Waffe bedroht haben? Wenn ich wieder in Kairo bin, werde ich mich im Verteidigungsministerium beschweren. Ich habe dort viele einflußreiche Freunde.«

Er schien nicht sonderlich beeindruckt. »Sind Sie Amerikaner?« fragte er.

»Wir sind Deutsche und diese Art von Behandlung nicht gewöhnt. Ich muß ganz entschieden dagegen protestieren.«

»Warum sind Sie hierhergekommen?«

»Das habe ich Ihnen doch gerade gesagt«, rief ich ungehalten. »Wir sind auf dem Weg zum Bittersee.«

»Dies ist aber nicht der Weg zum Bittersee. Hier ist ein Sperrgebiet. Neben der Einfahrt steht ein Schild. Und wie sind Sie an dem Wachposten vorbeigekommen?«

»Welcher Wachposten? Welches Schild? Wir haben nichts gesehen.«

»Zeigen Sie mir Ihre Pässe.« – Ich gab sie ihm. Er schaute sie kurz an und steckte sie in die Tasche.

»Geben Sie mir die Pässe sofort zurück!« protestierte ich lautstark. »Das sind die einzigen Reisedokumente, die wir haben.«

»Sie werden sie zur rechten Zeit zurückbekommen«, sagte er gelassen. »Was haben Sie in Ihrem Auto?«

»Nichts Besonderes. Sehen Sie doch nach.« Er ging zum Wagen, machte die Tür auf und schaute hinein.

»Ah, eine Kamera haben Sie auch. Was für Aufnahmen haben Sie gemacht?«

»Noch gar keine. Ich habe heute früh, als wir wegfuhren, einen neuen Film eingelegt.«

»Warum?«

»Herrgott, Sie stellen Fragen! Ich wollte ein paar Schnappschüsse machen von unsrem Picknick, das Sie uns offenbar vermasseln wollen. Ist das so außergewöhnlich?«

Er antwortete nicht, sondern begann das Auto gründlich zu durchsuchen. Er nahm die Kamera vom Rücksitz und hängte sie sich über die Schulter. Dann entdeckte er meine Straßenkarte in der Seitentasche der Tür, faltete sie auf, legte sie wieder zusammen und steckte sie dann ein. Er blickte unter die Sitze, öffnete den Kofferraum und die Motorhaube, fand aber offenbar nichts Verdächtiges.

»Haben Sie Waffen bei sich?« fragte er.

»Nein, wir sind ja nicht auf Safari«, erwiderte ich gereizt. »Wozu sollte ich Waffen mitnehmen. Sagen Sie mal, Hauptmann, übertreiben Sie nicht ein wenig? Wenn Sie so gut zahlende Touristen in Ihrem Land behandeln, werden bald keine mehr kommen. Was soll die ganze Fragerei?«

»Sie müssen mitkommen.«

»Mit Ihnen? Wohin?«

»Zum ... in meine Kaserne. Es ist nicht weit. Der Kommandeur wird Sie sehen wollen.«

»Sehr gern. Dann kann ich mal mit Ihrem Vorgesetzten reden. Das ist vielleicht sinnvoller.«

Ich verschloß unseren Wagen sorgfältig und half Waltraud auf den Beifahrersitz im Jeep. Der Hauptmann nahm neben mir auf dem Rücksitz Platz. Den zurückbleibenden Soldaten befahl er, gut aufzupassen und nichts anzurühren. Dann fuhren wir los – genau in die Richtung, in die Waltraud und ich ohnehin wollten. Nach einigen hundert Metern fuhren wir durch eine Sperre, die von schwerbewaffneten Militärpolizisten bewacht wurde. Dann ging es einen steilen Hügel hinauf – und nun sahen wir, was wir die ganze Zeit gesucht hatten: In einem riesigen Halbkreis ragten sechs Abschußrampen in den Himmel. Das waren keine Attrappen. Kein Zweifel – die Dinger waren echt, genau wie auf den Fotos, die man mir in Paris gezeigt hatte. In der Mitte des Halbkreises lag ein großer Munitionsbunker, und in sicherem Abstand befanden sich mehrere Verwaltungsgebäude.

Das war es also. Auftrag ausgeführt. Ich sah, wie Waltrauds Nacken vor Erregung rot wurde.

Wir fuhren bis vor ein schweres Eisentor, das auf ein Handzeichen des Hauptmanns hin geöffnet wurde. Dann hielten wir vor einem der Verwaltungsgebäude. Der Hauptmann führte uns durch einen langen Gang in den rechten Flügel des Hauses. Wir betraten ein Büro, in dem ein Feldwebel mit Schreibarbeiten beschäftigt war. Er erhob sich und nahm Haltung an.

»Ist der Kommandeur da?« fragte ihn der Hauptmann.

»Jawohl, effendim. Oberstleutnant Fathy ist bei ihm.«

»Frage den Kommandeur, ob ich ihn in einer Angelegenheit von größter Dringlichkeit sprechen kann.« Der Feldwebel ging in den Nebenraum und kam gleich darauf wieder zurück. »Der Kommandeur läßt bitten, effendim.«

Der Hauptmann bot uns zwei Stühle an. »Behalte diese beiden im Auge«, befahl er dem Feldwebel. »Du bist für sie verantwortlich, bis ich wiederkomme.«

Dann ging er in den Nebenraum und schloß die Tür hinter sich.

»Sei still«, sagte ich zu Waltraud. »Vielleicht kann ich etwas hören.«

Ich hörte den Hauptmann eine Weile reden, verstand jedoch nur einige Worte wie »Ausländer«, »Deutsche Pässe«, »höchst verdächtig« und »festgenommen«.

Darauf drang plötzlich eine laute, wütende Stimme durch die Tür, die deutlich zu hören war: »Wollen Sie damit sagen, daß Sie diese Deutschen hierher gebracht haben, Sie Idiot?!!! Sind Sie verrückt geworden?« Dann murmelte der Hauptmann wieder einige Sätze, die ich nicht verstand, bis die laute Stimme wieder ertönte: »Zumindest hätten Sie ihnen die Augen verbinden sollen, Sie Wasserbüffel! Als nächstes laden Sie sie noch zu einer Besichtigung der Anlage ein. Nun gut, was passiert ist, ist passiert. Bringen Sie sie herein.«

Der Hauptmann erschien mit hochrotem Gesicht. »Kommen Sie rein!« bellte er.

Wir betraten ein weiträumiges Büro, das mit bequemen Ledersesseln und einem dicken Perserteppich ausgestattet war. Hinter einem riesigen polierten Schreibtisch mit vier Telefonen, einem roten, einem schwarzen und zwei weißen, saß der Kommandeur, ein Oberst. Er mochte um die Vierzig sein, sehr schlank, mit kurzem schwarzem Haar und dem unvermeidlichen ägyptischen Offiziersschnurrbart. Vor ihm auf dem Tisch lagen unsere Pässe, meine Kamera und die Straßenkarte. Zu seiner Linken saß ein etwas jüngerer Offizier in der Uniform eines Oberstleutnants. Beide musterten uns von Kopf bis Fuß.

»Setzen Sie sich, bitte«, sagte der Kommandeur schließlich in gutem Englisch. »Sie sind Herr und Frau Lotz?«

Ich bejahte.

»Sie sind Deutsche. Sind Sie als Touristen in unserem Land?«

Es hatte keinen Zweck, weiterhin den Touristen zu spielen. Diese »Verkleidung« war ohnehin nur für den flüchtigen Beobachter gedacht gewesen. Aus unseren Pässen war außerdem leicht zu ersehen, daß wir keine Touristen waren.

»Wir leben in Kairo«, erwiderte ich.

»Ja. In Ihrem Paß steht, daß Sie schon längere Zeit hier wohnen. Was machen Sie hier?«

»Ich bin Pferdezüchter.«

Er zog verwundert die Augenbrauen hoch. »Pferdezüchter?«

»Ja. Ist was besonderes dabei?« Ich zückte meine Brieftasche. »Hier ist meine Visitenkarte mit meiner Adresse in Kairo. Hier ist meine Karte, die mich als Mitglied des Rennverbandes ausweist, und das sind meine Mitgliedskarten vom Kavallerie-Klub, vom Reiterverein und vom Gezira Sporting Club.« Ich legte die Karten vor ihn auf den Tisch, und er sah sich eine nach der anderen genau an.

»Wenn Sie in Kairo Pferde züchten, Herr Lotz, was tun Sie dann in diesem Sperrgebiet?«

»Ich bitte Sie, Herr Oberst – ich habe das doch alles schon Ihrem Hauptmann erklärt. Das beste wäre wohl, wenn ich Ihnen alles der Reihe nach erzähle. Das erspart uns viele Fragen und Mißverständnisse, und auf diese Weise wird sich alles sehr schnell aufklären.«

»Wie Sie wünschen, Herr Lotz. Ich muß Ihnen aber gleich sagen, daß Sie sich in eine äußerst unangenehme Situation gebracht haben. In ein militärisches Sperrgebiet einzudringen, ist eine sehr ernste Sache.«

»Davon verstehe ich nichts«, sagte ich wegwerfend. »Was wirklich geschah, ist folgendes: Meine Frau und ich kamen heute früh aus Kairo, um im Bittersee zu baden und uns zu erholen. Wir fuhren auf der Straße von Suez nach Ismailia, und meine Frau saß am Steuer ...«

»Ihre Frau fuhr?« unterbrach er mich. »Ist es nicht üblich, daß der Mann fährt?«

»Vielleicht, aber ich habe mich vorige Woche am Knie verletzt und wollte es schonen. Außerdem fährt meine Frau gern Auto.«

»Wobei haben Sie sich Ihr Knie verletzt, Herr Lotz?«

»Herrgott, spielt das denn eine Rolle?!« rief ich aufgebracht. »Vielleicht bin ich vom Pferd gestürzt oder in der Badewanne ausgerutscht. Was macht das für einen Unterschied?«

»Regen Sie sich nicht auf. Ich will nur die Fakten wissen.«

»Also, die Fakten liegen so: Meine Frau saß am Steuer. Ich war eingeschlafen, und sie muß die falsche Abzweigung genommen haben. Ich wachte erst wieder auf, als unser Wagen im Sand steckenblieb. Das ist alles, was ich weiß. Dann kamen Ihre schießwütigen Soldaten und bedrohten uns mit ihren Waffen. Stellt Sie diese Erklärung zufrieden, Herr Oberst?«

»Nicht ganz. Der Wachposten an der Sperre berichtete, er hätte versucht, Sie anzuhalten, aber Sie fuhren weiter, ohne auf sein Zeichen zu achten.«

»Ich habe keine Sperre gesehen«, sagte ich mürrisch. »Ich sagte Ihnen ja schon – ich habe geschlafen.«

»Ihre Frau hat aber doch nicht geschlafen. Warum hat sie nicht angehalten?«

»Ich habe nichts gesehen«, sagte Waltraud aggressiv. »Wenn Ihr Wachposten, der sicher geschlafen hat, die Wahrheit erzählt, warum hat er dann nicht angerufen und den Vorfall gemeldet?«

»Die Telefonverbindung zur äußeren Straßensperre ist gestört – aber das geht Sie nichts an. Sollte der Wachposten wirklich geschlafen haben, wird er bestraft. Was aber Ihre Frau und Sie betrifft, Herr Lotz, muß ich die zuständigen Behörden in Kenntnis setzen.

»Aber das ist doch lächerlich, Herr Oberst! Meine Frau und ich suchten ein nettes Plätzchen zum Baden. Warum, in aller Welt, sollten wir uns hier, mitten in dieser Einöde, ein paar völlig uninteressante Militärbaracken ansehen wollen? Können Sie mir das erklären?«

»Militärbaracken? Haben Sie noch nicht gesehen, was das hier ist, Herr Lotz?«

»Nun ja, da unten scheinen ein paar Kanonen herumzustehen, was interessiert uns das?«

»Sie könnten aber Spione oder Saboteure sein. Die Behörden werden sich darum kümmern.«

Langsam wurde mir heiß. »Wirklich, Herr Oberst, dieser Scherz geht zu weit. Erlauben Sie mir, Ihnen zu sagen, daß ich in Ihrem Land nicht ganz unbekannt bin. Warum gehen Sie nicht an eines Ihrer farbenprächtigen Telefone und rufen zum Beispiel den Polizeigeneral Youssef Ghorab an. Er ist jetzt

Gouverneur im Bezirk Mersa Matrouh und ein sehr guter Freund von mir, der für mich bürgen wird. Kennen Sie ihn?«

Der Kommandeur schwieg einen Augenblick und schien zu überlegen. »Ja, ich weiß, wer er ist, aber über uns hat er keine Befehlsgewalt. Allerdings würde seine Empfehlung beim Staatssicherheitsdienst einiges Gewicht haben.«

»Sagten Sie Staatssicherheitsdienst? Herr Oberst, ich glaube, ich habe das Problem gelöst. Darf ich Ihr Telefon benutzen?«

»Wozu?«

»Um jemanden vom Sicherheitsdienst anzurufen – General Fouad Osman.« In sarkastischem Ton fügte ich hinzu: »Sagen Sie nur nicht, der hätte auch keine Befehlsgewalt über Sie.«

Jetzt schien er doch ein wenig betroffen. »Kennen Sie General Osman?«

»Sehr gut sogar. Und noch ein paar Herren von derselben Dienststelle.« Ich schlug mein Notizbuch auf. »Hier ist seine Nummer. Rufen Sie ihn an. Er wird nicht wenig lachen, wenn Sie ihm erzählen, daß Sie mich für einen Spion halten.«

»Das habe ich nicht gesagt, Herr Lotz, aber in meiner Position wäre es leichtsinnig, eine solche Möglichkeit außer acht zu lassen.« Er blätterte erneut in meinem Paß und legte ihn dann auf den Schreibtisch zurück. Zu dem Oberstleutnant neben ihm sagte er auf arabisch:

»Eine sonderbare Geschichte. Meinen Sie, daß er die Wahrheit sagt?«

»Ana aref – wie soll ich das wissen?« antwortete er vorsichtig. »Das beste ist immer, sich aus solchen Sachen herauszuhalten. Gehen wir doch den offiziellen Weg und übergeben sie dem Sicherheitsdienst. Sollen die sich den Kopf zerbrechen.«

»Wenn dieser Hornochse Adly sie nur nicht hier hereingebracht hätte! So was mögen die da oben nicht. In meiner Personalakte würde das gar nicht gut aussehen.«

»Er behauptet, mit General Osman befreundet zu sein. Woher kennt er überhaupt Leute wie Osman und Ghorab? Vielleicht ist er in Wirklichkeit einer der deutschen Experten?«

Der Kommandeur blickte mich abschätzend an. »Herr Lotz«, fragte er, »sind Sie wirklich Pferdezüchter?«

»Das sagte ich doch schon«, erwiderte ich gereizt. Der Oberst wurde zusehends unsicherer. Das mußte ich ausnutzen. Wenn ich die Einbeziehung des Mahabahes el Amma – der Geheimpolizei – verhindern konnte, war schon viel gewonnen. Dann würde man die Sache wenigstens nicht an die große Glocke hängen.

»Da Sie offenbar beschlossen haben, Herr Oberst, mir nichts zu glauben«, fuhr ich fort, »wäre es doch wohl das beste, meine Aussagen von jemand bestätigen zu lassen, der dienstlich mit dergleichen Dingen zu tun hat und über jeden Zweifel erhaben ist.«

Er gab sich einen Ruck und sagte: »Nun gut, ich werde General Osman anrufen. Wie, sagten Sie, war seine Nummer?«

Ich gab sie ihm und er befahl der Vermittlung, das Gespräch durchzustellen. Irgendwo in der Nähe fing jemand laut zu brüllen an bei dem Versuch, eine Verbindung nach Kairo zu bekommen. Ich machte ein neues Päckchen Zigaretten auf und zündete Waltraud und mir eine an, nachdem die beiden Offiziere dankend abgelehnt hatten.

Ein Summer ertönte. Der Kommandeur nahm den Hörer ab.

»Ja – was? – Ja, ich verstehe. Bitten Sie ihn, zurückzurufen. – General Osman ist nicht im Büro«, erklärte er mir. »Wann er zurückkommt, ist nicht bekannt.«

»Das ist sehr schade«, sagte ich bedauernd. »Aber wir können uns auch an jemand anderen wenden. Kennen Sie Oberst Mohsen Sabri vom Staatssicherheitsdienst?« Sollte doch Mohsen endlich mal etwas tun für die vielen Anleihen, die er von mir bekommen hatte.

»Ich habe den Namen noch nie gehört«, erwiderte der Oberst. »Es gibt so viele Offiziere in den verschiedenen Dienststellen dieser Behörde.«

»Dann mache ich Ihnen einen Vorschlag, Herr Oberst: Lassen Sie mich mit ihm sprechen, und reden Sie dann selbst mit ihm. Wenn Ihnen das nicht genügt, kann er Sie ja zu einem Vorgesetzten durchstellen, der Ihnen kompetent erscheint.« Ich sah in meinem Notizbuch nach. »Hier ist die Nummer.«

Einen Moment lang schien er unentschlossen. Dann murmelte er ungeduldig: »Also gut. Wahrscheinlich mache ich mich nur lächerlich und belästige Leute, die Besseres zu tun haben.« Mit ärgerlicher Stimme gab er der Vermittlung Sabris Nummer durch.

Anscheinend war die Verbindung nach Kairo noch offen, denn der Anruf kam sofort durch.

»Hallo – wer spricht dort?... Der Adjutant? Hier spricht Oberst Abdel Aziz Muallem, Einheit 511. Kann ich bitte mit Oberst Sabri sprechen? Danke... Oberst Sabri? Guten Morgen. Entschuldigen Sie die Frage, aber könnten Sie mir freundlicherweise sagen, zu welcher Abteilung Ihre Dienststelle gehört... ich verstehe... ja, natürlich. Aber ja, ich werde Ihnen sagen, warum ich das frage. Ich habe hier einen sonderbaren Fall. Ist Ihnen ein deutsches Ehepaar namens Lotz bekannt? Sie kennen sie? Was? Wer sind sie? Ja, weil sie gerade hier in meinem Büro sitzen. Ich habe sie verh... ich meine, ich mußte sie vorübergehend hierbehalten. Sie sind heute früh hier ins Sperrgebiet hereingefahren, als ob es ihnen gehörte. Ich brauche Ihnen ja nicht zu sagen, was das bedeutet. Wie bitte? Ja, Herr Oberst, natürlich sind Wachposten aufgestellt. Ja, auch außerhalb. Nein, es ist nicht unsere Schuld. Vielleicht war einer unserer jungen Offiziere etwas übereifrig, als er die beiden hier hereinbrachte. Nein, sie waren nicht auf dem Stützpunkt, nur in der Nähe – im Sperrgebiet. Ja, ich weiß, daß ich das gesagt habe... diesen Punkt könnten wir doch ein andermal in Ruhe besprechen. Ich versichere Ihnen, man kann uns nichts vorwerfen. Die Frage ist nur, was ich jetzt mit diesen Deutschen mache... ja, gewiß.« Er reichte mir den Hörer. Sein Gesicht erschien mir ein wenig bleich. »Oberst Sabri möchte Sie sprechen, Herr Lotz.«

Ich nahm ihm den Hörer ab. »Hallo, Mohsen.« Die Stimme am anderen Ende der Leitung war schwach, aber deutlich zu verstehen. »Guten Morgen, Rusty. In was für eine Sache sind Sie da hineingeschlittert? Was tun Sie in einem Sperrgebiet der Armee?« Seine Stimme klang etwas sonderbar. Sollte er Verdacht geschöpft haben?

Ich erzählte ihm meine Version von dem, was geschehen war. »Wir wurden ziemlich unhöflich behandelt«, fuhr ich fort. »Ein Offizier beschlagnahmte unser Eigentum und zwang uns –

praktisch mit vorgehaltener Waffe – mit ihm in diese verdammte Kaserne zu kommen. Jetzt werden wir hier wie Kriminelle verhört, und niemand glaubt uns ein Wort. Ich habe schon Fouad angerufen, aber er war nicht da. Wenn ich wieder in Kairo bin, werde ich nicht stillschweigend darüber hinweggehen. Es tut mir leid, Sie damit zu behelligen, Mohsen, aber ...«

»Schon gut«, unterbrach er mich. »Ich bin froh, daß Sie mich angerufen haben, Rusty. Natürlich handelt es sich um ein Mißverständnis. Es ist jedoch eine Tatsache, daß Sie ein Sperrgebiet betreten haben. Die Leute auf den Raketenstützpunkten sind sehr mißtrauisch und leicht erregbar. Die Vorschriften sind sehr streng. Jeder, den man auf diesem Gelände antrifft, wird festgenommen. Natürlich ist es in Ihrem Falle ... ich werde mich gleich darum kümmern und auch Fouad Bescheid sagen für den Fall, daß ein Bericht eingereicht wird. Meine Empfehlung an Ihre Gattin und meine Entschuldigung für die Unannehmlichkeiten. Jetzt geben Sie mir noch einmal diesen Oberst. Wir sehen uns bald wieder in Kairo. Auf Wiedersehen.«

»Auf Wiedersehen, Mohsen, und vielen Dank. Ach ja – könnten Sie vielleicht anordnen, daß man uns den Wagen aus dem Sand zieht?«

Ich reichte den Hörer zurück. Der Anteil des Kommandeurs an dem Gespräch bestand in einsilbigen Antworten wie »jawohl« und »gewiß«. Es knackte laut in der Leitung, doch konnte ich nicht verstehen, was am andern Ende gesagt wurde. Das Gesicht des Kommandeurs verriet aber, wie peinlich ihm das Ganze war.

Wieder einmal offenbarte sich die fast uneingeschränkte Macht der ägyptischen Geheimdienstorgane. Hier saß ein Oberst, Kommandeur eines wichtigen Raketenstützpunktes, der nichts anderes getan hatte, als seinen Vorschriften entsprechend zu handeln, und dienerte vor einem Offizier gleichen Dienstgrades, der in keiner Weise befugt war, ihm Befehle zu erteilen, nur, weil dieser andere Offizier dem Geheimdienst angehörte und jedem, der ihm mißfiel, das Leben schwermachen konnte.

»Naam, effendim, khader effendim«, sagte er jetzt. »Wie Sie befehlen, effendim. Ich werde mich sofort darum kümmern. Die

Angelegenheit wird zu Ihrer vollsten Zufriedenheit erledigt werden. Ich konnte ja nicht ahnen ... ganz bestimmt. Auf Wiedersehen, effendim. Danke sehr.«

Er warf den Hörer auf die Gabel und erhob sich. Sein Gesicht verzog sich zu einer gequälten Grimasse, die offenbar ein verbindliches Lächeln darstellen sollte.

»Ich bitte um Verzeihung, Herr und Frau Lotz. Oberst Sabri hat mir die Situation erklärt. Ich bedaure dieses Mißverständnis außerordentlich, aber Sie müssen bedenken, daß wir unsere Vorschriften haben. Geheime Verteidigungsanlagen müssen sorgsam geschützt werden. Es ist mir jetzt völlig klar, daß Sie nichts Böses beabsichtigten – ein Mann Ihres Standes – ein kleiner Fehler Ihrer Frau brachte Sie in diese Lage. Das hätte jedem passieren können. Der Wachposten hätte Sie aufhalten sollen, aber offenbar hat er nicht aufgepaßt. Man wird ihn zur Rechenschaft ziehen.«

»Sie brauchen sich nicht zu entschuldigen, Herr Oberst«, sagte ich großmütig. »Sie haben in gutem Glauben gehandelt. Durch meine Beziehungen zu einigen führenden Männern Ihres Staates weiß ich, wie lebenswichtig Ihnen die Landesverteidigung ist. Auf bescheidene Art versuche ich selbst, hier und dort meinen Teil beizutragen. Sie haben völlig korrekt gehandelt, und ich werde nicht zögern, das zu erwähnen, wenn man mich danach fragt. Ich würde Ihnen aber doch empfehlen, einen Schlagbaum an der Straße zu errichten, um ähnliche Vorkommnisse künftig zu vermeiden.«

»Ja gewiß. Oberst Sabri sagte das auch. Das wird sofort in Auftrag gegeben.« Er blickte auf die Uhr. »Es ist schon nach zwölf. Bevor Sie uns verlassen, müssen Sie mir die Freude machen, mit mir zu Mittag zu essen.« Er öffnete die Tür und trat zur Seite. »Unser Kasino hier ist klein und sehr bescheiden, aber wir werden uns Mühe geben. Darf ich bitten.«

Der Summer auf dem Schreibtisch tönte erneut. Der Oberst ging an den Apparat und nahm den Hörer ab. »Was soll das?« sagte er unwirsch. »Ich will gerade essen gehen und will nicht gestört werden. Wie bitte?« Es folgten eine Reihe von »Jawohls« und »khader effendim«, bis er mir schließlich den Hörer hinhielt. »General Osman ist für Sie am Apparat, Herr Lotz.«

»Hallo Rusty, du alter Teufel, was hast du wieder angestellt?« dröhnte Fouads Stimme aus der Leitung. »Sabri hat mich gerade angerufen und mir erzählt, daß du in unseren Raketenstellungen herumspionierst. Wenn ich dich freilassen soll, mußt du mir als Lösegeld eine Flasche Champagner spendieren.« Sein Lachen war so laut, daß ich den Hörer vom Ohr weghalten mußte.

»Das kommt darauf an«, erwiderte ich. »Meinst du ägyptischen Champagner?«

»Doch nicht diese Katzenpisse«, rief er. »Französischen oder gar keinen. Jetzt mal im Ernst, Rusty – wie behandelt man euch? Gibt es Ärger?«

»Überhaupt nicht. Im Gegenteil – alle sind sehr freundlich und einsichtig. Der Kommandeur hat uns eben zum Mittagessen eingeladen. Anschließend fahren wir sofort nach Kairo zurück.«

»O. k., wenn ich noch etwas für dich tun kann, sag' mir Bescheid. Übrigens – Abdo und ich und ein paar von den anderen Jungs wollen am Donnerstag einen Herrenabend veranstalten. Kannst du dich für einen Abend von zu Hause losmachen? Es wird bestimmt sehr lustig.«

»Ich glaube, das läßt sich machen. Ist es so eine Party wie voriges Jahr in Garden City?«

»Noch viel besser. Ein wirklich netter Kreis. Also bis Donnerstag oder vielleicht schon vorher. Mach's gut.«

Der Kommandeur schaute mich von der Seite an, als wir durch den Flur gingen. »General Osman hält offenbar große Stücke auf Sie. Es ist mir wirklich eine große Ehre, Sie als Gast zu haben, Herr Oberst.«

»Sagten Sie Oberst zu mir? Ich war nur ein kleiner Hauptmann im Afrikakorps, und auch das ist schon eine Ewigkeit her.«

Er lächelte hintergründig. »Natürlich, Herr Lotz – wenn Sie es sagen. Ich möchte mich nicht in Angelegenheiten mischen, die mich nichts angehen. Aber was Sie verständlicherweise zu verheimlichen suchen, gereicht Ihnen nur zur Ehre. Die SS war doch die Crème de la Crème des Deutschen Reiches. Eines Tages werden wir unter Führung von Gamal Abdel Nasser auch ein mächtiges arabisches Reich gründen. Anlagen wie diese hier werden dazu beitragen, Israel zu vernichten. Darum sind wir auch so pingelig mit unseren Sicherheitsbestimmungen. Die Juden dürfen nichts davon erfahren, bis wir den letzten entscheidenden Schlag führen. Nach dem Essen zeige ich Ihnen einmal die Anlagen.«

VIII
Rumpelstilzchen

In der Nacht schlief ich unruhig und sah mehrmals auf die Uhr. Ich war schon auf, bevor der Wecker läutete, und gab um sechs Uhr dreißig meinen Funkspruch durch:

SAM ZWEI RAKETENSTÜTZPUNKT BESTÄTIGT (.) GENAUER STANDORT...

Die Antwort des Chefs kam am nächsten Morgen:

VIER-NULL-EINS ERHALTEN (.) GLÜCKWÜNSCHE FÜR DIE HERVORRAGENDE ARBEIT (.) DANKE (.)

Das tat gut. Ein wenig Anerkennung war immer wieder ein Ansporn bei dieser einsamen Tätigkeit.

Einige Tage später ging ich zu der Junggesellen-Party in Heliopolis. Ich hatte mir die Adresse auf einem Zettel notiert. Da die Hausnummer aber nicht auszumachen war, hupte ich ein paarmal, worauf Abdo auf einem Balkon im ersten Stock auftauchte.

»Ah, du bist es, Rusty. Komm rein, wir machen es uns gerade gemütlich. – Ali, führe den Herrn herein.« Der Diener lief mir entgegen, das Gartentor zu öffnen. Ich folgte ihm durch den hellerleuchteten Garten in die Eingangshalle, wo mich Abdo mit herzlichem Händedruck begrüßte. Er hatte so viele Jahre in England gelebt, daß er sich den Bruderkuß fast völlig abgewöhnt hatte.

»Nett, daß du gekommen bist«, sagte er, legte mir den Arm um die Schulter und führte mich die Treppe hinauf in einen weiträumigen Salon in orientalischem Stil, mit dicken Teppichen und niedrigen Diwanen an den Längsseiten. An der Decke hing ein prachtvoller Kristall-Lüster. Im Hintergrund war ein langer Marmortisch mit Flaschen, Gläsern und zwei Eiskübeln als Bar hergerichtet. Fünf oder sechs Männer standen mit Whiskygläsern in der Hand um die Bar herum und unterhielten sich angeregt.

»Fühl' dich wie zu Hause«, sagte mein Gastgeber. »Ich glaube, du kennst alle Leute hier.«

Das stimmte. Ich sah Fouad im Gespräch mit Admiral Fawzi und Mohsen Sabri. Ein anderer Marineoffizier mit vier Goldstreifen am Ärmel, dessen Name mir entfallen war, unterhielt sich mit Oberst Abdul Karim Halawany. Eine illustre Gesellschaft. Hoffentlich würde der Abend auch in dienstlicher Hinsicht etwas bringen.

Fouad sah mich als erster, warf den Kopf in den Nacken und lachte schallend. »Al gassous gai – hier kommt ja der Spion!« rief er laut. Alle drehten sich nach mir um. Eine Bemerkung dieser Art war von Fouad zu erwarten gewesen. Trotzdem lief es mir kalt den Rücken herunter.

»Wenn du auf dein Lösegeld wartest«, sagte ich zu Fouad, » – ich habe einen Kasten Champagner im Kofferraum. Schick' einen Diener raus. Eigentlich schulde ich dir ja nur eine Flasche, aber für diesen durstigen Verein trinkfester Moslems dürfte die wohl nicht ausreichen.«

Fouad umarmte mich. »Ein dreifach Hoch auf den Spion!« rief er. »Freunde, ich muß euch eine tolle Geschichte erzählen. Rusty Bey und seine verehrte Gattin fuhren vor ein paar Tagen zum Bittersee auf ein Picknick und landeten prompt auf dem Raketenstützpunkt in Schloufa. Dort war man von dem ungebetenen Besuch nicht gerade begeistert. Man hielt ihn für Moshe Dayan und legte ihn in Eisen – oder so was ähnliches. Jedenfalls mußte ich ihn auslösen.«

Alle lachten laut und rissen ein paar harmlose Witze auf meine Kosten. Abdo kam aus dem Nebenzimmer herein.

»Wo bist du nur gewesen?« fragte ich ihn. »Alles lacht sich hier tot über mich – ich brauche die moralische Unterstützung eines wahren Freundes.«

Er grinste. »Das Schlimmste ist, daß man dir offenbar noch keinen Drink angeboten hat. Was nimmst du, Whisky?«

Etwas später bat er uns alle ins Speisezimmer, wo wir uns an einen riesigen Eichentisch setzten, an dem gut und gerne zwanzig Personen Platz gefunden hätten. Nach ägyptischer Sitte standen sämtliche Gerichte bereits auf dem Tisch. Europäer, die ihr Essen lieber heiß mögen, können sich mit diesem Brauch nicht recht anfreunden, doch Ägyptern war, wie ich oft bemerkt hatte, die Temperatur des Essens ziemlich gleichgültig. Es mußte nur reichlich sein, scharf gewürzt und triefend vor Öl. Unser Gastgeber meinte es heute wirklich gut mit uns. Es gab Lammbraten, gebackenen Truthahn, Hühner, gefüllte Tauben, Kalbskoteletts und Schnitzel, dazu zahlreiche Gemüse und Salate. Wein wurde nicht serviert. Man trank Whisky, und der Champagner, den ich mitgebracht hatte, stand in Eiskübeln bereit.

»Eine Tafel für einen König«, bemerkte ich, als wir uns setzten.

»Eine Tafel für gute Republikaner«, verbesserte mich Fouad, worauf Abdo mir belustigt zuzwinkerte.

Bei der ständig zunehmenden Lebensmittelknappheit in Ägypten mußte man schon eine große Karriere als guter Republikaner gemacht haben, um seinen Gästen eine solche Tafel vorsetzen zu können. Mit dem Sold eines Brigadegenerals, der knapp über hundert Pfund lag (nach dem damaligen Kurs etwa 1100 Mark), war das nicht zu machen. Offenbar hatte auch Abdo, wie viele Offiziere, gewisse Nebeneinnahmen.

»Ihr eßt ja gar nichts, Freunde«, rief er uns zu. »Macht ihr eine Schlankheitskur?«

Obgleich wir alle herzhaft aßen und nicht gerade wenig tranken, hatten wir nur einen kleinen Teil des Speisenbergs abgetragen. Es war noch genug übrig, um eine zehnköpfige Familie eine Woche lang zu ernähren.

»Ein wunderbares Essen, Abdo«, sagte Fouad und hielt sich stöhnend den Bauch, »aber noch mehr schaffe ich nicht. Ich platze schon aus allen Nähten.« Admiral Fawzi rülpste kräftig, was in arabischen Ländern zum guten Ton gehört, und spülte ein halbes Wasserglas voll Whisky hinunter.

»Ich habe seit Jahren nicht mehr so gut gegessen wie heute«, sagte er, »aber genug ist genug. Morgen gehe ich auf Diät.«

»Vielleicht wäre Gastritis eine gute Entschuldigung, um deinen Urlaub in Kairo etwas zu verlängern«, sagte ich.

»Keine schlechte Idee«, lachte er. »Man sieht, daß du lange Soldat warst. Aber das ist völlig unmöglich. Wir gehen nächste Woche auf Manöver im Roten Meer. Da kann ich nicht wegbleiben, nur weil ich mich überfressen habe.«

»Wenn ihr mit dem Essen fertig seid«, rief Abdo, »hören wir uns mal eine Weile Omm Kolsoum an.«

Er stellte das Fernsehgerät an, und ich ließ mich mit einem resignierten Seufzer auf einem der Diwane nieder. Omm Kolsoum, auch die arabische Nachtigall genannt, war seit vielen Jahren die berühmteste und gefeierteste Interpretin von Liebesliedern in der arabischen Welt. Am ersten Donnerstag jedes Monats trat sie von zehn Uhr abends bis in die frühen Morgenstunden im Fernseher auf. Für europäische Ohren klang ihr Gesang eher wie das Jaulen einer rolligen Katze, doch ganz Ägypten saß in dieser Nacht wie hypnotisiert vor dem Fernseher und lauschte ergriffen ihrer Darbietung.

Ich zog eine Schachtel Players aus der Tasche und wollte mir gerade eine anzünden, als Abdo abwinkte. »Warte mal. Ich habe etwas Besseres.«

Auf seinen Wink stellte ein Diener ein silbernes Tablett mit einer Dose Tabak, einem Päckchen Zigarettenpapier und einer runden Holzschachtel vor mich hin. Ich öffnete die Holzschachtel und roch an der braunen, teigartigen Substanz, mit der sie bis zum Rand gefüllt war: Haschisch.

»Dreh' dir eine«, forderte er mich auf. »Dann fühlst du dich besser. Es ist auch gut für die Verdauung. Ich weiß, du magst das Zeug.«

»Wem sagst du das?« erwiderte ich lachend. »Hier ist genug drin, um uns alle für fünfundzwanzig Jahre ins Gefängnis zu bringen.«

»Uns wohl kaum«, meinte er. »Das hat mir Halawany mitgebracht. Er war früher in Gaza stationiert und hat die nötigen Beziehungen. Jetzt beliefert er auch den Marschall.« Gemeint war Feldmarschall Abdul Hakim Amer, Oberbefehlshaber der ägyptischen Streitkräfte. »Wie, glaubst du, ist er in einem Jahr vom Major zum Oberst aufgestiegen? Jetzt hat er Geld wie Heu und lebt wie ein Fürst.«

Ich nahm ein dünnes Blättchen Reispapier, etwas Tabak und

eine ordentliche Prise Haschisch und drehte mir eine Zigarette. Die Dose ging reihum und auch die anderen bedienten sich zwanglos. Abdo inhalierte tief. »Guter Stoff«, bemerkte er.

In der Vereinigten Arabischen Republik wurde neuerdings das Haschischrauchen sehr streng bestraft. In Nassers Augen war es weniger ein medizinisches als ein gesellschaftliches Problem, womit er nicht ganz unrecht hatte. Er gab sich alle Mühe, sein träges Volk zu größerem Fleiß anzuspornen und den Lebensstandard dadurch zu verbessern, daß er die Leute aus ihren Haschischträumen herausriß, aber es war zwecklos. Millionen Ägypter gaben ihren letzten Piaster für Haschisch aus, ließen ihre Familien hungern und riskierten lieber hohe Gefängnisstrafen, als auf ihren täglichen Rausch zu verzichten.

Eine Bauchtänzerin mit einem Drei-Mann-Orchester – Geige, Schlagzeug und Gitarre – traf ein und begann in der Mitte des Salons zu tanzen, begleitet von dem Händeklatschen und den Anfeuerungsrufen der Männer. Sie trug den üblichen bestickten Büstenhalter und tiefsitzende Pluderhosen mit langen Schlitzen an den Seiten. Den vom Gesetz vorgeschriebenen sogenannten Nasser-Schleier, ein Stück Stoff, das Bauch und Rücken bedeckte, hatte sie weggelassen. Eine Weile ergaben wir uns diesem Kunstgenuß, doch dann wandte sich die allgemeine Aufmerksamkeit dem Eingang zu, wo Abdo gerade fünf Barmädchen empfing, die er aus einem Nachtlokal in der Stadtmitte herbestellt hatte. Sie waren durchweg hübsch, durchweg hellblond und trugen Abendkleider, die durchweg schon ein wenig schäbig waren. Die Mädchen wurden sofort mit Champagner versorgt, um »die Motoren warmlaufen zu lassen«, wie Admiral Fawzi sich ausdrückte.

Inzwischen war es drei Uhr geworden. Fouad trat an mich heran. »Willst du dir nicht eine von den Puppen anlachen, Rusty?«

»Nein, danke. Ich bin viel zu müde. Ich werde mich jetzt langsam auf den Nachhauseweg machen.«

»Kannst du das nicht eine Viertelstunde aufschieben? Ich hätte gern etwas mit dir besprochen. Setzen wir uns auf den Balkon, da werden wir nicht gestört.«

Er nahm eine Whiskyflasche und zwei Gläser, und ich folgte ihm hinaus auf den Balkon. Dort machten wir es uns in zwei Sesseln bequem, und Fouad schenkte die Gläser voll.

»Worum geht es denn, alter Freund?« erkundigte ich mich neugierig.

»Es geht um folgendes, Rusty. Ich möchte dich um einen sehr großen Gefallen bitten.«

»Ich tue dir jeden Gefallen, das weißt du doch.«

»Nun ja, dies ist mehr, als nur eine kleine Gefälligkeit. Du weißt ja, daß bei uns im Betrieb eine Anzahl deutscher und österreichischer Experten beschäftigt ist. Du weißt auch, womit. Das ist ein äußerst empfindliches Gebiet, und wir müssen sie scharf überwachen. Natürlich haben wir genaue Ermittlungen über jeden einzelnen von ihnen angestellt, noch bevor sie herkamen. Aber auch hier müssen wir sie überwachen, und darin liegt die Schwierigkeit. Vor uns Ägyptern verhalten sie sich nicht so unbefangen wie vor ihren eigenen Landsleuten. Das ist ganz natürlich, aber für uns ein Problem. Wir wollen wissen, was diese Leute denken – was sie über Ägypten denken, über das Regime und über ihre Arbeit hier. Und was sie von den Juden halten, besonders von Israel. Ob sie zuverlässig sind oder bestechlich. Und noch vieles mehr.«

Ich spielte den Ahnungslosen: »Und wie kann ich dir dabei helfen?«

»Ich möchte, daß du mit einigen von ihnen – hauptsächlich Abteilungsleitern, die ich dir nennen werde – öfters zusammenkommst. Zu geselligen Treffen, wo viel getrunken wird. Gib ein paar Parties, veranstalte gemeinsame Ausflüge – deine Auslagen kriegst du natürlich ersetzt. Geld spielt keine Rolle. Aber höre dich bei diesen Anlässen ein bißchen um und berichte mir von Zeit zu Zeit, was diese Leute so miteinander reden. Deine Eindrücke. Wenn dir etwas Verdächtiges auffällt, laß es mich sofort wissen. Würdest du das für mich tun, Rusty?«

Ich gab mir große Mühe, mir meine Genugtuung nicht anmerken zu lassen. Jetzt konnte ich mich ganz ungeniert mit den streng abgeschirmten Experten abgeben, ohne beim Geheimdienst unliebsame Aufmerksamkeit zu erregen. Diejenigen, die ich noch nicht kannte, würden mir zweifellos vorgestellt werden. Ich schwieg eine Weile und tat mein Bestes, einen bedrückten Eindruck zu machen.

»Das ist allerhand, was du von mir verlangst, Fouad«, sagte ich schließlich. »Ich soll meine eigenen Landsleute ausspionieren...«

»Nein, nein«, unterbrach er mich. »Du faßt das vollkommen falsch auf. Ich sehe das anders. Schau mal, Rusty, du bist doch schon fast einer von uns. Du bist doch beinahe schon ein Ägypter. Dein Herz hängt an diesem Land, und du fühlst dich hier zu Hause. Das, worum ich dich bitte, ist von großer nationaler Bedeutung. Wir würden es dir nie vergessen. Außerdem tätest du mir damit einen sehr großen persönlichen Gefallen.«

Ich dachte eine Weile nach. »Nun, wenn es so ist, Fouad, dann kann ich dir deine Bitte wohl kaum abschlagen. Ich muß dich nur bitten, die Sache mit Diskretion zu behandeln.«

Fouad strahlte über's ganze Gesicht. »Niemand wird jemals davon erfahren, Rusty – außer meinen engsten Mitarbeitern. Wenn sich die Gelegenheit bietet, werde ich dem Präsidenten gegenüber erwähnen, was für große Dienste du uns leistest.«

Im Hinausgehen gab ich einer der hübschen Blondinen einen fröhlichen Klaps auf ihr strammes Hinterteil. Sicher war es der Whisky, der mich dazu anregte, auf dem Nachhauseweg im Auto laut zu singen:

»Ach, wie gut, daß niemand weiß,
Daß ich Rumpelstilzchen heiß«

IX
Auftrag ausgeführt

Ich saß mit Waltraud beim Frühstück auf der hinteren Terrasse unseres Hauses in Giza.

»Dieser verdammte Osman hat noch immer nicht gelernt, ein weiches Ei zu kochen«, ärgerte ich mich. »Immer setzt er uns diese flüssigen Krankenhauseier vor. Hat er denn keine Uhr?«

»Er hat die Uhr, die wir ihm voriges Jahr geschenkt haben«, sagte Waltraud. »Außerdem hängt in der Küche eine Wanduhr, und eine Eieruhr gibt es auch. Dabei kocht der Junge gar nicht schlecht. Aber weiche Eier sind nun einmal eine Frage der Präzision. In Zukunft werde ich sie selbst kochen, damit du dich nicht ärgerst.«

Ich nahm mein Notizbuch mit dem Terminkalender zur Hand. Heute war der 18. September 1964. Die Seite für den Zwanzigsten war noch leer.

»Hör' mal«, sagte ich zu Waltraud, »nimm bitte für übermorgen keine Einladungen oder dergleichen an. Halte uns den Tag frei.«

»Was Besonderes?« fragte sie, an ihrem Toast kauend.

»Ja, so könnte man es nennen«, erwiderte ich. »Aber laß uns hier zu Hause nicht davon sprechen. Warten wir, bis wir auf der Farm sind. Ich habe zwar in letzter Zeit keine Wanzen bei uns gefunden, aber man weiß nie, ob nicht doch jemand mithört.«

Eine Stunde später ritten wir auf Isis und Doktor durch's Gelände in der Umgebung der Farm. »So, hier hört uns keiner«, meinte Waltraud. »Jetzt erzähl' schon, was du da so Geheimnisvolles ausbrütest. Hast du heute früh einen Funkspruch erhalten?«

»Ja. Boots.«

»Boots? Stiefel? Und was bedeutet das?«

»Das ist die chiffrierte Weisung, die Briefe mit den Sprengladungen an die Raketenleute abzuschicken, und zwar am Zwanzigsten – übermorgen.«

»Ach du grüne Neune – also doch. An wen gehen die denn?«

»Das weiß ich erst, wenn ich die Briefe aus ihrem Versteck heraushole. Adressiert sind sie bereits. Ich brauche sie nur noch zu frankieren und in den Kasten zu werfen.«

»Das klingt eigentlich nicht sehr kompliziert. Warum müssen wir uns dafür den ganzen Tag freinehmen?«

»Weil in Ägypten alles kompliziert ist. Ich habe die Umschläge noch nicht gesehen und weiß nicht, in welchem Zustand sie sind. Wenn sie kleine Risse haben oder sonst irgendwie beschädigt sind, muß ich sie in andere Umschläge hineinpacken und diese adressieren. Ich will die Dinger auch nicht im Bezirk Giza abschicken, sondern vom anderen Ende der Stadt – und aus verschiedenen Briefkästen. Vielleicht geht alles ganz schnell, aber darauf kann man sich nicht verlassen. Jede kleine Panne, jede unvorhergesehene Schwierigkeit kann unter Umständen sehr zeitraubend sein.«

»Kann man dich auch nicht damit in Verbindung bringen«, erkundigte sich Waltraud besorgt.

»Um das zu vermeiden, muß man jede Kleinigkeit bedenken. Hier in Ägypten starrt man jeden Europäer an wie im Panoptikum, auch wenn er nur einen Brief in den Kasten wirft. Darum will ich das in möglichst belebten Straßen tun, möglichst weit weg von zu Hause, und dann immer nur je einen Brief im Vorbeigehen in den Kasten werfen.«

»Und was ist mit Fingerabdrücken? Wenn nun zufällig einer der Briefe nicht explodiert oder vorher abgefangen wird?«

»Das kann natürlich vorkommen«, gab ich zu. »Aber der Brief ist dann durch so viele Hände gegangen, daß das Risiko sehr gering ist, gerade meinen Fingerabdruck zu identifizieren.«

»Aber ein gewisses Risiko besteht trotzdem.«

»Das muß ich in Kauf nehmen. Soll ich etwa Handschuhe tragen – bei zweiundvierzig Grad im Schatten? Das würde ganz bestimmt jedem auffallen, und viele würden sich später daran erinnern. Nein, das geht nicht.«

»Dann laß mich doch die Briefe einwerfen«, meinte sie. »Ich als Dame kann ohne weiteres am Nachmittag in weißen Glacéhandschuhen herumlaufen. Das fällt überhaupt nicht auf.«

»Nein, nein, Schätzchen«, sagte ich mit Bestimmtheit. »Du hältst dich da raus. Mit Mord und Totschlag sollst du nichts zu tun haben.«

»So schlimm? Ich denke, da sind nur ganz kleine Sprengladungen drin, um die Experten gehörig zu erschrecken.«

»Um sie in Panik zu versetzen und zum Abreisen zu veranlassen, ja. Die Ladung ist nicht annähernd groß genug, um jemanden zu töten. Aber ein paar Scherben kann es schon geben. Jemand kann dabei leicht ein Auge oder ein paar Finger verlieren. Wenn er Pech hat, ergeht es ihm noch schlimmer – wie damals der Sekretärin von Pilz.«

»Ja, der hat man doch damals eine Bombe geschickt – vor Jahren. Hattest du etwas damit zu tun?«

»Nein, der Brief kam aus Hamburg. Ich kenne den Mann, der ihn abgeschickt hat. Auf dem Weg zur Post fuhr er bei Glatteis mit voller Wucht an einen Baum. Der Wagen war Schrott, aber der Brief zum Glück unversehrt.«

»Aber warum gerade der Sekretärin?«

»Das war unbeabsichtigt. In gewissem Maße war es sogar ihre eigene Schuld. Der Brief – ein großer, ziemlich dicker Umschlag – war an Professor Wolfgang Pilz, den Leiter des Raketenprojekts 333 in Heliopolis adressiert, mit dem Vermerk STRENG PERSÖNLICH. Pilz hatte ein langjähriges Verhältnis mit seiner Sekretärin, Hannelore Wende, und ihr versprochen, sie zu heiraten, sobald er geschieden sein würde. Auf dem ›streng persönlichen‹ Brief aus Hamburg stand als Absender die Anschrift des dortigen Anwalts von Pilz. Die Sekretärin nahm an, daß es sich um die Scheidung handelte, konnte ihre Neugier nicht unterdrücken und riß den Umschlag auf. Die Sprengladung explodierte und verletzte sie schwer. Pech.«

Ich galoppierte an, und Waltraud kanterte auf Isis neben

mir her. »Das scheint dir nicht sehr nahezugehen«, bemerkte sie. »Gleich kommst du mir wieder mit deinem berühmten ›Agentenalltag‹.«

»Aber das ist es doch, oder? Pannen kommen schon mal vor. Natürlich tut mir die Frau leid – ich habe sie neulich im Gezira Sporting Club getroffen. Sie geht am Stock und kann nicht gut sehen – aber deshalb werde ich nicht gleich in Tränen ausbrechen. Stell' dir mal vor, wie viele Tote und Verstümmelte es geben wird, wenn wir die Ägypter nicht daran hindern, ihre Raketen auf Israel abzuschießen. Die treffen zwar nicht da, wo sie sollen, weil Charlie Knüpfer noch immer nicht mit dem Steuerungssystem klarkommt, aber wenn die Dinger mit chemischen Sprengköpfen bestückt sind, die unsere deutschen Freunde hier zusammenbauen, spielt es kaum eine Rolle, wo sie hintreffen. Es würde Tausende, vielleicht Zehntausende von Toten geben. Gegen so etwas muß man sich doch wehren.«

Wir sprangen über einen schmalen Bewässerungsgraben hinweg, parierten durch und ließen dann die Pferde im Schritt gehen.

»Sag' mal, stimmt das wirklich, daß die chemische Raketensprengköpfe herstellen?« fragte Waltraud. »Ich kann mir einfach nicht vorstellen, daß deutsche Wissenschaftler einer solchen Gemeinheit fähig sind. Das verstößt doch gegen alle internationalen Regeln der Kriegsführung. Warum tun sie das – nach allem, was im Krieg passiert ist? Sind das wirklich solche Antisemiten?«

Ich mußte lachen. »Manche von ihnen sind es – besonders die Älteren – aber das ist nicht ausschlaggebend. Die eigentliche Motivation dieser Leute ist wieder einmal das liebe Geld. Die Gehälter der deutschen Experten sind etwa dreimal so hoch als woanders. Dazu kommt, daß sie hier leben wie die Fürsten. Sie haben elegante Villen, deutsche oder amerikanische Straßenkreuzer, Dienerschaft– und das alles für ein Ei und ein Butterbrot. Und wenn man in Urlaub fährt, reist man erster Klasse auf Kosten der ägyptischen Brötchengebern. Für all das kann man schon mal die Stimme des Gewissens überhören.«

»Und du bist ganz sicher...«

»Natürlich bin ich sicher. Ich habe dem Chef hieb- und stichfeste Beweise vorgelegt, daß die Ägypter diese tödlichen Gase im Jemen bereits ausprobiert haben. Abdo standen die Tränen in den Augen, als er mir erzählte, er hätte die Berichte gelesen und sich dabei in Grund und Boden geschämt, ein ägyptischer General zu sein. Und der Chef sagte mir in Paris, Ben Gurion hätte es auch nicht glauben wollen. Daraufhin hat der Leiter des Mossad, Isser Harel, auf der Stelle abgedankt, als B. G. die Echtheit der Unterlagen anzweifelte.«

»Wenn dir nur nichts passiert, Wolfgang«, sagte sie nachdenklich. »Und die Briefe werfe *ich* ein«, fügte sie dann mit Bestimmtheit hinzu.

Am Morgen des 20. September setzte ich mich zu meiner gewohnten Sendezeit um sechs Uhr dreißig ans Gerät und gab folgenden Funkspruch durch:

BOOTS WILL BE SENT TODAY AS INSTRUCTED (.) (Stiefel werden heute weisungsgemäß abgeschickt.)

Nach dem Frühstück holte ich eine der zwei großen Reisetaschen aus dem Gästezimmer und schloß mich mit Waltraud im Schlafzimmer ein. Mit einem Taschenmesser entfernte ich vorsichtig die sechs messingfarbenen Ziernägel aus dem feststehenden Unterteil der Tasche und legte den Innenraum des doppelten Bodens frei. Die sechs prall gefüllten Briefumschläge waren einzeln in Plastikbeutel verpackt. Ich las die Adressen. Mit einer gewissen Erleichterung stellte ich fest, daß sich unter den Adressaten keiner meiner näheren Bekannten befand.

»An wen geht denn das alles?« fragte Waltraud neugierig. Ich zeigte ihr die Anschriften. »Komisch«, meinte sie. »Die kennen wir doch gar nicht. Von den leitenden Leuten ist keiner dabei. Warum wohl?«

»Das versuche ich mir auch zu erklären«, sagte ich. »Vielleicht will man gezielt diejenigen treffen, die die chemischen Sprengköpfe zusammenbauen.«

»Oder man will den Exodus der Experten dadurch in Schwung bringen, daß man gerade die kleinen und mittleren Angestellten verschreckt«, meinte sie.

»Das ist auch eine Möglichkeit«, nickte ich. »Ohne ihre Belegschaft können die Abteilungsleiter nicht viel anfangen, und vielleicht sind die Kleinen wirklich leichter zu vertreiben als die Großen. Wie auch immer, die Dinger werden heute abgeschickt. Gib mir mal ein paar Briefmarken.«

»Ich mach' das schon«, sagte sie hastig. »Nimm sie doch nicht aus den Umschlägen heraus.« Sie zog sich ein Paar weiße Handschuhe über, die ihr fast bis zu den Ellbogen reichten, nahm die Briefe aus ihren Plastikumschlägen und frankierte sie.

»Diese Handschuhe passen gut zu meinem neuen Hut«, sagte sie lachend. »So, von mir aus können wir losfahren.«

Wir fuhren in die Stadt, und Waltraud warf die Briefe in sechs verschiedene Briefkästen ein.

»Wir haben uns heute ein gutes Mittagessen verdient«, sagte ich anschließend. »Fahren wir ins Estoril und essen Hummerkrabben.«

»Mit ein paar sehr großen Drinks«, ergänzte Waltraud.

Am nächsten Tag sahen wir alle Zeitungen durch. Keine brachte eine Nachricht von einer Explosion im Hause eines deutschen Experten. Auch nicht am folgenden Tag. Doch als ich abends mit einigen meiner deutschen Bekannten zusammentraf, war von nichts anderem die Rede. Alle waren furchtbar aufgeregt.

Von den Briefen war nur einer an seinem Bestimmungsort angekommen, jedoch nicht explodiert. »Das ist nur, weil ich die Angewohnheit habe, Briefumschläge immer an der Seite zu öffnen«, erklärte mir Kirmeyer, an den der Brief gerichtet gewesen war. »Es ist eine Marotte von mir, die mir vielleicht das Leben gerettet hat. Zumindest hat sie mich vor einer schweren Verletzung bewahrt.«

Ein zweiter Brief war auf dem Postamt in den Händen eines Postbeamten (sprich Briefzensors) explodiert, als er ihn zur Kontrolle öffnete, und hatte ihn erheblich verletzt. Daraufhin hatte man sämtliche Postsendungen, die an ausländische Experten gerichtet waren, durchleuchtet und die restlichen vier Briefe entdeckt. Youssef Ghorab bestätigte mir am nächsten Morgen im Klub diese Informationen.

»Es war also eine große Pleite«, meinte Waltraud auf dem Nachhauseweg vom Feroussia-Klub.

»Das glaube ich nicht«, sagte ich. »Eher ein voller Erfolg. Wir sind ja nicht unbedingt darauf aus, jemanden zu verletzen. Aber die Aufregung unter den Deuschen – das war der eigentliche Zweck der Übung. Und der ist voll und ganz erreicht.«

Mein nächster Funkspruch lautete wie folgt:

BRIEF AN KIRMEYER VON IHM GEÖFFNET KOMMA EXPLODIERTE ABER NICHT (.) EIN ANDERER EXPLODIERTE IM POSTAMT VON MMADI UND VERLETZTE EINEN BEAMTEN (.) VIER WEITERE WURDEN ABGEFANGEN (.) BETRÄCHTLICHE WIRKUNG BEI DEUTSCHEN EXPERTEN (.)

Die Resultate unserer Aktion waren erst nach einigen Monaten zu spüren. Zunächst hatten viele der deutschen Flugzeug- und Raketenbauer ihre Familien nach Hause und in Sicherheit gebracht. Danach hatten einige von ihnen gekündigt, worauf ihre ägyptischen Arbeitgeber sie aufs äußerste schikanierten. Weder zahlten sie ihnen ihr restliches Gehalt aus, noch kamen sie für die Flug- oder Schiffskarten auf, die der Vertrag den Angestellten im Falle einer Kündigung garantierte. Und schließlich wurden sie bei der Ausreise von den Zollbeamten regelrecht auseinandergenommen.

Das sprach sich natürlich sehr bald herum, und die nächsten »Auswanderer« stellten es geschickter an. Sie verkauften heimlich ihre Einrichtung in Kairo und kamen dann von ihrem Sommerurlaub in Deutschland einfach nicht mehr zurück. Das Personalproblem in der Rüstungsindustrie wurde akut, und die Produktion war so gut wie lahmgelegt. In Jerusalem atmete man auf.

Gegen Ende des Jahres 1964 ereignete sich eine Episode, über die Waltraud und ich nicht wenig lachten, obgleich sie leicht hätte ins Auge gehen können.

Ganz in unserer Nähe wohnte ein deutscher Archäologe, Dr. Heinrich Walter, der Leiter einer Expedition der Yale-Universität in Ägypten war. Walter verbrachte die meiste Zeit des Jahres in Süd-Ägypten, während seine Frau und sein dreijähriger Sohn Michael in Kairo blieben.

Cornelia, seine Frau, eine kräftig gebaute Blondine, war oft allein, und wir luden sie hin und wieder zu unseren Parties ein, damit sie ein wenig Gesellschaft hätte. Sie war einem gelegentlichen Flirt durchaus nicht abgeneigt, und ich dachte zunächst, dies sei der Grund, warum sie sich den Männern regelrecht an den Hals warf. Doch dann fiel mir auf, daß diese Männer ausnahmslos Raketenfachleute waren. Und wovon auf unseren Parties immer die Rede sein mochte – Politik, Fußball oder Pferderennen – Cornelia brachte das Gespräch beharrlich auf ein Thema: Raketen. Sie fragte sehr direkt, wo die Abschußrampen aufgestellt seien, welche Reichweite die verschiedenen Modelle hätten, welche Fortschritte die Produktion machte und vieles mehr.

Auch Waltraud war das aufgefallen. Langsam beschlich uns, was Cornelia betraf, ein ungutes Gefühl.

»Sie wird doch nicht auch eine Agentin sein«, sagte Waltraud eines Abends, nachdem unsere Gäste gegangen waren. »Für wen könnte die arbeiten? Doch nicht für den Mossad. Ich glaube kaum, daß die so einen Trampel einstellen würden.«

»Sei nicht so sicher«, gab ich zu bedenken. »Natürlich ist sie keine Mata Hari, aber jeder Geheimdienst holt sich seine Informanten, wo er sie bekommen kann. Keine solche Organisation beschäftigt nur Spitzenagenten. Spitzel und Informanten braucht man überall und nimmt oft dazu Leute, die bereits an Ort und Stelle sind und die man nicht erst mühselig einschleusen muß. Solche Leute sind billig. Sie erhalten nur ein Minimum an Ausbildung, und wenn ihre Tätigkeit hie und da etwas bringt, um so besser. Fliegen sie auf, ist auch nicht viel verloren.«

»Die harte Wirklichkeit geheimdienstlicher Betätigung«, sagte Waltraud spöttisch. »Laß uns trotzdem Cornelia gegenüber auf der Hut sein.«

Bei der nächsten Party war es dann endgültig aus mit unserer Beziehung. Cornelia hatte noch mehr als gewöhnlich getrunken und war gehörig blau. Sie wankte beim Gehen und lallte beim Sprechen, aber auch das wäre nicht so schlimm gewesen. Ich fand es sogar sehr komisch, wie sie dem alten Hagestolz Vogelsang an den Hosenlatz griff, aber sie lallte dabei – und zwar auf jiddisch. Das ging entschieden zu weit. Außer mir schien es niemand bemerkt zu haben, aber ich schickte die widerstrebende Cornelia auf der Stelle mit einem Taxi nach Hause. Jetzt war mir ziemlich klar, wer ihre Auftraggeber waren, so unglaublich es mir auch erschien. Ich nahm mir vor, den Chef in einem meiner nächsten Funksprüche darauf hinzuweisen, wie sich Cornelia Walter benahm und in welcher Gefahr sie sich befand.

Aber ich kam nicht mehr dazu.

In der nächsten Nacht weckte mich mein Diener Osman kurz vor drei Uhr.

»Mr. Knüpfer ist gekommen, effendim.«

Ich strich mir die Haare aus dem Gesicht und blickte auf die Uhr. »Um diese Zeit? Was will er denn?«

»Das hat er mir nicht gesagt, effendim. Er scheint etwas aufgeregt zu sein. Ich habe ihm einen Cognac hingestellt.«

»Das kann nie schaden«, sagte ich und hievte mich aus dem Bett. »Gut, ich komme gleich.«

Ich warf mir einen Morgenmantel über, kämmte mich flüchtig und ging die Treppe hinunter ins Wohnzimmer. Knüpfer hatte seinen Cognac schon ausgetrunken.

»Hallo, Charlie«, begrüßte ich ihn. »Was verschafft mir die Ehre zu dieser Stunde? Ist was passiert?«

»So könnte man es nennen«, sagte er. Seine Nervosität war ihm anzusehen. »Entschuldige diesen Überfall mitten in der Nacht, Wolfgang. Ich brauche deinen Rat und deine Hilfe.«

»Nur zu«, erwiderte ich. »Was kann ich für dich tun?«

»Wolfgang, ... Cornelia Walter ist eine israelische Spionin. Offenbar hat man sie auf mich angesetzt.«

Ich war weniger überrascht, als ich vorgab. Irgend etwas ähnliches hatte ich schon erwartet. Aber daß man damit gerade zu mir kam, war mir gar nicht so lieb. Ich schenkte ihm noch einen Cognac ein und gönnte mir auch einen.

»Nun erzähl' mal von Anfang an, Charlie. Was ist passiert?«

Cornelia Walter traf sich regelmäßig mit Charlies Frau Marlis im Heliopolis Sporting Club, wo sie sich unterhielten und ihre Kinder zusammen spielen ließen. An diesem Vormittag hatten sie sich wieder einmal getroffen, und Cornelia hatte es so eingerichtet, daß Marlis nicht umhin konnte, sie auf dem Nachhauseweg zu einem Drink ins Haus zu bitten. Knüpfers Wohnung in Nasser City grenzte an das Gelände der Rüstungsfabrik 333, wo Knüpfer einen leitenden Posten innehatte. Vom Schlafzimmer aus hatte man einen guten Blick über das Werk. Knüpfer hatte es sich zur Gewohnheit gemacht, die Schlafzimmertür abzuschließen, wenn er aus dem Haus ging, obgleich er den Schlüssel oft im Schloß stecken ließ.

Folgendes war nun geschehen: Marlis Knüpfer war in die Küche gegangen, um den Diener anzuweisen, etwas herzurichten. Die beiden Kinder spielten im Kinderzimmer, und Cornelia war allein im Wohnzimmer geblieben. Als Marlis aus der Küche zurückkam, war Cornelia verschwunden. Einige Minuten später entdeckte Marlis sie im Schlafzimmer. Cornelia hatte die Tür aufgeschlossen und die Fensterläden geöffnet und knipste gerade mit ihrer Kamera das Werksgelände gegenüber.

Als sie sich ertappt sah, wurde sie rot und murmelte etwas über den Ball ihres Sohnes, der verlorengegangen sei. Wenig später verließ sie dann mit ihrem Sohn das Haus.

»Was sagst du dazu?« fragte mich Knüpfer verstört. »Es ist doch ganz offensichtlich, daß diese Frau Spionage betreibt. Sie hat mich schon die ganze Zeit über die Raketen auszufragen versucht. Aber der heutige Vorfall ist doch ein klarer Beweis. Und wer interessiert sich so brennend für unsere Raketen? Die Israelis! Auch die Sprengstoffattentate weisen deutlich darauf hin. Was soll ich jetzt tun? Zu den Sicherheitsbehörden laufen? Mit denen hat man nur Schwierigkeiten. Die würden unter Umständen mir noch etwas anzuhängen versuchen – daß ich die Sicherheitsbestimmungen nicht beachtet oder meiner Geheimhaltungspflicht nicht nachgekommen sei oder so einen Quatsch. Ich dachte mir... nun, du hast doch Beziehungen zu diesen Sicherheitsleuten und... vielleicht könntest du...«

»Auch das noch«, dachte ich mir. Am liebsten hätte ich es abgelehnt, mich da einzumischen. Wenn ich mich an meine Vorschriften hielt, mußte ich sogar so handeln. Aber dann wäre

Knüpfer zur Mabahes el Amma – zur Geheimpolizei – gegangen, und die hätte Cornelia erst einmal festgenommen. Sowas geht schnell in Ägypten. Man hätte sie tagelang verhört – vielleicht auch gefoltert – und Cornelia hätte alles gestanden. So leichtsinnig sie sich auch benommen hatte – ich konnte doch die Kollegin nicht einfach auffliegen lassen!

»Das sieht schon ziemlich verdächtig aus, Charlie«, sagte ich. »Aber ich kann verstehen, daß du dich nicht an die Mabahes wenden willst. Ich bin natürlich gern bereit, bei den Behörden das Nötige zu veranlassen, obgleich ich ja, wie du weißt, keinen offiziellen Status habe.«

»Aber du kennst doch jeden dort, und man zieht dich zu Rate, wenn es um die Sicherheit der deutschen Experten geht.«

»Ja, das stimmt. Gut, ich werde sehen, was sich tun läßt. Zunächst müssen wir den Film entwickeln, den Cornelia aufgenommen hat. Gib ihn mir.«

»Du, den habe ich nicht.«

Das hatte ich mir gedacht. Ich gab mich sehr verwundert. »Willst du damit sagen, Charlie, daß deine Frau Cornelia nicht die Kamera abgenommen hat nach allem, was passiert ist – oder wenigstens den Film?«

»Nein ... sie war so erschrocken und verwirrt, daß ...«

»Das ist sehr schade«, sagte ich mit innerer Genugtuung. »Jetzt haben wir kein einziges Beweisstück. Natürlich wird man sie festnehmen, wenn ich das befürworte, aber was käme dabei heraus? Gar nichts – außer Unannehmlichkeiten für uns alle. Ich mache dir einen Vorschlag: Ich werde veranlassen, daß Cornelia von den Sicherheitsbehörden diskret observiert wird. Lassen wir sie ruhig ahnungslos weitermachen. Sobald sie ihren ersten Fehler begeht, nimmt man sie hops. Das wäre wohl das Vernünftigste.«

»Ja, das leuchtet mir auch ein«, stimmte mir Knüpfer zu. »Wenn ich nur nicht diese Sicherheitsarmleuchter am Hals habe. Wolfgang, ich weiß nicht, wie ich dir danken soll.«

Als er weg war, ging ich hinauf ins Schlafzimmer und verschlüsselte einen Funkspruch, den ich zur gewohnten Zeit, um sechs Uhr dreißig, sendete:

ÄUSSERST DRINGENDE CHEFSACHE (.) CORNELIA WALTER VON KNÜPFER BEIM FOTOGRAFIEREN DER RÜSTUNGSFABRIK 333 ERTAPPT (.) KNÜPFER ÜBERLIESS MIR WEITERE SCHRITTE (.) VORFALL WURDE DEN BEHÖRDEN NICHT GEMELDET (.) FALLS CORNELIA FÜR UNS ARBEITET BEFÜRWORTE ICH SOFORTIGE ABBERUFUNG (.)

Schon am selben Nachmittag erhielt Cornelia von ihrer »Tante« in Frankfurt ein Telegramm, sie sei ernstlich erkrankt und bitte dringendst um ihren Besuch. Wenige Stunden später nahm sie mit ihrem Sohn das erste Flugzeug nach Frankfurt.

Am nächsten Morgen erhielt ich folgenden Funkspruch:

DANKE FÜR NACHRICHT ÜBER CORNELIA (.) ALLES NÖTIGE VERANLASST (.)

Ein paar Tage nach dem Zwischenfall mit Cornelia Walter suchte mich Fouad auf. Er wollte wissen, ob ich etwas Neues über die deutschen Experten, die ich in seinem Auftrag bespitzeln sollte, in Erfahrung gebracht hätte. Unter anderem fragte er mich auch nach Knüpfer.

»Ich habe deine Bitte nicht vergessen, habibi«, sagte ich ihm. »Was willst du über ihn wissen? Seine fachlichen Qualifikationen...«

»Darüber sind wir ausreichend informiert«, unterbrach er mich. »Aber sonst wissen wir sehr wenig über den Mann. Kaum etwas über seinen Charaker und so.«

»Er ist ein ziemlich schüchterner und zurückhaltender Mensch«, erklärte ich ihm. »Seinen Mitarbeitern gegenüber ist er streng und penibel, und er hat keine privaten Kontakte zu ihnen. Und vor allem eines: Mit Außenstehenden spricht er niemals über seine Arbeit.«

Das entsprach völlig der Wahrheit. Natürlich erwähnte ich nicht, daß mich seine Frau über alles, was ihr Mann machte, genauestens auf dem laufenden hielt. Wenn sie erst einmal anfing zu reden, konnte sie nichts mehr aufhalten.

»Das ist schon mal gut«, meinte Fouad. »Wie ist er politisch eingestellt? Was denkt er über Ägypten?«

»Um ganz aufrichtig zu sein, Fouad«, sagte ich zögernd, »nicht viel Gutes. Im Dritten Reich haben wir solche Leute Miesmacher genannt. Was man privat von ihm zu hören bekommt, ist nichts als unberechtigte Kritik. Er beschwert sich über den Präsidenten, über das Regime und vor allem über die Rüstungsindustrie. Für nichts und niemand hat er ein gutes Wort übrig. Immer wird nur gemeckert.«

Das war eine glatte Lüge. Was immer Knüpfers fachliche Fähigkeiten sein mochten, für Politik interessierte er sich nicht im geringsten. Er hatte eine gut dotierte Stellung, lebte im Überfluß und konnte sich beträchtliche Ersparnisse auf die hohe Kante legen. Nichts anderes interessierte ihn, und er beschwerte sich ganz bestimmt nicht über die Vereinigte Arabische Republik, die ihn so großzügig bezahlte. Doch hatte ich gute Gründe dafür, Fouad eine Geschichte zu erzählen, die ihn mißtrauisch machen würde.

Wie ich die Ägypter kannte, würde man Knüpfer von nun an auf Schritt und Tritt nachspüren. Alles, was er tat und sagte, würde verdächtig erscheinen und genau überprüft werden, was ihn bei seiner täglichen Arbeit weitgehend behindern würde. Bald würde ihn das so irritieren, daß es zu einer Krise kommen würde. Das hoffte ich jedenfalls. Es wäre nicht das erste Mal, daß größere Projekte an dem gegenseitigen Mißtrauen zwischen ägyptischen Auftraggebern und ausländischen Experten scheiterten. Alles, was ich zur Verzögerung der Raketenproduktion beitragen konnte, war im Sinne meines Auftrages.

Zu Waltrauds Geburtstag hatten sich ihre Eltern auf einen Besuch von drei Wochen bei uns angesagt. Am 16. Februar 1965 wurde meine Frau dreiunddreißig Jahre alt. Ihre Eltern waren einfache, biedere Leute aus Heilbronn, wo der Vater eine kleine Stahlbürstenfabrik besaß. Wir hatten sie dort schon mehrmals besucht, doch mehr als ein paar Tage hielt es Waltraud – so sehr sie ihre Eltern mochte – in dem kleinbürgerlichen Milieu nicht aus. Doch jetzt war sie ganz aus dem Häuschen. Sie stellte einen Extra-Diener ein, der das Haus vom Keller bis zum Boden schrubbte, bohnerte und polierte. Auf meine ironische Frage, ob ihre Eltern es denn gewöhnt seien, vom Fußboden zu essen, erwiderte Waltraud ernst, ihre Mutter solle sie nicht für eine schlechte Hausfrau halten.

Zu meinem Entsetzen erschienen auch die Maler, die dem Haus von außen einen neuen (und völlig überflüssigen) Anstrich gaben. Die Anwesenheit der Eltern würde mich mit zusätzlichen Problemen belasten. Ich mußte noch vorsichtiger sein als sonst. Keinesfalls durften sie etwas von der geheimdienstlichen Tätigkeit ihres Schwiegersohns, des reichen Pferdezüchters, auch nur ahnen.

Beim Schreiben der Einladungen zur Geburtstagsfeier stellte sich heraus, daß unser Haus – so geräumig es war – die vielen Gäste nicht aufnehmen konnte. Wir beschlossen also, nicht eine, sondern drei Geburtstagsparties hintereinander zu veranstalten und die Gäste entsprechend aufzuteilen. Die erste sollte am 16. Februar für die Familie und unsere engsten Freunde, wie Abdo, Fouad, Youssef Ghorab und noch ein paar andere sein, die zweite am nächsten Abend für den Rest unserer ägyptischen Bekannten und die dritte einen Tag später für unsere deutschen und österreichischen Freunde aus der Rüstungsindustrie. Am 19. Februar würden wir dann auf drei Tage nach Alexandria und Mersa Matrouh fahren.

Waltrauds Eltern waren von dem Leben, das wir in Kairo führten, äußerst beeindruckt; auch imponierte ihnen die Tatsache, daß so viele Generale zu unseren Intimfreunden zählten. Bei der ersten Geburtstagsfeier erschienen gleich drei. Haus und Garten waren festlich erleuchtet, und unsere Diener trugen nagelneue Gewänder, die Waltraud ihnen gekauft hatte, dazu weiße Handschuhe.

Stolz führte Waltraud den Ring vor, den ich ihr zum Geburtstag geschenkt hatte, einen zweieinhalb-karätigen Solitär, in Platin gefaßt. Alle bewunderten den Ring gebührend. Wer konnte auch ahnen, daß er ihr weniger als eine Woche gehören würde!

Der zweite Abend war »beruflich« nicht besonders ergiebig, doch von dem dritten versprach ich mir viel. In den letzten Monaten war allen Beteiligten deutlich geworden, daß die landeseigene Produktion von Kampfflugzeugen, auf die Nasser große Hoffnungen gesetzt hatte, ein jämmerliches Fiasko war. Der

Abfangjäger HA 300, der schon längst in Serienproduktion hätte gehen sollen, war immer noch im Versuchsstadium. Sechs Jahre und über fünfhundert Millionen Pfund hatte man bis jetzt auf das Projekt verschwendet. Die Ägypter warfen den Experten vor, elend versagt zu haben, und diese schoben die Schuld wiederum den Ägyptern zu. Wo und wann immer deutsche Flugzeugkonstrukteure zusammenkamen, war dies ihr Hauptgesprächsthema, und aus diesem Grunde hatte ich fast sämtliche Abteilungsleiter der Flugzeugindustrie zu Waltrauds Geburtstagsparty geladen.

Sie enttäuschten mich nicht. Nach einem opulenten Buffet und mehreren Drinks kam man zum Thema. Ein Herr Stengel, der mit der Triebwerkkonstruktion betraut war, versuchte zu beweisen, daß es, zumindest in seiner Abteilung, nichts zu bemängeln gäbe.

»Es dauert eben ein bißchen länger, als wir gedacht hatten«, rief er mit hochrotem Kopf und heiserer Stimme. Der Alkohol war ihm schon anzumerken. »Das ist ganz normal. Wir sind ja keine Montagefirma, die nur ein paar Nieten und Schrauben zusammensetzt. Wir entwickeln einen ganz neuen Flugzeugtyp, der den Luftkrieg im Nahen Osten revolutionieren wird. Das schafft man nicht von heute auf morgen. Und wir machen zufriedenstellende Fortschritte. Mehr als zufriedenstellend!«

Vogelsang lachte höhnisch auf. »Höchst zufriedenstellend, ha! Warum fällt Ihr saublödes Aggregat dann jedesmal auseinander, wenn wir es auf dem Prüfstand laufen lassen? Nicht nur ein- oder zweimal, sondern jedesmal von neuem. Können Sie mir das erklären, Herr Stengel?«

»Was für ein Dummkopf Sie doch sind!« brüllte Stengel. »Seit wann sind Sie ein Ingenieur, Vogelsang? Bleiben Sie doch bei Ihren Lohnlisten und Gummistempeln. Sie reden daher wie einer von diesen ägyptischen Trotteln, mit denen wir arbeiten müssen. Ein Prüfstand hat den Zweck, Konstruktionsfehler aufzudecken, damit man sie beseitigen kann. Wenn Sie auch nur ein Fünkchen technisches Verständnis besäßen, wüßten Sie, daß ein Prototyp ein dutzendmal, ach, hundertmal getestet werden muß, und daß nach jedem Versuch Änderungen durchgeführt werden müssen.«

Vogelsang kniff die Lippen zusammen. »Damit, daß Sie mich beleidigen, kriegen Sie Ihre Maschine auch nicht schneller in die Luft. Ich mag kein Techniker sein, aber ich weiß, daß es Ihre Abteilung ist, die jahrelang hinter dem Zeitplan zurückhängt. Bei den Messerschmitt-Leuten ist der Rumpf fertig bis zum letzten Schräubchen. Alles, was dem HA 300 zum Fliegen fehlt, ist das Triebwerk – in Ihren Augen eine ganz unwesentliche Kleinigkeit.«

»Die Messerschmitt-Leute fertig? Sie sind wohl betrunken! Die sind kein Stück weiter als wir, und ich werde Ihnen sagen warum.«

Gute zwanzig Minuten erläuterte er den genauen Produktionsvorgang und gab eine Zusammenfassung aller technischen Daten, die von den anderen noch ergänzt wurden. Ich entschuldigte mich und ging auf die Toilette, um mir das Wichtigste in Stichworten zu notieren. Ich hatte lange erwogen, unter der Bar oder an einem anderen geeigneten Platz ein Tonbandgerät anzubringen, um Gespräche dieser Art auf Band aufzunehmen. Aber das wäre meinem Dienstpersonal nicht entgangen und sofort gemeldet worden. Ein zu großes Risiko. Ich war also gezwungen, auf Methoden zurückzugreifen, wie sie im alten Rom schon gang und gäbe waren.

Als ich zurückkam und mich erneut der Diskussionsrunde anschloß, standen sich Stengel und Vogelsang immer noch wie Kampfhähne gegenüber, während die anderen dieser oder jener Seite sekundierten. Stengels Frau, eine hagere, blasse Blondine, die in Gegenwart ihres Mannes nur selten den Mund aufmachte, trat von hinten an mich heran und berührte meinen Arm.

»Tun Sie mir einen Gefallen, Herr Lotz«, flüsterte sie mir zu, »und geben Sie Erich nicht soviel zu trinken. Sie wissen doch, wie schwierig er wird, wenn er einen zuviel hat.«

Sie hatte ganz leise gesprochen, doch Stengel hatte trotz seines angetrunkenen Zustands ihre Bemerkung mitbekommen.

»Kümmere dich um deinen eigenen Dreck!« brüllte er sie an. »Geh' zu den anderen Weibern und laß Herrn Lotz in Frieden. Schwierig bin ich? Ich werde dir später schon zeigen, wie schwierig ich sein kann.«

»Daran zweifelt keiner von uns«, bemerkte Vogelsang spitz. Frau Stengel wurde rot und verließ eiligst den Raum.

»Was wollen Sie damit sagen?« schrie Stengel und schlug mit der Faust auf den Bartresen. »Ich verlange eine Antwort, Vogelsang!«

»Wirklich?« fragte Vogelsang verächtlich. »Jeder hier könnte Ihnen eine Antwort geben, Herr Chefingenieur. Die ganze Stadt weiß, daß Sie Ihre Frau regelmäßig verdreschen, wenn Sie blau sind. Und wenn Ihr Sohn versucht, Sie daran zu hindern, fangen Sie eine Schlägerei mit ihm an. Tun Sie doch nicht so unschuldig.«

Stengel sprang von seinem Barhocker und ballte die Fäuste. »Sie lausiger Wiener Zuhälter, Ihnen werde ich Manieren beibringen!« Er machte Anstalten, sich auf Vogelsang zu stürzen, doch ich trat dazwischen.

»Meine Herren! Bitte raufen Sie nicht in meinem Hause«, sagte ich ruhig.

»Herr Lotz hat ganz recht«, sagte Brenner und baute sich ebenfalls vor Stengel auf. »Machen Sie Ihre Streitigkeiten unter sich aus. Setzen Sie sich hin, Stengel, und benehmen Sie sich. Sie auch, Vogelsang. Ich verbiete Ihnen jedes weitere Wort zu diesem Thema.«

»Also gut«, sagte Vogelsang gespreizt, »wechseln wir das Thema aus Respekt für unsere Gastgeber. Aber nicht, weil Sie uns das Wort verbieten, Herr Brenner. Wenn ich mich nicht irre, sind Sie nicht mehr lange in der Lage, hier überhaupt etwas zu verbieten oder zu gestatten.«

»Was soll das heißen?« fragte Brenner gereizt.

»Kommen Sie, Brenner, kommen Sie. Ich will Ihnen nicht zu nahe treten, aber seien Sie doch objektiv. Was meinen Sie denn, wieviele von uns noch lange hier in Ägypten herumsitzen werden? Der allgemeine Auszug ist doch schon in vollem Gange.«

»Das ist leider wahr«, bestätigte Hoffmann, ein anderer Abteilungsleiter. »Mir fehlen jetzt schon zwei Ingenieure und ein Techniker. Drei andere haben mir heute früh mitgeteilt, daß ich nicht mehr lange mit ihnen rechnen könne. Wenn ich keinen Ersatz bekomme, kann ich den Laden dichtmachen.«

»Im Sommer wird es kritisch«, bemerkte Hertz, ein früherer

Flugzeugführer bei der deutschen Luftwaffe. »Ich fürchte, viele der Jungs werden nach dem Sommerurlaub nicht mehr zurückkommen.«

»Aber warum denn nur?« rief Brenner, fast außer sich. »Warum tut man mir das an? Was ist denn so schlecht an der Arbeit hier? Haben die jungen Springer jetzt zuviel Geld? Ihr Gehalt ist dreimal so hoch wie in Deutschland und sechsmal so hoch wie in Österreich. Die Arbeit ist interessant und überfordert keinen. Dazu kommen Vergünstigungen beim Zoll, besondere Devisenkurse und ein Luxusleben, das sie fast nichts kostet. Ich kann diese Deserteure einfach nicht verstehen.«

Hertz lachte. »Für alte Hasen wie Sie und mich sind das natürlich gute Gründe hierzubleiben. Aber die jungen Leute denken da anders. Die sehen hier keine Zukunft. Die haben den ganzen Schwindel hier satt – die Korruption, die Unordnung, die Lügen, die Diebstähle. Viele haben auch Angst.«

»Angst wovor?« fragte Brenner erstaunt.

»Angst, von den Israelis in die Luft gejagt zu werden«, warf Vogelsang ein.

Ich zündete mir eine Zigarette an, inhalierte tief und bemühte mich, Waltraud nicht anzusehen.

»Aber das ist doch Blödsinn«, sagte Brenner wegwerfend.

»Das glaube ich nicht«, meinte Vogelsang. »Jeder, der nicht mit Blindheit geschlagen ist, sieht die Schrift an der Wand.«

»Ja«, stimmte Hoffmann ihm zu, »Sie dramatisieren die Sache vielleicht ein wenig, aber im Prinzip haben Sie recht, Vogelsang. Trotzdem bin ich dafür, hier die Stellung zu halten, solange es geht.«

»Ganz richtig!« rief Brenner. »Wir müssen zu unseren ägyptischen Freunden halten und dürfen sie nicht im Stich lassen.« Er blickte sich verwundert um, als alle laut lachten.

»Das ist Unsinn«, sagte Hoffmann in nüchternem Ton. »Unsere ägyptischen Freunde, wie Sie sie nennen, haben hier kolossalen Mist gebaut. Denen schulden wir gar nichts. Was die Zukunft betrifft, gibt es noch genug andere Länder, die Fachleute wie uns brauchen.«

»Vielleicht finden Sie eine Anstellung in Israel«, sagte Hertz lachend.

»Warum nicht? Meinen Sie, da würde ich nicht hingehen, wenn die Bezahlung gut ist? Ich bin Ingenieur, nicht Politiker. Mit einem guten Vertrag arbeite ich überall.«

Brenner schob sein leeres Glas von sich und stand auf.

»Jetzt reicht's mir«, brummte er. »Ich gehe nach unten.«

»Ich schließe daraus«, sagte Vogelsang grinsend, »daß Sie Herrn Hoffmanns Ansichten nicht teilen.«

»Ich halte seine letzten Bemerkungen für außerordentlich geschmacklos... Ein guter Rat, Hoffmann: Dieses Gerede könnte Sie in große Schwierigkeiten bringen. Ich rate Ihnen sehr, Ihre Zunge im Zaum zu halten – nüchtern oder blau.« Er wandte sich mir zu. »Gute Nacht, Reitersmann. Es war eine reizende Party. Bitte entschuldigen Sie das Benehmen meiner Kollegen. Die meinen das gar nicht so. Wir sind dieser Tage alle etwas nervös und abgespannt.« Er ging sich von Waltraud und ihren Eltern verabscheiden.

In den frühen Morgenstunden wankte der letzte Gast aus unserem Haus.

»Ich fürchtete schon, die würden zum Frühstück bleiben«, sagte Waltraud gähnend.

»Es war ein sehr aufschlußreicher Abend«, sagte ich, »obgleich mir vieles von dem, was sie erzählt haben, schon bekannt war. Bei den Raketen soll es ähnlich zugehen, wenn auch nicht ganz so schlimm. Die sind wenigstens abschußbereit, wenn auch die Steuerung immer noch nicht richtig funktioniert. Knüpfers fahren ja mit uns nach Mersa Matrouh – da werde ich wohl eine Gelegenheit finden, mit Charlie Tacheles zu reden. Aber jetzt marsch ins Bett. Um acht fahren wir los, uns bleiben allenfalls noch drei Stunden Schlaf.«

Kaum hatte ich mich hingelegt, war ich auch schon eingeschlafen. Im allgemeinen glaube ich nicht an Vorahnungen, aber diese Nacht träumte ich von einem kleinen Pelztier, das in einer Falle saß. Ich konnte mir nicht erklären, warum der Traum mich noch den ganzen nächsten Tag über beunruhigte.

Mit einiger Verspätung brachen wir am nächsten Morgen nach Mersa Matrouh auf. Youssef Ghorab hatte darauf bestanden, daß wir ihm vor Abreise der Eltern einen Besuch abstatteten, und es war eine gute Gelegenheit, den Eltern wenigstens einen Teil von Ägypten zu zeigen. Knüpfers, die das Land auch noch nicht kannten, waren mit von der Partie und freuten sich, in mir einen landeskundigen Fremdenführer gefunden zu haben.

Wir nahmen die Delta-Straße nach Alexandria, die – im Gegensatz zur Wüstenstraße – durch eine üppig grüne, fruchtbare Gegend mit zahlreichen Dörfern und Kleinstädten verläuft. Waltrauds Eltern saßen bei uns im Wagen, Knüpfers folgten in ihrem. Den Nachmittag verbrachten wir mit der Besichtigung von Alexandria, wobei wir bei jeder Gelegenheit Aufnahmen machten. Am Abend führte ich sie alle in die Santa Lucia Bar, wo es mir gelang, Charlie Knüpfer zum Trinken einer halben Flasche Black Label zu animieren. Das war zuviel. Anstatt redselig zu werden, wie ich gehofft hatte, wurde ihm schlecht.

»Nächstes Mal mußt du es besser dosieren«, sagte Waltraud zu mir beim Zubettgehen.

Weitere vier Stunden Autofahrt durch die Westwüste brachten uns am nächsten Tag um die Mittagszeit nach Mersa Matrouh, einem Badeort am Mittelmeer und Bezirkshauptstadt. Wir hielten vor dem Palast des Gouverneurs, wo bereits eine mit Gewehren bewaffnete Abteilung der Polizei in weißen Uniformen aufmarschiert war. Als wir ausstiegen, ertönte ein Trompetensignal, die Polizisten präsentierten das Gewehr und der Gouverneur, General Youssef Ghorab, kam gemessenen Schrittes die Stufen herab, seine Gäste zu begrüßen. Nach dem obligatorischen Bruderkuß stellte ich ihm Waltrauds Eltern und das Ehepaar Knüpfer vor, die alle von dem Zeremoniell sichtlich beeindruckt waren.

Beim Mittagessen, einem Festmahl mit acht Gängen, protestierte Youssef dagegen, daß wir nur einen Tag bleiben wollten.

»Was, nur einen Tag!« rief er. »Rusty, ich habe so viel für euch vorbereitet. Dinner-Parties, ein Motorboot zum Tiefseefischen, einen Besuch bei den Beduinen, eine Ghymkhana mit Pferden und Reitkamelen und noch vieles mehr. Das schafft ihr nicht an einem Tag. Ihr müßt eine Woche bleiben oder zwei. Außerdem möchte dir meine Tochter Hanna noch ganz besonders danken, Rusty.«

Als er Marlis Knüpfers erstaunten Blick auffing, beeilte er

sich, ihr das zu erklären: »Sehen Sie, Madame, ich habe drei Töchter – Inis, Nagwa und Hanna. Es war Gottes Wille, daß ich nur Töchter haben sollte, doch sind es die besten Töchter, die sich ein Mann nur wünschen kann – gesund, hübsch und intelligent. Unglücklicherweise hat Hanna, meine Jüngste – sie ist jetzt neunzehn – das Profil ihres Vaters geerbt: eine große, gebogene Adlernase. Bei einem Mann ist eine solche Nase kein Nachteil. Im Gegenteil, man sagt, es sei ein Zeichen von festem Charakter. Doch für ein junges Mädchen ist ein solcher Schnabel nichts weniger als eine Tragödie. Meine Tochter hatte aber das Glück, daß ihr Vater einen guten und selbstlosen Freund wie Herrn Lotz hat. Er setzte Himmel und Erde in Bewegung, bis er einen erstklassigen Schönheitschirurgen gefunden hatte, einen deutschen Professor, der Hanna operierte. Herrn Lotz' Geburtstagsgeschenk für meine Tochter war das, was sie sich stets am meisten gewünscht hatte: eine Nase von makelloser Schönheit. Sie werden Hanna ja heute noch sehen. Ich möchte dir nochmals danken, Rusty. Und morgen darfst du keinesfalls schon wieder abreisen.«

Ich erklärte ihm, mein Schwiegervater habe in Deutschland dringende geschäftliche Dinge zu erledigen. Schließlich einigten wir uns darauf, noch einen Tag länger zu bleiben und erst am 22. Februar die Rückreise anzutreten.

Die nächsten achtundvierzig Stunden wurden recht hektisch. Wir fuhren durch die nähere Umgebung, besichtigten moderne Landwirtschaftsbetriebe, auf die Youssef besonders stolz war, und wurden überall von den örtlichen Würdenträgern empfangen und bewirtet. Meine Schwiegereltern amüsierten sich besonders über das, was Waltraud »Lotz Museum« nannte. In einer riesigen Glasvitrine hatte Youssef alles ausgestellt, was ich ihm im Laufe der letzten vier Jahre geschenkt hatte: Tonbandgeräte verschiedener Größen, Kameras, Elektro-Mixer, elektrische Zahnbürsten, Elektrorasierer, Feldstecher und viele andere Dinge. Alles Sachen, die in Ägypten schwer zu bekommen und so teuer waren, daß Youssef nicht im Traum daran gedacht hätte, sie wirklich zu benutzen. Statt dessen hatte er sie ausgestellt wie wertvolle Gemälde.

Waltraud erklärte alles ihren Eltern. Ein Glück, daß Youssef außer einem deutschen Trinklied, das ich ihm vor langer Zeit auf einer Party beigebracht hatte, kein Wort Deutsch verstand. Meine Schwiegereltern waren nicht wenig erstaunt, als der Gouverneur beim Abendessen sein Weinglas erhob und deklamierte:

»Schnaps, das war sein letztes Wort
Dann trugen ihn die Englein fort.«

Nachdem wir auch Hannas neue Nase gebührend bewundert hatten, machten wir uns am 22. Februar gegen Mittag auf den Heimweg. Es wurde eine ermüdende, fast siebenstündige Fahrt. In Kairo angekommen, hielten wir an der Pyramid Road und verabschiedeten uns von den Knüpfers, die in eine andere Richtung weiterfuhren. Sie dankten uns überschwenglich, und wir verabredeten uns fürs nächste Wochenende. Müde, aber zufrieden und guter Laune legten wir das letzte Stück zurück und hielten vor dem Gartentor unseres Hauses.

»Ich weiß nicht, ob ihr auch so kaputt seid«, sagte ich, »aber was mich betrifft, liege ich heute um neun Uhr im Bett.«

Mir fiel auf, daß weder Gärtner noch mein Hausdiener Osman herausgekommen waren, um das Garagentor zu öffnen und unser Gepäck in Empfang zu nehmen. Ich hupte ein paarmal. Nichts rührte sich. »Faule Bande«, brummte ich verärgert. »Alles schläft mal wieder.« Ich stieg aus dem Wagen und drückte wütend auf die Klingel am Gartentor. Auf der anderen Straßenseite waren vier schwere Limousinen geparkt, vollbesetzt mit stämmmigen Männern in dunklen Anzügen, die ich jedoch nicht weiter beachtete.

Wäre ich nicht so müde gewesen und verärgert über die vermeintliche Nachlässigkeit meines Dienstpersonals, hätte mir ein Blick genügt, um zu erkennen, daß es sich bei den Insassen der Limousinen um »Geheime« handelte. Doch diese Erkenntnis hätte mir auch nicht mehr viel genützt.

Sekunden später war ich von einem Dutzend Männern umringt, die alle ihre Pistolen auf mich richteten. Einer – ein wahrer Riese von einem Kerl – packte mich am Revers und brüllte: »Uaef andak – stehenbleiben!« Gleichzeitig traf mich ein heftiger Schlag auf den Hinterkopf – wahrscheinlich von einer Pistole – und ich fiel auf den Gehsteig vor dem Haus. Benommen spürte ich, wie die Handschellen zuschnappten und man mich durch den Garten ins Haus zerrte.

X
Die Wahrheit, Herr Lotz!

»Bringt sie rein, schnell. Kein Aufsehen. Haltet sie getrennt.« Ein untersetzter, dicklicher Mensch schien die Aktion zu leiten. Die Haustür stand plötzlich offen, und man zerrte mich ins Wohnzimmer. Dort setzte man mich in einen Sessel, wobei mich zwei kräftige Männer – trotz der Handschellen, mit denen ich gefesselt war – an den Armen festhielten. Ein anderer brachte ein Glas Wasser aus der Küche und hielt es mir an die Lippen.

»Trinken Sie, Mr. Lotz«, sagte er nicht unfreundlich. »Es wird Ihnen gleich besser gehen.«

In der Tat kam ich schnell wieder zu mir und sah mich im Zimmer um.

»Wo ist meine Frau?« fragte ich auf englisch.

Ein schlanker, dunkelhäutiger Mann mit schwarzem Schnurrbart und Sonnenbrille fixierte mich grimmig.

»Sprechen Sie ruhig arabisch«, knurrte er mich an. »Wir wissen, daß Sie unsere Sprache weit besser beherrschen, als Sie zugeben.«

Ich wiederholte meine Frage auf arabisch.

»Ihre Frau ist nicht hier«, sagte er barsch. »Sie werden sie längere Zeit nicht zu sehen bekommen, vielleicht nie wieder. Es wäre besser für Sie, uns alles zu sagen. Die Wahrheit, Mr. Lotz! Sie sind ein Spion. Wer sind die anderen Mitglieder Ihrer Organisation. Nennen Sie uns sofort die Namen Ihrer Komplizen!«

Ich mußte es mit Chuzpe versuchen, keinesfalls durfte ich mich einschüchtern lassen. Vielleicht hatten sie nur einen vagen Verdacht. Ich konnte mir nicht vorstellen, woher sie irgendwelches Beweismaterial hätten haben können.

»Wer sind Sie überhaupt?« schrie ich ihn an. »Was soll dieser verbrecherische Unfug? Was fällt Ihnen ein, mich in meinem eigenen Haus so zu behandeln!«

Er schlug mich mit dem Handrücken zweimal ins Gesicht.

»Wie reden Sie mit mir? Sie wissen ganz genau, warum wir hier sind.«

Der Dicke, der vorhin die Befehle gegeben hatte, schob die anderen zur Seite und drängte sich heran.

«Lassen Sie mich das machen, Hassan Bey. Sie können ihn später haben.« Dann sprach er mich auf englisch an: »Mein Name ist Samir Nagy, Generalstaatsanwalt des Sicherheitsdienstes. Sie sind verhaftet.«

»Verhaftet? Weswegen?«

»Ich glaube, Sie wissen sehr wohl, warum wir Sie verhaftet haben, Mr. Lotz.«

»Machen Sie sich nicht lächerlich, Mann. Warum, um alles in der Welt, sollte man mich verhaften? Lassen Sie mich ans Telefon, und dieses dumme Mißverständnis wird sich sehr bald aufklären.«

»Meinen Sie? Wen wollen Sie denn anrufen, Mr. Lotz?«

»Zuerst einmal den deutschen Botschafter. Ich werde mich darüber beschweren, wie angesehene deutsche Staatsbürger von Ihren miesen Schlägern mißhandelt werden.«

»Ich würde Ihnen raten, in der Wahl Ihrer Ausdrücke vorsichtiger zu sein, Mr. Lotz. Sonst könnten Sie es bereuen.«

»Es wird sich später zeigen, wer was zu bereuen hat, Mr. Nagy. Geben Sie mir das Telefon.«

»Wen wollen Sie denn anrufen, Freunde?«

»Sehr gute Freunde sogar. Einer ist Gouverneur des westlichen Distriks. Er wird zweifellos für mich garantieren.«

Der Dicke lächelte. Wenn er lächelte, wirkte er nicht unsympathisch. Seine Augen und seine Sprechweise verrieten einen hohen Grad von Intelligenz.

»Der General ist bereits auf dem Wege nach Kairo«, sagte er. »Bedauerlicherweise ist der General im Augenblick nicht in der Lage, sich für Sie einzusetzen.«

»Was meinen Sie damit?«

»Er ist ebenfalls verhaftet. Wir werden bald herausfinden, in welcher Verbindung er zu Ihnen stand. Hat er für Sie gearbeitet?«

Der Schreck fuhr mir durch die Glieder. Wenn man schon einen Mann wie General Ghorab festnahm, mußte mehr vorliegen als nur ein Verdacht.

»Das Ganze ist zu absurd für Worte. Sie dringen in mein Haus ein, schlagen mich zusammen und bezichtigen mich der Spionage. Sie ängstigen meine Frau und meine Verwandten, Sie verleumden meine Freunde – mit welcher Begründung? Was für Anhaltspunkte haben Sie für Ihre phantastischen Beschuldigungen? Rufen Sie General Fouad Osman vom militärischen Abschirmdienst an, rufen Sie General Abdel Salaam Suleiman an – beim Oberkommando der Streitkräfte, oder Oberst Mohsen Sabri...«

Er schüttelte den Kopf und unterbrach mich mit überlegenem Lächeln. »Das hilft alles nichts, Mr. Lotz. Wir kennen Ihren gesamten Freundeskreis. Die meisten Ihrer Freunde sind heute nachmittag verhaftet worden beziehungsweise vorübergehend festgenommen, bis die Ermittlungen ergeben, wie weit sie an Ihrer Tätigkeit beteiligt waren oder nur die einfältigen Opfer Ihrer Machenschaften. Sie sind sehr clever, Mr. Lotz, das gebe ich gern zu, aber der Geheimdienst der Vereinigten Arabischen Republik zählt zu den besten der Welt. Wie lange dachten Sie denn, uns an der Nase herumführen zu können?«

»Jetzt hören Sie mir mal zu, Mr. Nagy...«

Er hob die Hand. »Ich werde Ihnen zuhören, Mr. Lotz. Ich werde allem zuhören, was Sie mir sagen wollen. Jedem Wort. Das verspreche ich Ihnen. Jetzt haben wir Wichtigeres zu tun.« Er wandte sich seinen Leuten zu. »Alles durchsuchen.«

Mindestens zehn Männer verteilten sich im Erdgeschoß und begannen mit der Durchsuchung. Soweit ich sehen konnte, ging man nicht allzu gründlich vor. Man zog ein paar Schubladen auf, wühlte ein wenig in den Bücherregalen und suchte hinter der Bar, deren Inhalt, wie ich bemerkte, bereits verschwunden war. Meine Hoffnungen stiegen wieder. Wenn sie das Funkgerät in der Badezimmerwaage nicht entdeckten, hatten sie keinerlei stichhaltiges Beweismaterial gegen mich. Andererseits waren sie ihrer Sache zu sicher. Auch die Muhabarat el Amma würde es kaum wagen, Angehörige des Generalstabs, einen Gouverneur und sogar einen Abwehrgeneral festzunehmen, wenn nicht etwas Handfestes gegen sie vorläge. Das einzige, was man gegen sie vorbringen konnte, war, daß sie meine Freunde waren – also mußte etwas besonders Schwerwiegendes gegen mich vorliegen. Aber was?

Einer der Leute meldete Nagy, man habe im Erdgeschoß nichts Verdächtiges gefunden. Der Generalstaatsanwalt nickte, als habe er nichts anderes erwartet.

»Gehen wir jetzt hinauf«, forderte er mich auf.

Von meinen zwei Wächtern immer noch an den Armen festgehalten, folgte ich ihm die Treppe hinauf ins Schlafzimmer. Die meisten anderen folgten ebenfalls. Nagy nahm auf einem bequemen Stuhl Platz und bedeutete auch mir, mich zu setzen.

»Ein schönes, großes Schlafzimmer«, sagte er bewundernd. »Was verwahren Sie in diesen Schränken, Mr. Lotz?«

Er zeigte auf vier große Mahagoni-Schränke, die mit Sicherheitsschlössern versehen waren. In Ägypten war es durchaus üblich, alle Gegenstände, die einen gewissen Wert besaßen, wegzuschließen, wenn man das Haus verließ. Man durfte die Ehrlichkeit des Personals auf keine zu harte Probe stellen.

»Die Schränke enthalten Kleider und Hausrat«, erwiderte ich. »Ach so. Haben Sie den Schlüssel zu diesem hier?« fragte er und zeigte auf den zweiten Schrank von rechts, in dem ich ein paar Elektrogeräte und die Badezimmerwaage aufbewahrte.

»Die Schlüssel sind in meiner Hosentasche«, sagte ich. »Wenn Sie mir diese Handschellen abnehmen lassen, kann ich sie Ihnen geben.«

»Danke, aber wir bedienen uns selbst. Mahfous, durchsuche ihn und leere seine Taschen aus.«

Der Angesprochene, ein Mann Mitte Vierzig und damit älter als die meisten der anderen, der eher einem Engländer als einem Ägypter ähnelte, kramte in meinen Taschen herum und förderte ihren Inhalt zutage: meine Brieftasche, Schlüssel, Papiere, Zigaretten, Feuerzeug und ein paar Münzen.

Nagy sah sich alles genau an und warf auch einen Blick in meine Brieftasche, in der sich etwa achthundert Pfund in verschiedenen Währungen befanden.

»Sie tragen eine Menge Geld bei sich, Mr. Lotz. Warum?«

»Es ist mein Geld«, erwiderte ich. »Ich habe es niemandem gestohlen.«

»Gott behüte!« rief er mit ironischem Entsetzen. »Ein Gentleman wie Sie hat es doch nicht nötig zu stehlen. Der Mossad bezahlt Sie wahrscheinlich sehr gut.«

»Aber das ist doch Irrsinn, was Sie da reden!« empörte ich mich.

»Meinen Sie? Dann sehen wir doch mal in diesem Schrank nach.« Er übergab Mahfous die Schlüssel, und dieser öffnete den Schrank, auf den Nagy deutete.

»Sie haben hier eine hübsche Kollektion von Elektrogeräten«, meinte Nagy. »Sehr nützlich. Und was ist das? Eine Badezimmerwaage!« Seine Stimme triefte vor Ironie. »Wiegen Sie sich mit diesem Gerät jeden Morgen, Mr. Lotz?«

»Gewiß.« Ich bemühte mich, es ihm an Ironie gleichzutun. »Wollen Sie sich auch einmal wiegen, Mr. Nagy? Bedienen Sie sich.«

Er lachte. »Nein danke, Mr. Lotz. Es deprimiert mich immer wieder, wenn ich sehe, wieviel ich wiege. Außerdem«, fügte er bedeutungsvoll hinzu, »möchte ich den feinen Mechanismus nicht kaputtmachen. Man kann mit solchen Gegenständen gar nicht vorsichtig genug umgehen.«

»Mach' das Ding auf«, wies er Mahfous an, der daraufhin grinsend den Deckel anhob und das kleine Funkgerät herausnahm. Jetzt wurde mir alles klar. Der Deckel wurde normalerweise von zwei starken Federn festgehalten und konnte nur geöffnet werden, indem man die Federn durch einen Schlitz an der Seite mit einem Spezialschlüssel, der wie ein gewöhnlicher Schraubenzieher aussah, entspannte. Offenbar hatte man die Waage mit Gewalt aufgebrochen und später den Deckel wieder locker auf seinen Platz gelegt. Kein Wunder, daß sie ihrer Sache so sicher waren!

Samir Nagy und ich blickten uns in die Augen. Keiner von uns sprach ein Wort. Dann nickte er mir fast teilnehmend zu und sagte: »Jetzt wollen wir uns mal literarisch beschäftigen.«

Er trat an das Bücherregal heran, das über dem kleinen Sekretär, der im Schlafzimmer stand, angebracht war, und begann die Buchtitel zu lesen.

Wie schon erwähnt, gebrauchte ich einen Buch-Code zur Ver- und Entschlüsselung meiner Funksprüche. Dafür kann jedes beliebige Buch verwendet werden, vorausgesetzt, der Funkpartner am anderen Ende benutzt das gleiche Buch. Wir wechselten den Code – und natürlich auch das Buch – alle sechs Monate. Das jetzige war ein Roman von Lehmann, ›Der Herrgott der Pferde‹. Das paßte zu mir und meiner Tarnung.

Damit nun ein einzelnes Buch, das monatelang auf dem Sekretär in meinem Schlafzimmer herumlag, niemandem auffiel, hatte ich ein Regal anbringen lassen, auf dem etwa dreißig Bücher ähnlichen Formats standen. Wer den Titel des Code-Buchs sowie die entsprechenden Nummern der zu verwendenden Seiten nicht kannte, hätte kaum jemals das richtige Buch finden können, es sei denn, er hätte nicht nur jede einzelne Seite, sondern auch jede Zeile sämtlicher Bücher im Regal ausprobiert – praktisch ein Ding der Unmöglichkeit.

Um so mehr erschrak ich, als Samir Nagy mit triumphierendem Lächeln mein Code-Buch ›Der Herrgott der Pferde‹ aus dem Regal nahm und mir entgegenhielt.

»Dieses Buch sollten wir nicht vergessen, Mr. Lotz«, sagte er ruhig. »Es wird uns bei der Entschlüsselung Ihrer Funksprüche, die wir abgefangen haben, noch unschätzbare Dienste leisten. Behaupten Sie immer noch, nicht zu wissen, warum Sie verhaftet sind?«

Ich schwieg. Er schien auch keine Antwort erwartet zu haben. Er nickte einem hageren kleinen Mann zu, der neben der Tür stand und sich Notizen machte. »Setzen Sie ein Protokoll auf, Hamdy.« Der Mann setzte sich an meinen Sekretär, nahm Schreibblock und Kugelschreiber zur Hand und schrieb auf, was Nagy ihm diktierte:

»Aufgrund von Hinweisen durchsuchte ich, Samir Nagy, Generalstaatsanwalt für Fragen der Staatssicherheit, in Zusammenarbeit mit Herrn Hassan Aleesh und einer Abteilung der Muhabarat el Amma am 22. Februar 1965 um 20.30 Uhr das Wohnhaus des deutschen Staatsbürgers Johann Wolfgang Lotz in der Scharia Mahmoud Ghaleb 11, Giza. Es wurde ein Funkgerät in einer speziell dafür konstruierten Badezimmerwaage entdeckt sowie ein Code-Buch und ein Zahlen-Code zum Verschlüsseln geheimer Funksprüche gefunden. Fotos der genannten Gegenstände sind diesem Protokoll beigefügt. Die folgenden deutschen Staatsbürger wurden an dem genannten Ort zur genannten Zeit festgenommen: Johann Wolfgang Lotz, seine Ehefrau Waltraud Clara Martha Lotz sowie deren Eltern, die Eheleute Otto und Clara Neumann. Bei der Festnahme bestritt Lotz jede Spionagetätigkeit. Mit den Beweisstücken konfrontiert, machte er keine weitere Aussage. – Das ist alles, Hamdy. Geben Sie mir das Protokoll zur Unterschrift. Der Fotograf soll hereinkommen.«

Nachdem man das Zimmer, das Funkgerät und mich selbst aus jedem erdenklichen Blickwinkel fotografiert hatte, führte man mich zu einem der wartenden Autos und verband mir die Augen mit einem Tuch. Wir fuhren mit hoher Geschwindigkeit ungefähr eine halbe Stunde lang. In jeder Kurve wurde ich gegen einen meiner zwei Bewacher, zwischen denen ich saß, geworfen. Einmal hob ich den Kopf und versuchte, unter der Augenbinde hervorzuschauen. Das brachte mir lediglich einen Schlag auf den Kopf ein und den barschen Befehl, stillzusitzen.

Schließlich hielt der Wagen an. Ich hörte, wie ein Tor geöffnet wurde. Dann fuhren wir noch ein paar Meter und hielten wieder. Ich wurde aus dem Auto gestoßen und stolperte drei oder vier Stufen hinunter.

»Behaltet ihn hier, bis wir drinnen fertig sind«, hörte ich die Stimme von Hassan Aleesh. »Sprecht nicht mit ihm und schlagt ihn vorläufig noch nicht.«

Zusätzlich zu meiner Augenbinde stülpte man mir noch eine Art Kapuze über den Kopf und ließ mich stehen. Schwere Stiefel gingen unmittelbar vor mir auf und ab. Zuweilen hörte ich jemanden flüstern, konnte aber nichts verstehen.

Dann schrie plötzlich aus einiger Entfernung eine Frauenstimme auf arabisch: »W'allahi – bei Gott, ich weiß nichts davon! Nichts, überhaupt nichts! Ich schwöre es. Hört endlich auf, mich zu quälen! Aufhören! Ich sage alles, was ihr wollt, aber hört auf damit!«

Ich glaubte, Nadia Kiesows Stimme zu erkennen, war mir aber nicht sicher. Dann, ganz unverkennbar, die Stimme von Gerhard Bauch: »Lassen Sie mich hier raus«, bat er in weinerlichem Ton auf englisch. »Lassen Sie mich mit einem Ihrer leitenden Herren sprechen. Ich sage alles aus, was ich weiß, das verspreche ich Ihnen. Ich weiß eine ganze Menge.«

Mein Gott, dachte ich mir, haben die denn alle meine Bekannten festgenommen? Das hatten sie. Wie ich viel später erfuhr, waren es insgesamt ungefähr hundertzwanzig Personen.

Nach einer Zeitspanne, die mir wie eine Stunde vorkam, obgleich es wahrscheinlich viel weniger war, nahm mir jemand die Handschellen ab, ergriff meinen Arm und befahl mir mitzukommen. Er führte mich noch ein paar Stufen hinunter, dann um zwei Ecken und durch eine Tür. Dort nahm er mir die Kapuze und die Augenbinde ab.

Ich befand mich in einem länglichen, ungefähr fünf Quadratmeter großen Raum. Am hinteren Ende stand ein großer Tisch mit grünem Stoffbezug. Hinter dem Tisch saßen drei Männer. In der Mitte Hassan Aleesh, flankiert von Mahfous und einem breitschultrigen, athletisch aussehenden Mann, den Aleesh vorhin, während der Hausdurchsuchung, als Abdel Hakim angesprochen hatte. Auf meiner Seite des Tisches befand sich eine Art Klavierhocker, dessen eiserner Fuß im Boden einzementiert war.

Aleesh forderte mich auf, mich zu setzen. Der Hocker war alles andere als bequem, aber nach dem langen Stehen verspürte ich trotz allem eine gewisse Erleichterung.

Aleesh drückte auf einen Knopf, worauf zwei grelle Lampen aufflammten und mich blendeten.

»Nennen Sie mich Mahmoud, Mr. Lotz. Das ist natürlich nicht mein wirklicher Name, aber für den Augenblick genügt er.«

Er wußte offenbar nicht, daß mir sein richtiger Name bereits bekannt war. Obgleich ich ihm nie zuvor begegnet war, wußte ich seit langem, daß Hassan Aleesh das Amt eines stellvertretenden Chefs der Muhabarat el Amma bekleidete.

»Wie ist das mit Ihnen?« fuhr er fort. »Ist Lotz Ihr richtiger Name?«

»Gewiß«, erwiderte ich. »Das geht schon aus meinen Papieren hervor.«

Er lachte. »Mit Papieren kann man alles mögliche machen. Haben Sie noch andere Namen?«

»Natürlich nicht. Wozu auch?«

»Nun, so etwas kommt in Ihrem Beruf doch vor – oder sollte ich sagen, in unserem Beruf. Wir sind ja gewissermaßen Kollegen, Mr. Lotz, und sollten uns gegenseitig respektieren. Sie sind gefaßt worden. Das ist Pech, bedeutet aber noch lange nicht das Ende der Welt. Sie müssen das sehen wie ein Sportler, der ein Match verloren hat. Wir können Ihnen sehr behilflich sein, aber Sie müssen kooperieren. Ich bin sicher, daß Sie das tun werden, denn es liegt ja in Ihrem eigenen Interesse. Statt gehenkt zu werden, würden Sie, wenn wir das befürworten, vielleicht nur drei oder vier Jahre bekommen – das hängt alles von Ihnen ab. Wie fühlen Sie sich jetzt? Möchten Sie einen Kaffee?«

»Ja, gern.«

Er klatschte in die Hände und befahl der Wache, die draußen auf dem Flur postiert war, Kaffee zu bringen.

»Eine Zigarette?« Er hielt mir eine Packung Belmont-Zigaretten hin. Ich nahm mir eine, und er gab mir Feuer.

»Ich hätte ganz gerne meine eigenen Zigaretten wieder«, sagte ich.

»Aber natürlich. Jede Sorte, die Sie wollen.« Er lehnte sich zurück und inhalierte tief. »Nun zum Thema, Mr. Lotz. In den nächsten Tagen und Wochen werden wir viele Gespräche führen. Damit Sie nicht Ihre Zeit – und unsere – mit sinnlosem Leugnen vergeuden, will ich Ihnen jetzt einen Teil des Beweismaterials zeigen, das gegen Sie vorliegt. Glauben Sie mir, wir wissen alles über Ihre Tätigkeit.«

Aus einer Schublade holte er zwei dicke Aktenordner hervor und legte sie vor mir auf den Tisch. »Lesen Sie das mal durch. Lassen Sie sich Zeit.«

»Würden Sie bitte diese Lampen ausschalten«, sagte ich. »Sie blenden mich, daß ich kaum etwas sehen kann.«

Er schaltete sie aus, und ich begann die Akten durchzusehen. Sauber abgeheftet hatte ich hier genaue Aufzeichnungen meiner Funksprüche vor mir. Soweit ich das ohne mein Code-Buch feststellen konnte, lagen die ersten schon etwa zwei Jahre zurück. Saubere Arbeit, doch ohne den Code wertlos. Aber jetzt...

»Das gibt Ihnen zu denken, nicht wahr, Mr. Lotz?« sagte Aleesh. »Wir haben Ihre Funksprüche fast drei Jahre lang aufgezeichnet. Dieser Ordner hier enthält die eingegangenen Funksprüche, der andere die von Ihnen gesendeten. Zweifellos erkennen Sie sie auch in verschlüsselter Form. Jetzt, wo wir Ihren Buch-Code haben, sind unsere Experten bereits an der Arbeit, Ihre Funksprüche zu entschlüsseln. Eigentlich brauchen wir Ihre Hilfe gar nicht. Der Inhalt Ihrer Funksprüche wird Sie überführen.«

Unglücklicherweise stimmte das. Wenn es ihnen gelang, auch nur ein Dutzend dieser Funksprüche zu entschlüsseln, was ihnen unter Anwendung meines Code-Buches nicht schwerfallen würde, besaßen sie genug belastendes Material gegen mich, um mich nicht nur einmal, sondern dreimal zu hängen. Durch Schweigen oder Leugnen war nichts gewonnen. Im Gegenteil – wenn man mich folterte, was zu den üblichen Methoden der Muhabarat el Amma gehörte, würden sie so ziemlich alles aus mir herausholen, was ich wußte. Andererseits konnte ich sie vielleicht durch eine scheinbar kooperative Haltung und dadurch, daß ich Dinge eingestand, die sie ohnehin schon wußten oder leicht nachprüfen konnten, in die Irre führen. Ich mußte mein ganzes schauspielerisches Talent aufbieten und die Vorstellung meines Lebens – und um mein Leben – geben. Es war nur eine kleine Chance, die sich mir bot – aber die einzige, die ich hatte.

»Nun, was sagen Sie dazu?« fragte mich Aleesh. »Wie urteilen Sie jetzt über den ägyptischen Geheimdienst?«

Ich deutete eine leichte Verbeugung an. »Alle Achtung, meine Herren«, sagte ich. »Hervorragende Arbeit. Mein Kompliment.«

Die drei Männer strahlten vor Selbstzufriedenheit. »Ein Lob von Ihnen ist uns eine Ehre«, sagte Mahfous. »Ich darf auch Ihnen ein Kompliment machen. Sie waren der cleverste Agent, der je in Ägypten tätig war. Ihre Tarnung war perfekt. Wenn nicht Ihr verdammter Sender gewesen wäre, hätten Sie noch zwanzig Jahre weitermachen können und niemand...«

»Genug jetzt«, unterbrach ihn Aleesh. »Wir sind nicht hergekommen, um uns gegenseitig Komplimente zu machen. Dies ist ein Verhör.«

»Es sieht eher nach einer Teestunde aus«, sagte Abdel Hakim auf arabisch. »Ich halte nichts von dieser weichen Tour. Überlassen Sie den Kerl für zwei Stunden mir, und er singt uns die schönsten Lieder vor.«

»Das wird er so oder so. Versuchen wir es erst einmal auf meine Art. Vielleicht kriegen Sie ihn später, Abdel Hakim.« Dann fragte er mich auf englisch: »Wie haben Sie sich entschieden, Mr. Lotz? Wollen Sie mit uns zusammenarbeiten?«

Ich zuckte mit den Schultern. »Ich habe wohl keine andere Wahl. Was mich betrifft, ist das Spiel aus. Da erzähle ich Ihnen am besten alles, was ich weiß.«

»Sehr vernünftig, Mr. Lotz. Sie werden es nicht bereuen. Am Ende werden wir noch gute Freunde. Noch eine Zigarette?«

»Wie ist es Ihnen gelungen, mich zu erwischen?« fragte ich ihn beiläufig, als er mir Feuer gab. »Ich meine, wie sind Sie mir auf die Spur gekommen? Meine Tarnung war doch recht gut, wie Ihr Kollege vorhin bemerkte.«

Aleesh lachte laut auf. »Fühlen Sie sich in Ihrer Berufsehre verletzt, Mr. Lotz? Ich fürchte, ich darf Ihre Frage nicht beantworten. Hier bin ich es, der die Fragen stellt, wenn Sie nichts dagegen haben. Sagen Sie mir folgendes: Wann haben Sie Ihren Code das letzte Mal gewechselt?«

»Vor etwa fünf Monaten.«

»Aha. Und was geschah mit den früheren Codes? Haben Sie die noch?«

»Natürlich nicht«, erwiderte ich wahrheitsgemäß. »Die habe ich anschließend vernichtet. Sie glauben doch nicht etwa, ich hätte sie mir als Souvenir aufgehoben.«

»Das wohl kaum. Erinnern Sie sich an den Inhalt der früheren Funksprüche? Ich meine aus der Zeit, bevor der Code geändert wurde?«

»Das ist lange her. Ich kann mich ganz allgemein an den Inhalt erinnern, aber natürlich nicht Wort für Wort.«

»Nun gut. Darauf kommen wir noch zurück. Jetzt erzählen Sie ein wenig über sich selbst. Wann sind Sie geboren und wo?«

»Am 6. Januar 1921 in Mannheim. Aufgewachsen bin ich in Berlin.«

»Erzählen Sie davon. Wie lange sind Sie in Berlin geblieben? Wohin gingen Sie anschließend? Was haben Sie gemacht?«

»Als ich die Oberschule beendet hatte, brach der Krieg aus und ich kam zur Wehrmacht. Zuerst diente ich in Deutschland, dann im Afrikakorps. Hier in Ägypten geriet ich dann in Gefangenschaft.«

»Welchen Dienstgrad erreichten Sie in der Wehrmacht?«

»Hauptmann.«

»Nur Hauptmann? Ich glaube, Sie haben uns eben Ihre erste Lüge erzählt, Mr. Lotz. Wollen Sie sich Ihre Antwort noch einmal überlegen?«

»Was gibt es da zu überlegen? Was spielt es für eine Rolle, ob ich Hauptmann war oder Feldmarschall? Rommel war der Chef, nicht ich.«

»Ich glaube, Sie haben nie unter Rommel gedient. Stimmt es nicht, daß Sie Oberst in der SS waren?«

Natürlich hatten sie diese Geschichte gehört. Vielleicht würde es später von Vorteil sein, meine »SS-Vergangenheit« zuzugeben, aber jetzt noch nicht. Wenn sie mich unter Druck setzten, würde mein Geständnis glaubhafter klingen.

»Das ist nur ein Gerücht, das verschiedene Leute hier über mich verbreitet haben«, erwiderte ich zögernd. »Ich war Hauptmann im Afrikakorps. Warum sollte ich in diesem Punkt lügen?«

»Gut, lassen wir das im Augenblick. Was taten Sie nach dem Krieg?«

»Ich wanderte nach Australien aus. Zuerst arbeitete ich als Lastwagenfahrer, dann trainierte ich Rennpferde.«

»Und wurden Millionär?«

»Das ist die Version, die ich allen erzählte, um eine Erklärung dafür zu haben, daß ich soviel Geld ausgeben konnte. In Wirklichkeit hatte ich nur eine geringfügige Summe gespart, die nach meiner Rückkehr nach Deutschland schnell aufgebraucht war.«

»Wie sind Sie dazu gekommen, für Israel zu arbeiten?«

»Woher glauben Sie zu wissen, daß ich für Israel gearbeitet habe?«

»Kommen Sie, Lotz, versuchen Sie nicht, uns auf den Arm zu nehmen. Die Reichweite Ihres Senders und die Richtung Ihrer Antenne beweisen, daß Sie nach Israel gefunkt haben. Warum waren Sie bereit, für Israel zu spionieren? Sind Sie Jude?«

»Natürlich nicht. Sie können sich ja davon überzeugen, daß ich nicht beschnitten bin.«

»Das werden wir auch tun. Aber beantworten Sie mir erst einmal folgende Frage: Wie wird ein früherer SS-Oberst Spion für Israel? Geld? Drohungen? Erpressung?«

»Mir ging es ziemlich schlecht in Deutschland. Ich lebe gern gut, konnte es mir aber nicht leisten. Mein Einkommen als Reitlehrer war sehr klein. Dann traf ich diesen Israeli, der mir anbot, mir eine Pferdefarm in Kairo zu kaufen und mir ein großzügiges Monatsgehalt zu zahlen, nur dafür, daß ich ihm von Zeit zu Zeit ein paar Informationen liefern würde. Dinge, die ich ohnehin hören oder sehen würde. Das erschien mir alles sehr einfach. Ein Ausbilder in München brachte mir bei, wie man ein Sendegerät bedient, und man erklärte mir in groben Zügen, welche Art von Information sie benötigten. Dann kam ich her.«

»Gut, Mr. Lotz. Einige unserer Experten werden sich mit Ihnen unterhalten, um genaue Einzelheiten zu erfahren: wer Sie ausgebildet hat, welche Spezialausbildung Sie erhielten und wo, welche Aufträge man Ihnen erteilte, wer Ihre Kontaktleute waren und so weiter. Heute will ich nur in allgemeinen Umrissen von Ihnen erfahren, worin Ihre Tätigkeit bestand, um mir ein Bild machen zu können, wie weit Sie bereit sind, mit uns zu kooperieren.«

Es klopfte an der Tür, und ein Wachmann trat ein. Er ging zu Aleesh hin und flüsterte ihm etwas ins Ohr. Aleesh stand auf. »Ich muß nach oben«, sagte er. »Mahfous, Sie kommen mit. Abdel Hakim, machen Sie solange mit Lotz weiter. Sie wissen ja, was Sie ihn fragen sollen. Später löse ich Sie ab.« Darauf verließen er und Mahfous den Raum.

Als wir allein waren, lehnte sich Abdel Hakim in seinem Stuhl zurück und musterte mich grinsend.

»So, Mr. Lotz, jetzt wollen wir anfangen zu arbeiten.« Er langte nach dem Schalter und knipste die beiden grellen Lampen wieder an.

»Ist das unbedingt nötig?« fragte ich, die Augen zusammenkneifend.

Sein Grinsen verbreiterte sich. »So kann ich Sie besser sehen. Ist Ihnen das Licht unangenehm? Daran kann ich nichts ändern. Dies ist ein Verhörzimmer und nicht die Villa eines Millionärs. Wenn man es recht bedenkt, behandeln wir Sie eigentlich sehr gut. Glauben Sie mir, wir könnten ganz anders mit Ihnen umspringen. Aber seien Sie vorsichtig, Lotz. Wenn Sie nicht voll kooperieren, wenden wir andere Methoden an. Wenn Sie auch nur etwas geheimdienstliche Erfahrung haben, wissen Sie selbst sehr genau, wie man Leute zum Sprechen bringt. Also, ich warne Sie. Sind Sie jetzt bereit fortzufahren, Mr. Lotz?«

»Was wollen Sie wissen?«

»Erzählen Sie mir von Ihrer Frau. Welche Rolle spielte sie in Ihrem Spionagering?«

»Wo ist meine Frau?« Der Gedanke an Waltraud hatte mich die ganze Zeit über nicht losgelassen. »Ich will sie sehen, bevor ich weitere Aussagen mache.«

Er lachte. »Das läuft in umgekehrter Reihenfolge, Mr. Lotz. Zuerst werden Sie uns alles sagen, was Sie wissen, und dann können Sie – vielleicht – Ihre Frau für ein paar Minuten sehen.«

»Was haben Sie mit ihr gemacht?«

»Gemacht? Ihre Frau wird verhört – genau wie Sie. Es geht ihr gut. Jetzt beantworten Sie bitte meine Frage: Welche Rolle spielte Ihre Frau in Ihrem Spionagering?«

»Es gibt keinen Spionagering. Ich habe ganz allein gearbeitet, und meine Frau wußte von nichts.«

»Und das soll ich Ihnen abnehmen? Wofür halten Sie mich? Wo war Ihre Frau, während Sie im Schlafzimmer Ihr Funkgerät bedienten? Haben Sie ihr etwa die Augen verbunden?«

»Sie wußte, daß ich mich mit irgendwelchen politischen Dingen befaßte, aber nicht mehr. Ich habe ihr gesagt, sie solle mir diesbezüglich keine Fragen stellen.«

»Und das hat sie dann auch nicht getan. Eine sehr glaubwürdige Geschichte!«

»Ich mußte sie heraushalten. Sie hätte bestimmt nicht mitgemacht.«

»Wie lange sind Sie verheiratet?«

»Über vier Jahre.«

»Lieben Sie Ihre Frau, Mr. Lotz?«

»Ja, sehr.«

»Ich weiß. Das ist das erste wahre Wort von Ihnen. Was würden Sie sagen, wenn wir versuchen würden, Ihre Frau unter Druck zu setzen, um die Wahrheit aus ihr herauszubekommen? Wir könnten zum Beispiel ihre Zelle mit kaltem Wasser vollaufen lassen – etwa einen Meter hoch oder so. Manche unserer Zellen sind speziell dafür eingerichtet. Oder wie wäre es mit ein paar leichten Elektroschocks? Sie würden staunen, wie die das Erinnerungsvermögen anregen! Mr. Lotz, Sie täten gut daran, uns alles zu erzählen. Sie würden Ihrer Frau damit viel ersparen. Also – fangen wir noch einmal von vorne an: Wo sind Sie Ihrer Frau das erste Mal begegnet?«

»Ich lernte sie in der Bahn kennen. Im Zug von Paris nach München. Sie kam aus Amerika, um ihre Eltern zu besuchen.«

»Und wann haben Sie geheiratet?«

»Ungefähr drei Wochen später.«

Er schlug wütend mit der Faust auf den Tisch. »Also wirklich, Mr. Lotz, das geht entschieden zu weit! Von einem Mann Ihrer Intelligenz darf ich wohl eine überzeugendere Geschichte erwarten. Ist Ihnen diese Frau nicht vom Mossad als Mitarbeiterin zugeteilt worden? Ist sie nicht eine voll ausgebildete Agentin? War sie nicht aktiv an allen Ihren Unternehmen beteiligt?«

»Nein, das war sie nicht! Die Umstände unserer Heirat waren vielleicht ein wenig ungewöhnlich, das gebe ich zu. Aber eben das sollte Ihnen beweisen, daß ich die Wahrheit sage. Überlegen Sie doch einmal. Sie sagen selbst, ich hätte mir eine überzeugendere Geschichte ausdenken können. Zweifellos. Und wenn sie mir dienstlich als Mitarbeiterin zugeteilt worden wäre, hätte der Mossad sie mit einer hieb- und stichfesten Legende ausgestattet und mit Papieren, daß wir schon zehn oder fünfzehn Jahre verheiratet seien. Erscheint Ihnen das nicht logisch?«

»Vielleicht hat man sie ohne Ihr Wissen auf Sie angesetzt.«

»Das ist nicht nur höchst unwahrscheinlich, sondern völlig unmöglich. Auf die Dauer hätte sie mich nicht täuschen können. Dazu ist sie viel zu naiv.«

»Eine andere Frage: Was taten Sie in Paris, kurz bevor Sie angeblich Ihre Frau kennenlernten?«

Ich mußte ihm die genauen Umstände unserer Begegnung schildern. Was sie gesagt hatte, was ich geantwortet hatte, auf wessen Weisung hin ich gerade diesen Zug genommen hatte, was sie in den USA gemacht hatte, ob ich irgendwelche ihrer Freunde kannte, warum ihre Eltern nach Ägypten gekommen waren und anderes mehr.

Viele Stunden schienen vergangen zu sein, bis sich schließlich die Tür öffnete und Mahfous mit einem Wachmann eintrat, der ein Tablett trug.

»Ich löse Sie ab«, sagte Mahfous zu Abdel Hakim. »Ruhen Sie sich eine Weile aus.« Er nahm dem Wachmann das Tablett ab und stellte einen Teller mit belegten Broten und ein Glas Tee vor mich hin. Dann schaltete er die Lampen aus.

»Ihr Frühstück, Mr. Lotz. Zigaretten habe ich Ihnen auch mitgebracht.«

»Frühstück? Wie spät ist es denn?«

»Kurz nach neun.«

Also hatten sie mich etwa zehn Stunden in der Mangel gehabt. Kein Wunder, daß ich mich erschöpft und elend fühlte und vor Kopfschmerzen kaum aus den Augen schauen konnte.

»Der Tee und eine Zigarette wären mir sehr angenehm«, sagte ich, »aber zum Essen bin ich zu müde.«

»Nein, nein, essen Sie. Sie müssen bei Kräften bleiben. Wollen Sie sich etwas frisch machen?«

Der Wachmann führte mich in einen Waschraum nebenan. Ich ging auf die Toilette, wusch mir anschließend das Gesicht mit kaltem Wasser und kämmte mich. Dann führte mich der Wachmann zurück ins Vernehmungszimmer. Mahfous hatte sich hinter den Schreibtisch gesetzt. Er sah mir wortlos zu, wie ich meinen Tee trank und eine Zigarette rauchte.

»Sind Sie bereit, jetzt weiterzumachen?« fragte er, als ich die Zigarette ausdrückte.

»Können wir nicht eine Pause machen?« fragte ich ihn. »Ich bin todmüde. Wann kann ich endlich schlafen?«

»Tut mir leid, aber wir müssen weitermachen. Später können Sie sich ausruhen.«

Er schaltete die Lampen wieder ein.

»Muß das sein?« fragte ich verärgert.

»Das ist Routine bei uns. Das Licht hilft Ihnen, sich zu konzentrieren.«

»Das finde ich aber gar nicht.«

»Sie werden sich daran gewöhnen. Also – Sie haben Abdel Hakim gegenüber Angaben gemacht, die ziemlich unglaubhaft sind.«

»Es ist die reine Wahrheit. Manchmal klingt vielleicht die Wahrheit unglaubhafter als eine gut vorbereitete Lüge.«

»Das mag in manchen Fällen zutreffen. Ich hoffe für Sie, daß Sie uns nicht angelogen haben. Sie müssen bedenken, daß wir Mittel und Wege haben, Ihre Aussagen nachzuprüfen.«

»Prüfen Sie ruhig nach. Sie machen einem die Mitarbeit wirklich sehr schwer.«

Er blickte mich spöttisch an. »Das nennen Sie schwermachen? Sie sollten mal... na ja, das gehört nicht hierher. Aber Sie können doch nicht erwarten, daß wir Ihnen jedes Wort glauben. Beweisen Sie uns Ihren guten Willen. Nennen Sie uns Ihre Kontaktleute in Kairo.«

»Was meinen Sie mit Kontaktleuten?«

»Komplizen. Mitglieder Ihres Ringes. Wir wissen, daß es mehrere davon gibt.«

»Das können Sie nicht wissen, denn es gibt keine. Als Geheimdienstoffizier müssen Sie doch mit den Methoden moderner Nachrichtentätigkeit vertraut sein. Das Ring- oder Zellensystem ist völlig veraltet, weil es zu unsicher ist. Das können Sie in jedem Fachbuch nachlesen, Mr. Mahfous.«

»Haben nicht Kiesow und seine Frau für Sie gearbeitet? Sie waren sehr oft mit Ihnen zusammen.«

»Und das ist der beste Beweis, daß sie nicht meine ›Komplizen‹ waren, wie Sie es nennen. Glauben Sie, ich würde so dumm und leichtsinnig sein, fast täglich in der Öffentlichkeit mit einem Komplizen zusammenzukommen?«

»Aber die Kiesows haben bereits gestanden.«

»Dann ist es ein falsches Geständnis. Sie hatten nicht die leiseste Ahnung von dem, was ich tat.«

»Und was ist mit Youssef Ghorab? Haben Sie ihn nicht für Ihre Organisation angeworben?«

»Zum hundertsten Mal: auch er hatte keine Ahnung. Wie ich ihn kenne, hätte er mich auf den leisesten Verdacht hin sofort verhaftet. Er ist ein loyaler und national eingestellter Offizier.«

»Warum haben Sie ihm dann so viele Geschenke gemacht? Elektro-Artikel, Tonbandgeräte, Bargeld, eine Schönheitsoperation für seine Tochter... oh, es gibt eine lange Liste. Dieser Mann muß Sie sehr viel Geld gekostet haben. Der Mossad hätte das doch nie bezahlt, wenn er keine Gegenleistung erhalten hätte. Worin bestand diese Gegenleistung?«

»Er war mir gefällig und half mir, so wie man einem Freund eben hilft. Aber er wußte von nichts.«

»Einen Freund braucht man doch nicht zu bestechen, wenn man seine Hilfe benötigt. Ich dachte, Sie wollten mit uns kooperieren, Mr. Lotz. Sagen Sie mir endlich die Wahrheit. Wer waren Ihre Kontaktleute?«

So ging es stundenlang weiter. Wer waren meine Kontaktleute? Was war mit den Generalen, die ich kannte? Wieviel zahlte ich ihnen? Wo war ich ausgebildet worden? Wen traf ich bei meinen Besuchen in Europa? Wen in Ägypten?

Ich riß mich gewaltsam zusammen, um einen klaren Kopf zu behalten. In Punkten, die sich leicht nachprüfen ließen, sagte ich ihm die Wahrheit. In anderen Punkten, die mich zu schwer belastet hätten, bemühte ich mich, plausibel klingende Lügen zu erfinden. Die Ironie des Schicksals wollte es, daß er mir die Lügen eher glaubte als die Wahrheit.

Endlich führte mich der Wachposten in ein Nebenzimmer, wo ein erstaunlich gutes Mittagessen – Hühnerbrühe mit Reis, ein Wiener Schnitzel mit Pommes frites und eine Süßspeise – für mich bereitstand. Bei meiner Rückkehr ins Vernehmungszimmer erwarteten mich dort Hassan Aleesh und Mahfous.

»Ah, unser Freund Lotz«, begrüßte mich Aleesh. »Wie ich höre, kooperieren Sie bis zu einem gewissen Grade, aber noch nicht in allen Punkten. Aber das kommt noch – verlassen Sie sich darauf.« Er schien erstaunlich guter Laune zu sein. Vielleicht war er von höherer Stelle gebührend gelobt worden.

»Ich werde jetzt mit Ihnen nach oben gehen, Mr. Lotz«, fuhr er fort, »und Sie dort einem sehr hochgestellten Herrn vorstellen. Sie müssen alle seine Fragen wahrheitsgemäß beantworten.«

Man zog mir wieder die Kapuze über den Kopf und führte mich die Treppen hinauf. Als mir die Kapuze wieder abgenommen wurde, befand ich mich in einem großen, elegant eingerichteten Büro. Hinter einem riesigen Schreibtisch saß ein stämmiger, stiernackiger Mann von etwa vierzig Jahren mit rundem, kurz geschorenem Schädel und Oberlippenbart. Es war Salah Nasr, Chef des ägyptischen Geheimdienstes und der Sicherheitsdienste. Fouad hatte ihn mir einmal vor dem Hilton Hotel gezeigt. Aleesh und Mahfous standen in respektvoller Haltung an seiner Seite.

»Guten Abend, Mr. Lotz«, begrüßte mich Salah Nasr. »Setzen Sie sich.« War es schon Abend? Ich hatte jegliches Zeitgefühl verloren. Die schweren Vorhänge am Fenster waren zugezogen.

»Wir freuen uns, Sie hier begrüßen zu dürfen, Mr. Lotz«, sagte Nasr mit ironischem Lächeln, »obgleich ich nicht annehme, daß diese Freude auf Gegenseitigkeit beruht. Man hat mich davon unterrichtet, daß Sie sich vernünftigerweise entschlossen haben zu kooperieren.«

»Es bleibt mir keine andere Wahl», erwiderte ich. »Es erscheint mir als einzige Chance, meine Lage vielleicht zu verbessern.«

»Sehr wahr, sehr wahr, Mr. Lotz. Wissen Sie, wer ich bin?«

»Nein«, log ich.

»Nun, das macht nichts. Es genügt, Ihnen zu sagen, daß ich einer der Leiter unserer Sicherheitsorgane bin. Daher interessieren mich natürlich alle Informationen, die Sie mir geben können. Ich brauche Ihnen wohl nicht zu erklären, daß unser Land sich im Kriegszustand befindet und Spionage mit dem Tode bestraft wird. Gut, das ist das Gesetz, aber es kommt immer darauf an, wie man es anwendet. Was hätte ich davon, wenn man Sie aufhängen würde? Gar nichts. Andererseits könnte es von Vorteil sein, wenn Sie am Leben blieben und für uns arbeiten würden. Vielleicht nicht gleich jetzt, aber später. Sie würden nicht nur am Leben bleiben, sondern auch bald wieder frei sein. Überlegen Sie sich die Sache, Mr. Lotz. Möchten Sie einen Kaffee?«

»Sehr gern. Ich bin so todmüde, daß ich kaum noch aufnehmen kann, was Sie sagen.«

Er klatschte in die Hände und bestellte Kaffee. »Das wird Sie erfrischen, Mr. Lotz. Und nach diesem Gespräch lassen wir Sie erst einmal ausschlafen.«

Hatte er wirklich die Absicht, mich »umzudrehen«? Das war nicht ausgeschlossen. Manchmal entschlossen sich die Ägypter zu so etwas, das wußte ich. Meine Ausbilder in Israel hatten mich darauf hingewiesen. In solchen Fällen holte man aus dem »Doppelagenten« alles heraus, was er wußte, bewog ihn dazu, seinen Funkverkehr aufrechtzuerhalten und »Spielmaterial« – also falsche Informationen – zu übermitteln, und sobald seine Nützlichkeit vorüber war, ließ man ihn verschwinden. Dennoch hatten mir meine Kollegen geraten, zum Schein auf ein derartiges Angebot einzugehen. Wir hatten sogar eine Prozedur vereinbart, der Zentrale davon Mitteilung zu machen. Wie alle genialen Einfälle, war auch diese Methode denkbar einfach: Während der ganzen Zeit meines Einsatzes hatte ich bei meinem regelmäßigen Funkverkehr einen willkürlichen Fehler gemacht und statt des Buchstaben Z den Buchstaben C gemorst. Also – . – . statt – – . . Sobald ich das Z jedoch fehlerfrei durchgab, war dies das Zeichen, daß ich gezwungen wurde, Spielmaterial zu übermitteln.

Man brachte mir einen Kaffee. »Nun, was halten Sie von meinem Vorschlag, Mr. Lotz?« fragte Salah Nasr.

»Natürlich werde ich für Sie arbeiten, wenn mir das mein Leben rettet«, erwiderte ich müde. »Aber was muß ich dafür tun? Einen konkreten Vorschlag haben Sie mir noch nicht gemacht.«

»Zunächst einmal folgendes«, erklärte er mir. »Sie müssen sich uns vollkommen anvertrauen und uns bis ins letzte Detail alles sagen, was Sie wissen. Als Gegenleistung gebe ich Ihnen mein Wort, daß der Generalstaatsanwalt kein Wort von dem erfährt, was Sie uns berichtet haben. Über weitere Kooperation reden wir dann später. Was sagen Sie dazu?«

Wie konnte ein Mann in seiner Position nur so primitiv und dumm sein!

»Ich werde Ihre Fragen wahrheitsgemäß beantworten«, erwiderte ich ruhig.

»Sehr gut. Sagen Sie mir, Mr. Lotz, warum haben Sie ausgerechnet für Israel gearbeitet? Was hat Sie dazu bewogen? War es der berühmte deutsche Schuldkomplex – weil man während des Krieges ein paar Juden umgebracht hat? Hat man Sie mit der zionistischen Ideologie infiziert, der Geschichte vom gelobten Land der Juden, dem friedfertigen kleinen Staat, umgeben von feindlichen Barbaren – all dieses Zeug? Hatten Sie das Gefühl, irgend etwas tun zu müssen, um ein wenig von den Verbrechen wiedergutzumachen, die die Deutschen am jüdischen Volk begangen haben? War das Ihre Motivation?«

»Nein. Sie sprachen manchmal davon, merkten aber sehr bald, daß sie damit bei mir nichts erreichten. Mir ging es um Geld, nicht um fragwürdige Ideale. Orden habe ich genug. Die Zeit, wo ich noch an ideologisch aufgeputzte Parolen glaubte und meinen Kopf dafür hinhielt, sind lange vorbei. Was heute bei mir zählt, ist das, was ich in der Tasche habe.«

Ich hoffte, daß ich die Landsknechts-Tour nicht übertrieb, aber er schien mit meiner Antwort zufrieden zu sein.

»Wir wissen, daß Sie beträchtliche Geldsummen erhielten«, sagte er, »aber gab es nicht noch andere Beweggründe? Keine Drohungen, kein Druck?«

»Eigentlich nicht. Natürlich wiesen sie mehrfach darauf hin, daß es für mich unangenehme Folgen haben würde, wenn ich sie betrog, aber konkrete Drohungen wurden nicht ausgesprochen.«

»Sind Sie ganz sicher, Mr. Lotz, daß es sonst keine Beweggründe für Sie gab – vom Geld einmal abgesehen? Eine kleine Erpressung vielleicht? Drohte man Ihnen, etwas im Zusammenhang mit Ihrer Vergangenheit ans Licht zu bringen?«

Da war es wieder: Obersturmbannführer Lotz. Ich zögerte absichtlich, bevor ich antwortete. Je fester sie an die Geschichte meiner Nazi-Vergangenheit glaubten, um so mehr würde es meine israelische Identität verschleiern. Und das war im Moment das Wichtigste. Als Israeli würden meine Überlebenschancen gleich Null sein.

»Wie hätten sie mich erpressen können?« erwiderte ich achselzuckend. »Sie wissen ja nichts über mich.«

»Das glaube ich Ihnen nicht ganz, Mr. Lotz«, sagte er. »Wir wissen es besser. Erzählen Sie doch endlich die ganze Wahrheit über Ihre Nazi-Vergangenheit. Es wird Sie erleichtern.«

Ich schloß die Augen und legte den Kopf in die Hände. Um völlige Ermattung vorzutäuschen, bedurfte es keiner großen schauspielerischen Fähigkeiten. Ich war in der Tat mit meinen Kräften so ziemlich am Ende. Hätte er mich noch ein oder zwei Stunden lang bedrängt, wäre ich aller Wahrscheinlichkeit nach zusammengebrochen und hätte vielleicht Dinge zugegeben, die mich um Kopf und Kragen gebracht hätten.

Doch erstaunlicherweise sagte Nasr in fast freundlichem Ton: »Ich glaube, wir sollten Sie jetzt ein paar Stunden schlafen lassen, Mr. Lotz. Wir sprechen uns noch.«

Mahfous rief den Wärter, der mir wieder die schwarze Kapuze überstreifte und mich zwei oder drei Stockwerke die Treppe hinunter führte. Ich hörte, wie eine Tür aufgeschlossen wurde. Darauf nahm man mir die Kapuze ab, und ich befand mich in einer kahlen Arrestzelle, etwa 3 x 3 Meter groß. An der hinteren Seite befand sich eine betonierte Erhöhung, auf der eine Matratze und zwei Wolldecken lagen. Mein Bett. Über der schweren, eisernen Tür, außer Reichweite, brannte eine von einem Drahtnetz umgebene Glühbirne. Das war die ganze Einrichtung. Fenster gab es keine. An der Decke bemerkte ich eine Öffnung, die offenbar zu einem Lüftungsschacht führte.

»Schlafen Sie jetzt, Mr. Lotz«, sagte der Wärter auf arabisch und schloß hinter mir ab. Ich zog mir den Anzug aus, faltete ihn zusammen und legte mich in Hemd und Unterwäsche auf die Betonpritsche. Sekunden später war ich fest eingeschlafen.

Es schien mir nur ganz kurze Zeit vergangen, als ich wieder aufwachte. Grabesstille. Die Glühbirne über der Tür verbreitete ein mattes Licht. Meine Uhr hatte man mir abgenommen.

Ich war immer noch sehr erschöpft, doch alle Versuche, wieder einzuschlafen, verliefen erfolglos. Ich dachte an Waltraud. Wie war es ihr wohl ergangen? Wann – wenn überhaupt – würde man mir erlauben, sie zu sehen? Welche Aussagen hatte man aus ihr herausgeschunden? Mein Gott, in welche Situation hatte ich sie gebracht! Wie konnte das überhaupt passieren? Wo lag der Fehler?

Ich zermarterte mir das Hirn, die Ursache zu finden, daß wir so plötzlich und unerwartet aufgeflogen waren. Das Funkgerät? Ja, auch das. Das Ding war also doch nicht so narrensicher, wie mir die Funktechniker des Mossad weismachen wollten. Aus den Aufzeichnungen, die mir Hassan Aleesh gezeigt hatte, ging deutlich hervor, daß ein großer Teil meiner Funksprüche schon seit Jahren aufgefangen worden war. Allerdings hatte es sehr lange gedauert, bis sie den Sender geortet hatten. Und auch den Code hatten sie nicht brechen können. Jetzt allerdings... ja, das war mir bisher noch gar nicht richtig zum Bewußtsein gekommen: das Buch!

Während des Funkverkehrs kann man das Gerät mit technischen Mitteln orten, aber doch nicht das Buch! Kein Mensch in Ägypten wußte, welches Buch ich als Code benutzte, nicht einmal Waltraud. Und doch war Samir Nagy bei der Hausdurchsuchung mit siegessicherem Schritt auf mein Bücherregal im Schlafzimmer zugegangen und hatte auf Anhieb das richtige Buch herausgeholt. Woher hatte er diese Information? Niemand hatte mich jemals beim Ver- oder Entschlüsseln meiner Funksprüche beobachtet, dessen war ich ganz sicher. Ich hatte mich immer eingeschlossen und auch sonst das Buch in Anwesenheit des Hauspersonals nicht einmal zur Hand genommen.

Also woher wußte es Samir Nagy? So lange ich auch hin und her überlegte, es gab nur eine einzige Möglichkeit: Es mußte irgendwo in der Mossad-Zentrale eine undichte Stelle geben! Undenkbar – oder? Warum sollte das undenkbar sein? Fälle von Verrat kommen bei jedem Geheimdienst hin und wieder vor – warum nicht auch bei dem vielgepriesenen Mossad?

Es mußte ja nicht einmal jemand in hoher Position sein, der den Ägyptern Informationen lieferte. Es genügte vollauf, wenn irgendein kleiner Dechiffrier-Beamter in der Zentrale, der nicht einmal meinen Namen kannte, darauf hinwies, daß der

Roman »Der Herrgott der Pferde« von Lehmann von einem Agenten mit dem Decknamen »Samson« als Code-Buch benutzt würde. Wo immer dieses Buch auftauchte, konnte man sicher sein, den gesuchten Agenten vor sich zu haben.

Lange Zeit gingen mir diese Gedanken im Kopf herum, bis schließlich die Natur ihr Recht geltend machte und ich wieder fest einschlief.

Ich wachte auf, als jemand mich an der Schulter schüttelte. Vor mir stand Mahfous mit einem breiten Grinsen. Hinter ihm einer der Wachmänner mit einem verschnürten Paket unter dem Arm.

»Guten Morgen, Mr. Lotz«, begrüßte mich Mahfous. »Soll ich Ihnen Ihr Frühstück ans Bett bringen lassen? Wie ich sehe, haben Sie gut geschlafen.«

»Weil ich ein gutes Gewissen habe«, erwiderte ich mit schiefem Lächeln.

»Das wird sich ja herausstellen, nehme ich an. Ich war eben in Ihrem Haus und habe Ihnen ein paar Sachen mitgebracht, die Sie brauchen werden. Einige Hemden, noch einen Anzug, Socken, Unterwäsche und so weiter. Auch Rasierzeug und zwei Stangen Zigaretten, die bei Ihnen im Schrank lagen. Ihrer Frau habe ich ebenfalls Kleidung und Waschzeug gebracht.«

»Danke. Wie geht es meiner Frau? Wann kann ich sie sehen?«

»Bald. Haben Sie Geduld. Ihrer Frau geht es gut. Die Wache wird Sie in den Waschraum bringen. Da können Sie sich duschen und rasieren, und nach dem Frühstück geht das Verhör weiter.«

Diesmal wurde ich von Mahfous allein verhört. Immer wieder stellte er die gleichen Fragen: Nach meinen Mitarbeitern, meinen Führungsoffizieren, den Kontaktleuten in Europa, der Art meiner Aufträge. Da ich ja angeblich alles enthüllen wollte, mußte ich auf jede Frage eine plausibel klingende Antwort geben. Komplizen in Ägypten hatte ich ja tatsächlich keine; davon mußte ich Mahfous überzeugen. Was meine Kontakte in Europa betraf, entschloß ich mich, erfundene Namen zu nennen. Aber mit Namen allein war es nicht getan. Er wollte wissen, wie die Leute aussähen, welche Eigenheiten sie hätten, wie sie sich kleideten und was für Erkennungsmerkmale sie aufwiesen. Dabei konnte man sich im Laufe der Verhöre, die sich vielleicht wochenlang hinziehen würden, leicht in Widersprüche verwickeln. Um das zu vermeiden, beschrieb ich Personen, die ich seit vielen Jahren kannte, die jedoch keinerlei Verbindung zum Mossad hatten.

Nach dem Mittagessen, das mir auf einem Tablett ins Vernehmungszimmer gebracht wurde, löste Abdel Hakim Mahfous ab.

»Ziehen Sie sich aus«, herrschte er mich an. »Alles.«

»Warum?«

»Ärztliche Untersuchung. Machen Sie schon.«

Ich entkleidete mich, worauf mir der Wachmann die unerläßliche Kapuze überzog und mich in einen anderen Raum führte. Zu meinem Schrecken riß man mir die Hände auf den Rücken und fesselte mich mit Handschellen. Etwas, das sich wie ein Strick anfühlte, wurde mir unter den Armen durchgezogen.

»Was soll das?« rief ich entsetzt. »Was machen Sie da? Das ist doch keine ärztliche Untersuchung!«

Abdel Hakim nahm mir die Kapuze ab und grinste mich verkniffen an. »In gewissem Sinne schon.« Er betrachtete interessiert mein Geschlechtsteil. »Nein, ein Jude sind Sie nicht«, meinte er. »Da haben Sie zufällig mal die Wahrheit gesagt. Aber das macht die Sache nur noch schlimmer. Wenn ein Jude anderen Juden hilft – das kann man verstehen. Aber wenn sich ein Deutscher dazu hergibt, für diese Verbrecher zu arbeiten, kann man ihn gar nicht streng genug bestrafen.«

Ich hob den Kopf und blickte nach oben. Der Strick, der über meiner Brust und unter den Armen befestigt war, verlief dicht unter der Zimmerdecke durch eine Art Flaschenzug. Das andere Ende hing lose bis zum Fußboden herunter.

»Ja, schauen Sie sich das nur an«, sagte Abdel Hakim, »und überlegen Sie sich, ob Sie nicht doch lieber die Wahrheit sagen wollen. Jetzt beantworten Sie mir folgende Frage: Wer sind Ihre Komplizen hier in Ägypten?«

»Ich habe Ihnen schon tausendmal gesagt, es gab und gibt keine Komplizen. Ich habe ganz allein gearbeitet. Sogar meine Frau wußte fast nicht.«

Ohne ein weiteres Wort zu sagen, stülpte er mir die schwarze Kapuze über den Kopf, und gleich darauf spürte ich, wie ich in die Höhe gezogen wurde, bis meine Beine in der Luft hingen. Dann traf mich ein mächtiger Faustschlag in den Magen. Gleich darauf noch einer. Ich stöhnte vor Schmerzen auf. Die Tatsache, daß ich gerade reichlich gegessen hatte, machte es noch schlimmer. »Hören Sie auf, Sie Dreckskerl!« schrie ich. »Ich werde mich über Sie beschweren.«

Ich hörte ihn lachen. »Bei wem denn? Kommen Sie, Lotz, antworten Sie endlich. Wer sind Ihre Komplizen? Ghorab? Kiesow? Wer?«

Die Faustschläge prasselten nur so auf mich herab. Die meisten trafen mich in den Magen, ein paar in die Hoden. Ich erbrach mich.

»Wer sind Ihre Komplizen? Reden Sie!«

Es ging weiter. Nach einer Weile verlor ich das Bewußtsein. Ich wachte auf, als man mir das Gesicht wusch und irgendein Riechsalz unter die Nase hielt.

»Nein, nicht den Stock«, hörte ich Abdel Hakim sagen. »Der hinterläßt zu viele Striemen. Hier – tu das mal in die Steckdose.«

Gleich darauf verspürte ich einen elektrischen Schlag in den Hoden. Ich schrie laut auf. »Nennen Sie Ihre Komplizen!«

Ich weiß nicht, wie lange es so weiterging. Es erschien mir wie eine Ewigkeit. Schläge und Elektroschocks. Das Schlimmste war die Kapuze, und daß man den Schlag nicht kommen sah. Ich weiß nicht mehr, wie oft ich das Bewußtsein verlor.

Schließlich erwachte ich in meiner Zelle. Man hatte mich auf meine Betonpritsche gelegt und mit einer Wolldecke zugedeckt. Die Tür stand offen. Ein Mann im weißen Kittel setzte mir ein Stethoskop auf die Brust. Neben ihm stand Mahfous. Ich glaubte, so etwas wie Teilnahme in seinem Gesicht zu lesen.

»Wie geht es ihm, Doktor?« fragte er den Arzt.

Der zuckte mit den Schultern. »Nichts Ernstes. Er ist wund unter den Armen. Ich verschreibe ihm eine Salbe. Und ein paar Beruhigungstabletten.«

»Ich bin physisch gefoltert worden, Doktor«, sagte ich.

Meine Zunge war geschwollen und fühlte sich an wie ein Fremdkörper. »Man hat mich ...«

»Schon gut, schon gut, ruhen Sie sich jetzt aus.« Der Arzt richtete sich auf, nickte Mahfous zu und verließ die Zelle.

»Wie fühlen Sie sich, Mr. Lotz?« fragte Mahfous teilnahmsvoll.

»Wissen Sie, was Ihr Kollege mit mir angestellt hat?« Das Sprechen fiel mir schwer. Er nickte. »Ganz unter uns gesagt, bin ich froh, daß man mich nicht damit beauftragt hat. Ich mag diese Methoden nicht, aber leider sind sie notwendig.«

»Ich habe Ihnen doch meine volle Kooperation zugesagt.«

»Ich weiß.« Er lächelte mich an. »Aber jetzt sind wir sicher, daß Sie wirklich keine Komplizen hatten, Mr. Lotz. Ich hoffe sehr, daß wir die gleiche Prozedur nicht noch einmal wiederholen müssen. Ab morgen wird Sie der Staatsanwalt befragen, und bei dem geht alles sehr korrekt zu. Und dann habe ich noch eine gute Nachricht für Sie, Mr. Lotz: Morgen oder übermorgen wird man Ihnen gestatten, mit Ihrer Frau zu sprechen. Sie läßt Sie grüßen und es geht ihr gut. Aber davon werden Sie sich bald selbst überzeugen können.«

Das *war* eine gute Nachricht! Danket Gott für kleine Gefälligkeiten. Ich wollte aufstehen, konnte mich aber vor Schmerzen kaum bewegen. »Das geht bald vorbei«, beruhigte mich Mahfous. Etwas später brachte man mir eine Salbe, die ich vorsichtig unter den Achseln auftrug, wo der Strick die Haut aufgerieben hatte, und zwei Tabletten zum Einnehmen. Es müssen recht starke Tabletten gewesen sein, denn ich schlief fest und traumlos bis zum nächsten Morgen.

Man führte mich – nicht ohne die obligatorische Kapuze – ins Obergeschoß, wo der Generalstaatsanwalt ein geräumiges, elegant eingerichtetes Büro hatte. Samir Nagy saß hinter einem gewaltigen Mahagonischreibtisch mit drei Telefonen, ohne die kein höherer ägyptischer Beamter auskommt. Neben ihm, an einem kleineren Tisch, saß Hamdy, der Protokollführer, der schon bei der Hausdurchsuchung dabeigewesen war. Aleesh und Mahfous hatten in zwei Besuchersesseln Platz genommen.

»Guten Morgen, Mr. Lotz«, begrüßte mich Nagy. »Bitte setzen Sie sich. Wie geht es Ihnen?«

»Den Umständen entsprechend.« Ich setzte mich und zündete mir eine Zigarette an. »Ich habe eine Beschwerde vorzubringen, Herr Generalstaatsanwalt. Ist Ihnen bekannt, daß mich einer der Geheimdienstleute – er nennt sich Abdel Hakim – auf brutalste Weise gefoltert hat? Er hat mich...«

»Lassen wir solche Geschichten«, unterbrach mich Nagy. »Oder haben Sie Beweise? Haben Sie Zeugen für Ihre Behauptung?«

»Keinen, der etwas aussagen würde«, erwiderte ich verächtlich. »Aber ich kann Ihnen meinen zerschundenen Körper zeigen.«

»Lieber nicht. Ich gebe mich mit solchen Dingen nicht ab.« Er wandte sich an Aleesh: »Hassan Bey, haben Ihre Leute Mr. Lotz gefoltert?«

»Davon kann keine Rede sein«, antwortete Aleesh lächelnd. »Niemand hat ihn angerührt. Abdel Hakim ist ein zuverlässiger und pflichtbewußter Beamter.«

»Einen so pflichtbewußten Beamten würde man in Deutschland ins Gefängnis stecken«, bemerkte ich bissig.

»Aber nicht in Israel«, entgegnete Aleesh ebenso bissig. »Die schlagen auch ganz schön zu.«

Ich hielt es für besser, mich auf keine Diskussion über Israel einzulassen.

»In Zukunft werde ich Ihre Vernehmung leiten, Mr. Lotz, und Hamdy hier wird Ihre Aussagen zu Papier bringen. Wir werden Sie ganz gewiß nicht schlagen.« Er lachte. »Ich habe noch nie in meinem Leben einen Menschen geschlagen. Nicht einmal meine Kinder. Aber kommen wir zum Thema. Es geht um Ihre Frau, Mr. Lotz.«

»Was ist mit meiner Frau? Man hat mir zugesagt, daß ich sie heute sprechen kann.«

»Langsam, langsam.« Nagy hob beschwichtigend die Hand. «Sie werden heute mit Ihrer Frau sprechen – vorausgesetzt, daß Sie bestimmte Bedingungen erfüllen. Ich habe das Treffen mit Ihrer Frau nicht allein aus altruistischen Gründen angeordnet.«

»Was für Bedingungen?«

»Es geht um folgendes, Mr. Lotz: Ihre Frau ist mehrere Tage lang verhört worden, verweigert jedoch jede Aussage. Sie beschimpft und beleidigt ihre Vernehmungsoffiziere und hat sogar versucht, Mr. Aleesh einen gläsernen Aschenbecher an den Kopf zu werfen, wie man mir berichtet.«

Das sah ihr ähnlich! »Schade, daß sie dabei nicht Abdel Hakim getroffen hat«, sagte ich.

Aleesh lächelte säuerlich. »Ich kann Ihre Abneigung gegen Abdel Hakim ja verstehen, aber vergessen wir doch nicht, daß Sie und Ihre Frau Häftlinge sind, gegen die schwerste Anklagen erhoben werden.«

Nagy warf ihm einen verweisenden Blick zu und sprach weiter: »Wir müssen Ihre Frau dazu bringen, auszusagen und unsere Fragen zu beantworten. Auf welche Weise das geschieht, hängt von Ihnen ab, Mr. Lotz.«

»Warum von mir?«

»Nun..., wenn nichts anderes hilft, müssen wir... streng mit ihr umgehen, was ich lieber vermeiden würde. Darum möchte ich, daß Sie Ihrer Frau befehlen, unsere Fragen wahrheitsgemäß zu beantworten.«

»Befehlen? Ich habe noch nie meiner Frau etwas befohlen. Aber ich glaube, daß ich sie zu einer Aussage bewegen kann.«

»Das wäre wünschenswert. Man wird Ihre Frau gleich herbringen. Sie dürfen aber nur englisch mit ihr sprechen, damit wir alles verstehen, was gesagt wird. Und bitte keine Gefühlsausbrüche. Von Ihrem Verhalten und dem Ihrer Frau hängt es ab, ob Sie sich auch in Zukunft manchmal sehen dürfen.« Er nahm einen der drei Telefonhörer ab und gab Weisung, Waltraud heraufzubringen.

Schon nach wenigen Minuten klopfte es an der Tür. Eine Wache führte Waltraud herein und nahm ihr die Kapuze ab. Als sie mich sah, stürzte sie auf mich zu, und wir fielen uns in die Arme.

»Wie geht es dir, mein Schatz?« rief sie. »Bist du gesund?«

»Speak english!« ermahnte uns Nagy.

Waltraud sah schrecklich bleich aus. Offensichtlich hatte sie sich so gut es ging zurechtgemacht, sich gekämmt und sogar etwas Rouge aufgelegt, was ihre Blässe um so stärker hervorhob. Sie trug lange Hosen und eine frische weiße Bluse und hatte einen alten Mantel, der im Auto gelegen hatte, um die Schultern geworfen.

Ich fragte sie auf englisch, wie es ihr ergangen sei.

»So leicht bin ich nicht unterzukriegen«, erwiderte sie tapfer, doch ich konnte sehen, daß sie mit den Tränen kämpfte. Wir küßten und umarmten uns, sehr zur Belustigung der anwesenden Ägypter. In Ägypten gilt es als unziemlich – fast schon als unanständig – eine Frau in der Öffentlichkeit zu küssen, auch wenn es die eigene ist.

Hassan Aleesh unterbrach uns. »Wenn Sie mit Ihren Zärtlichkeiten fertig sind, können wir vielleicht zur Sache kommen.«

Wieder warf ihm Nagy einen warnenden Blick zu. »Setzen Sie sich bitte«, sagte er zu uns. »Mrs. Lotz, Ihr Mann möchte Ihnen etwas sagen.«

»Ja, Waltraud, das ist richtig«, sagte ich. »Diese Leute hier behaupten, daß du dich weigerst, eine Aussage zu machen. Stimmt das?«

»Natürlich stimmt das!« rief sie. »Die verlangen von mir ein absurdes Geständnis, du seiest Leiter eines israelischen Spionagerings, und noch solches Zeug. Soll ich Dinge gestehen, die nicht wahr sind?«

»Nein, natürlich nicht«, beruhigte ich sie. »Einen solchen Ring hat es nie gegeben. Trotzdem läßt es sich nicht leugnen, daß ich Dinge getan habe, für die man mich bestrafen kann. Ich habe diesen Herren zugesagt, ihnen alles zu erzählen, was ich weiß. Ich hatte keine andere Wahl. Das Beweismaterial ist erdrückend. Und jetzt möchte ich auch dich bitten, ihnen die Wahrheit zu sagen – das wenige, was du weißt. Natürlich habe ich dir nie genau erklärt, was ich tue und dich absichtlich im unklaren gelassen. Aber ein weniges hast du doch gewußt. Zum Beispiel hast du manchmal gesehen, wie ich das Funkgerät bei uns im Schlafzimmer bediente. Natürlich hast du nicht gewußt, an wen ich sendete und was die Funksprüche enthielten. Und ich hatte dir auch erzählt, daß ich mich mit vertraulichen wirtschaftlichen Dingen befasse. Mehr wußtest du doch nicht, aber das, was du weißt, solltest du offen zugeben, so wie ich es tue.« Auf deutsch fügte ich hinzu: »Schaltest du?«

Meine Frau, die begabte Amateur-Agentin, schaltete sofort und verstand genau, was ich ihr mitteilen wollte: Ein paar unwichtige Kleinigkeiten zugeben, sonst nichts.

»Ja – wenn du meinst«, sagte sie zögernd. »Ich dachte, es würde dir helfen, wenn ich nichts aussage.«

»Das war sehr lieb von dir, Schatz, aber wir können unsere Lage dadurch, daß wir alles gestehen, nur verbessern.« Ich warf einen Blick auf Nagy, der wohlgefällig lächelte.

»Sehr vernünftig, Mrs. Lotz. Wir werden jetzt erst einmal in allgemeinen Zügen den Rahmen Ihrer Aussage niederschreiben. Verabschieden Sie sich von Ihrem Mann, und vielleicht...«

»Nein, ich spreche nur, wenn mein Mann hier bei mir bleibt!« rief Waltraud. »Ich bin mit den Nerven am Ende. Seine Anwesenheit beruhigt mich etwas. Ich bringe sonst kein Wort heraus.«

»Nun ja«, meinte Nagy nachdenklich, »das ließe sich vielleicht machen. Wenn Ihr Mann sich ruhig verhält und nicht dazwischenredet.«

»Das ist ganz und gar gegen die Vorschriften!« rief Aleesh auf arabisch. »Ich habe dieser Gegenüberstellung nur zugestimmt, weil...«

»Ich denke, Sie halten sich da besser heraus, Hassan«, sagte Nagy in scharfem Ton. »Lassen Sie mich das auf meine Art machen. Damit erreiche ich wenigstens etwas. Fangen wir an, Mrs. Lotz.«

Aleesh stieß seinen Sessel zurück und stürmte aus dem Zimmer. Nagy zuckte mit den Schultern und begann mit der Vernehmung. Es waren wieder dieselben Fragen: Wann und wo waren wir uns begegnet, unter welchen Umständen hatten wir geheiratet, was wußte sie von meiner Arbeit, wie oft hatte sie mich am Funkgerät gesehen, welche Informationen hatte ich gesammelt, wie hatte sie mir dabei geholfen usw., usw.

Die Antworten bereiteten ihr keine Schwierigkeiten. Schon vor Jahren hatten wir einen einfachen Handzeichen-Code ausgearbeitet für den Fall, daß jemand ihr eine Frage stellte und sie nicht wußte, was sie antworten sollte. Wenn meine Hand flach auf dem Tisch lag, hieß das soviel wie »Ja«. Also antwortete sie im positiven Sinne auf die Frage. »Nein« war die geballte Faust. Und wenn ich mir ins Gesicht faßte, ans Ohr oder an die Nase, bedeutete das »ich weiß nicht«.

Ich verhielt mich still, und Waltraud machte ihre Aussage mit klarer, überzeugender Stimme. Nagy schien sehr zufrieden.

»Der Anfang ist also gemacht«, sagte er selbstgefällig. »Auf weitere Einzelheiten gehen wir in den nächsten Tagen ein. Sie sehen selbst, Mrs. Lotz, daß wir keinerlei Druck auf Sie ausüben. Alles vollzieht sich nach Gesetz und Recht.«

Jetzt war es um Waltrauds Selbstbeherrschung geschehen. Mit blitzenden Augen schrie sie ihn an: »Gesetz und Recht? Nennen Sie es Gesetz und Recht, wenn diese Folterknechte eine Frau beim Verhör nackt ausziehen und sie auf die Fußsohlen schlagen? Wenn man sie mit Elektroschocks bearbeitet und sie für eine ganze Nacht in kaltes Wasser setzt? Das nennen Sie Gesetz und Recht? Schämen Sie sich nicht?«

Einen Augenblick lang brachte ich keinen Laut heraus. Dann sprang ich auf und schlug dicht vor Nagy mit der Faust auf den Tisch, daß die Telefone schepperten. Mahfous sprang ebenfalls auf, stellte sich vor mich und hielt meine Arme fest. Offenbar glaubte er, ich wolle Nagy tätlich angreifen. Aber ich schrie ihn nur an. »Darf ich Sie daran erinnern, Herr Generalstaatsanwalt«, tobte ich, »daß wir deutsche Staatsbürger sind. Und wenn dieser Fall vor Gericht verhandelt wird, können Sie nicht umhin, uns mit unserem Konsul sprechen zu lassen. Dann werde ich dafür sorgen, daß Ihre Foltermethoden in der ganzen Welt Schlagzeilen machen. Ist es das, was Sie wollen, Herr Generalstaatsanwalt?«

Ich gab nach und ließ mich von Mahfous wieder auf meinen Sessel zurückdrängen. Nagy biß sich auf die Lippen, sichtlich betroffen von meinem heftigen Ausbruch. »Ich hatte keine Ahnung, daß solche Dinge passiert sind«, sagte er leise. »Es wird nicht wieder vorkommen.« Dann wandte er sich an Hamdy und sagte auf arabisch: »Bestellen Sie ihnen einen Kaffee zur Beruhigung. Ich muß mit Aleesh über diese Affäre sprechen. Ich hatte ihm doch gesagt, er soll nicht so scharf mit ihnen umgehen. Der Präsident wünscht einen Schauprozeß. Da können wir uns zu diesem Zeitpunkt keinen Skandal leisten.« Dann wieder zu mir: »Unterhalten Sie sich ruhig mit Ihrer Frau, Mr. Lotz. Von mir aus auf deutsch. Und vergessen wir diesen Zwischenfall. Ich will Ihnen auch einen Gefallen tun. Jeden Abend nach dem Verhör darf Ihre Frau Sie hier in meinem Büro für eine halbe Stunde besuchen. Was sagen Sie dazu?«

»Natürlich nehmen wir Ihr Angebot gerne an«, sagte Waltraud.

»Aber wenn noch mal jemand meine Frau auch nur anrührt«, fügte ich hinzu, »dann werde ich ...«

Nagy hob beschwörend die Hände. »Die Sache ist vergessen, Mr. Lotz. Sie ist nie passiert. Und niemand wird Ihrer Frau oder Ihnen etwas antun. Ich garantiere es.«

In den nächsten Tagen saß ich von morgens bis abends bei Samir Nagy, der mich verhörte und Hamdy meine Antworten diktierte. Den Experten war es gelungen, die meisten meiner Funksprüche der letzten drei oder vier Monate zu entschlüsseln, und Nagy befragte mich über den Inhalt jeder Meldung, die ich erhalten oder gesendet hatte. Mit der Zeit nahm das Protokoll einen beängstigenden Umfang an.

Mein Diener Osman wurde in einer Zelle, nicht weit von meiner, festgehalten. Tagelang wurde er erbarmungslos geschlagen, und ich konnte ihn schreien hören. Als ich Aleesh das nächste Mal sah, sprach ich ihn darauf an.

»Warum schlagen Sie ihn?« fragte ich. »Er ist unschuldig. Er hat nicht das Geringste von meiner Tätigkeit gewußt. Ich werde doch einen ägyptischen Diener, der noch dazu für die Geheimpolizei Spitzeldienste leistet, nicht ins Vertrauen ziehen.«

Aleesh grinste breit. »Ich weiß, daß er unschuldig ist«, sagte er. »Aber ich habe mich sehr über ihn geärgert. Während Sie in Mersa Matrouh waren, wollte ich in Ihrer Villa eine Hausdurchsuchung vornehmen – und dieser freche Hund wollte mich am Betreten Ihres Hauses hindern. Jetzt büßt er dafür.«

Der arme Osman wurde zwei Wochen lang geprügelt, bevor man ihn gehen ließ.

Eines Vormittags saß ich, wie gewöhnlich, Samir Nagy beim Verhör gegenüber. Er arbeitete langsam und sorgfältig und war immer höflich. Ein Wachmann brachte regelmäßig Kaffee und Gebäck. Zwischen Nagy und mir hatte sich ein fast freundschaftliches Verhältnis entwickelt. Wir waren sozusagen Intimfeinde. Er stellte seine Fragen, und ich antwortete. Manchmal glaubte er mir nicht, und dann diskutierten wir, bis ich ihn entweder überzeugt hatte oder nachgab und meine Aussage abänderte. Dabei kam mir seine Eitelkeit zunutze. Nagy war bekannt dafür, daß er seine Vernehmungs- und Prozeßprotokolle, von denen einige Hundert in Leder gebunden in den Regalen standen, in besonders schönem klassischen Arabisch abfaßte. Bei meinen Vernehmungen nannte er zuerst dem Protokollführer Hamdy auf arabisch die Frage, die er mir stellen wollte. Dann berieten die beiden, wie man die Frage am besten und elegantesten in klassischem Arabisch formulieren könnte. Wenn sie sich geeinigt hatten, schrieb Hamdy die Frage nieder, und Nagy übersetzte sie mir ins Englische. Inzwischen hatte ich reichlich Zeit gehabt, mir die Antwort in aller Ruhe zu überlegen, und meine Aussage klang entsprechend selbstsicher und überzeugend.

Eines der Telefone auf seinem Schreibtisch klingelte. Aus dem plötzlich veränderten Tonfall seiner Stimme erkannte ich, daß es sich um etwas Unvorgesehenes handelte.

»Wir müssen jetzt abbrechen«, sagte Nagy zu mir. »Eine wichtige Persönlichkeit will Sie sprechen.«

Man führte mich in das Büro von Hassan Aleesh am Ende des Ganges, wo außer ihm auch der Geheimdienstchef Salah Nasr mich erwartete. Aleesh schickte die Wache hinaus und bedeutete mir, Platz zu nehmen. Salah Nasr blickte mich mit finsterer Miene an.

»Mr. Lotz«, sagte er, »ich bin überrascht zu erfahren, daß Sie uns noch immer nicht die volle Wahrheit gesagt haben. Offenbar sind Sie ein viel gefährlicherer Mann, als es ursprünglich den Anschein hatte. Sehen Sie sich diese Gegenstände an, die hier auf dem Tisch liegen. Wissen Sie, was das ist?«

»Zeitzünder«, erwiderte ich. Man hatte sie also doch gefunden.

»Woher wissen Sie das? Sind Sie Sprengstoffexperte?«

»Ich war Soldat. Jeder Infanterieoffizier hat Tausende von diesen Dingern gesehen.«

»Wozu werden sie verwendet?«

»Um den Zeitpunkt der Zündung einer Sprengstoffladung einzustellen.«

»Richtig. Ich nehme an, Sie haben diese Stifte nicht als Kriegs-Souvenirs aufgehoben. Wie sind sie in Ihren Besitz gelangt?«

»In meinen Besitz? Davon weiß ich nichts. Ich hatte mit solchen Dingen nichts zu tun.«

»Offenbar doch. Hassan, erzählen Sie Mr. Lotz, unter welchen Umständen Sie sie gefunden haben.«

»In Ihrer Villa, Mr. Lotz«, sagte Aleesh mit wütendem Blick. »Sie wird ausgeräumt, und wir haben sie vorher noch einmal sehr gründlich durchsucht. Einer Ihrer leeren Koffer erschien mir ein wenig zu schwer. Ich untersuchte ihn genau und fand, daß er einen doppelten Boden hatte. Wissen Sie etwas davon?«

Einfach abzuleugnen hätte die beiden nicht überzeugt. Ich mußte schnell eine Geschichte erfinden, die wenigstens wahr sein *konnte*, wenn sie auch vielleicht nicht allzu überzeugend klang.

»Ja, ich weiß davon«, gab ich zu, »auch wenn ich es in der Aufregung meiner Verhaftung ganz vergessen hatte. Dieser Koffer wurde mir in Paris von einem Mann namens Rudi übergeben. Er sagte mir, der Koffer hätte einen doppelten Boden, aber darum solle ich mich nicht kümmern. Ich solle den Koffer lediglich nach Kairo transportieren, weil ich im Zoll keine Schwierigkeiten zu erwarten hatte, und ihn bei mir zu Hause aufbewahren, bis ihn jemand bei mir abholen würde. Was der doppelte Boden enthielt, sagte er mir nicht.« Eine schwache Geschichte, aber die beste, die ich auf Anhieb erfinden konnte.

»Wer ist dieser Mann, der den Koffer bei Ihnen abholen sollte?«

»Keine Ahnung. Man sagte mir, ich würde per Funk Weisungen erhalten. Der Mann würde sich Hubert nennen. Was befand sich denn in dem doppelten Boden, wenn ich fragen darf. Diese Zeitzünder?«

»Die auch«, sagte Aleesh verbissen. »Außerdem sechzehn

prall gefüllte braune Briefumschläge ohne Adressen. Ich gab Weisung, sie zur Untersuchung ins Labor zu schaffen. Unterwegs explodierte einer der Umschläge und riß einem Arbeiter beide Hände ab. Was sagen Sie dazu?«

»Davon habe ich wirklich nichts gewußt«, erwiderte ich. »Das tut mir sehr leid.« Ich tat mein Bestes, erschüttert zu wirken.

»Was ist so schlimm daran?« sagte Salah Nasr mit brutaler Stimme. »Es ist doch nicht Ihre Schuld, wenn so ein Idiot von einem Arbeiter auf dem Weg ins Labor in einen Umschlag hineinschauen will, aus purer Neugierde, statt ihn unversehrt abzuliefern, wie man ihm aufgetragen hat. Das hat er nur sich selbst zuzuschreiben. Sie trifft keine Schuld, Mr. Lotz.«

Hielt er mich denn für so dumm? Ich sagte: »Bei der Gerichtsverhandlung wird sich das nicht sehr vorteilhaft für mich auswirken.«

Nasr starrte mich schweigend an und schien zu überlegen. Dann neigte er sich zu Aleesh hinüber, und die beiden führten im Flüsterton ein längeres Gespräch auf arabisch. Ich konnte nur Bruchteile verstehen, wie »ganz anderer Typ«, »niemals vorher gebraucht« und »auf diese Weise ein Geständnis...« Nach einer Weile schienen die beiden zu einem Entschluß gekommen zu sein. Salah Nasr wandte sich wieder mir zu.

»Ich bin nicht sicher, ob ich Ihnen glauben soll«, sagte er. »Man wird weitere Nachforschungen anstellen. Jetzt sagen Sie mir einmal folgendes, Mr. Lotz: Haben Sie jemals irgendwelche Briefe an deutsche Experten hier in Kairo abgeschickt?«

»Ja, wenn ich in Europa war, habe ich natürlich oft Briefe und Postkarten an meine Freunde in Kairo geschrieben«, sagte ich unschuldig.

»Sie wissen ganz genau, daß ich das nicht meine, Lotz«, sagte er ungehalten. »Einige dieser Experten erhielten Briefumschläge, die beim Öffnen explodierten. Andere bekamen Drohbriefe. Man drohte ihnen den Tod an, falls sie ihre Arbeit nicht aufgäben und Ägypten verließen. Ich möchte von Ihnen wissen, wer diese Briefe abgeschickt hat.«

»Tut mir leid«, erwiderte ich achselzuckend. »So etwas fiel überhaupt nicht in meinen Bereich. Als Geheimdienstexperte wissen Sie doch genau, daß man einen sogenannten Residenten, wie ich es war, nicht zu Sprengstoffattentaten heranzieht.« (Das ist in der Tat eine feste Regel, über die der Mossad sich in meinem Falle einfach hinweggesetzt hatte.)

»Reden wir ganz offen miteinander, Mr. Lotz«, sagte Nasr. »In meinen Akten muß jeder Fall abgeschlossen sein – darum brauche ich ein Geständnis von Ihnen. Ich verspreche Ihnen – ich gebe Ihnen mein Wort –, daß die Staatsanwaltschaft nichts davon erfährt und die Sache in Ihrem Prozeß nicht erwähnt wird. Ihr Geständnis bleibt in meinen Akten begraben.« Er versuchte es mit einem müden Lächeln. »Sie wissen ja, daß Geheimdienste stets Erfolge vorweisen müssen, auch wenn das den Gerichten nicht immer mitgeteilt wird, so wie in diesem Falle.«

Und diesen Unsinn sollte ich ihm abnehmen! Ich blickte ihn abwartend an, ohne etwas zu sagen, worauf er weitersprach:

»Ich erwarte natürlich nicht, daß Sie mir diesen Gefallen ohne eine Gegenleistung tun. Mit anderen Worten – ich schlage Ihnen einen Handel vor: Sie unterschreiben mir ein internes Geständnis, in dem Sie zugeben, Briefbomben und Drohbriefe an die deutschen Experten abgeschickt zu haben, und ich werde dafür die Eltern Ihrer Frau unverzüglich freilassen. Was sagen Sie?«

»Das ist keine Gegenleistung«, protestierte ich. »Meine Schwiegereltern müssen Sie ohnehin freilassen, weil sie unschuldig sind, wie Sie sehr wohl wissen, und Sie nicht den Schatten eines Beweises haben.«

Hassan Aleesh mischte sich ein. »Darauf würde ich mich an Ihrer Stelle nicht so felsenfest verlassen, Mr. Lotz. Wenn nötig, können wir sogar Anklage gegen Ihre Schwiegereltern erheben. Es findet sich schon etwas. In der Haft würde Ihr Schwiegervater vielleicht eines natürlichen Todes sterben – er ist ein kranker Mann. Oder es könnte beiden Eltern etwas passieren – sagen wir ein bedauerlicher Verkehrsunfall auf dem Wege zum Flughafen. Da könnte alles mögliche geschehen.«

Wahrscheinlich wollte er mich nur einschüchtern, aber Leute wie er und Salah Nasr waren zu allem fähig. Meine Schwiegereltern waren kurz nach ihrer Verhaftung in einem großen, verhältnismäßig bequemen Zimmer im Obergeschoß einquartiert worden. Man hatte ihnen sogar zwei Betten hineingestellt. Samir Nagy hatte uns einmal erlaubt, die Eltern kurz zu besuchen, um uns zu vergewissern, daß sie gut aufgehoben seien. Schon nach den ersten Vernehmungen hatte man eingesehen, daß das biedere, ältliche Ehepaar Neumann in keiner Weise mit irgendeiner Spionagetätigkeit in Verbindung gebracht werden konnte. Früher oder später mußte man sie laufenlassen. Aber mein Schwiegervater war ein schwer herzkranker Mann. Wenn er diesen Aufregungen und der mangelnden ärztlichen Betreuung noch lange ausgesetzt war, konnte alles passieren.

»Was ist es genau, was ich unterzeichnen soll?« fragte ich Nasr, nachdem ich eine Weile nachgedacht hatte.

»Ich möchte, daß Sie auf englisch ein Geständnis niederschreiben, in dem Sie zugeben, im Auftrag des israelischen Geheimdienstes Briefbomben und Drohbriefe an bestimmte deutsche Wissenschaftler und Ingenieure verschickt zu haben.«

»Und es ist Ihnen egal, ob diese Aussage richtig oder falsch ist?«

»Sie ist richtig. Aber darauf kommt es nicht an. Es ist für die Akten, wie ich Ihnen schon sagte, und niemand bekommt es zu sehen. Schreiben Sie?«

»Ich sage Ihnen, was ich zu tun bereit bin – unter dem Druck, den Sie auf mich ausüben. Ich werde zugeben, daß ich den Auftrag hatte, einige Drohbriefe zu verschicken, jedoch nichts von dem Sprengstoff wußte, den sie enthielten, bis ich es von den Empfängern selbst hörte.«

»Gut, machen Sie es so, wenn Sie wollen. Sie wußten es oder Sie wußten es nicht – was für einen Unteschied macht das schon? Worauf es ankommt, ist, daß Sie sie abgeschickt haben. Sie machen mir Spaß mit Ihrem Gerede über den ›Druck‹, den ich ausübe. Sie wissen ja gar nicht, was Druck ist. Wenn Abdel Hakim Sie noch eine halbe Stunde in die Mangel nähme, würden Sie flehentlich darum bitten, jede Art von Geständnis unterschreiben zu dürfen. Sie haben Glück, Mr. Lotz, daß ich Ihnen gegenüber so entgegenkommend bin. Und jetzt schreiben Sie. Es ist ja nur eine Formalität.«

»Und der Staatsanwalt erfährt nichts?«

»Kein Wort.«

Eine halbe Stunde später wurde ich wieder ins Büro von Samir Nagy gebracht. Er strahlte übers ganze Gesicht, als ich hereinkam.

»Kommen Sie, Lotz, setzen Sie sich. Wir fahren gleich mit unserer Unterhaltung fort. Aber zuerst werde ich Ihnen einen Kaffee bestellen, Sie sehen müde aus. Lassen Sie sich Zeit und ruhen Sie sich ein wenig aus. Später müssen Sie mir dann alles über die Briefbomben erzählen, die Sie an die deutschen Experten verschickt haben.«

Um die Mittagszeit des zwölften Tages unserer Haft öffnete Hassan Aleesh meine Zellentür. Er grinste breit, klopfte mir gönnerhaft auf die Schulter und wünschte mir einen guten Morgen.

»Möchten Sie gern mit Ihrer Frau und mir frühstücken, Mr. Lotz?« fragte er. Selbstverständlich stimmte ich freudig zu.

»Dann ziehen Sie sich einen guten Anzug an und binden Sie auch eine hübsche Krawatte um. Heute ist Freitag (der Ruhetag der Moslems), und Sie sollten sich feinmachen, wenn Sie mit einer Dame frühstücken. Ein Wachmann wird Sie in den Garten bringen, sobald Sie fertig sind.«

Damit ging er wieder. Ich zog mich eiligst an und wurde von der Wache in einen kleinen Garten geführt, wo Waltraud und Aleesh in Korbstühlen an einem runden Tisch saßen. Waltraud sah bezaubernd aus; sie trug ein geblümtes Kleid, das ihr gut stand, und hatte sich offenbar mit ihrem Make-up und ihrer Frisur viel Mühe gegeben. Man servierte uns ein üppiges Frühstück mit Eiern, kaltem Braten, knusprigem Pita-Brot und Tee.

Aleesh kam bald zur Sache. »Mr. Lotz«, fragte er mich, »hätten Sie etwas dagegen, zusammen mit Ihrer Frau im Fernsehen aufzutreten?«

»Wozu denn das?« fragte ich erstaunt.

»Die Presse bedrängt uns«, erwiderte er. »Aber Sie könnten auch Ihre Lage dadurch verbessern. Die Öffentlichkeit – und damit auch die Richter – würden sehen, daß Sie und Ihre Frau im Grunde recht nette Leute sind und lange nicht die Monster, als die man Sie in den Zeitungen bisher beschrieben hat. Das könnte sich zu Ihren Gunsten auswirken.«

»Dieser Vorschlag kommt etwas überraschend für mich«, sagte ich zögernd. »Ich muß mir das überlegen.«

»Ja, überlegen Sie nur«, sagte er und blickte auf die Uhr. »Sie haben drei Minuten Zeit.«

Der Schmäh von der Beeinflussung der Öffentlichkeit zu meinen Gunsten war natürlich nicht ernst zu nehmen, aber mein Auftritt in einer Fernsehsendung konnte einem anderen Zweck dienen. Der Mossad schnitt regelmäßig sämtliche ägyptischen Fernsehsendungen mit und wertete sie aus. Vielleicht konnte ich unauffällig ein paar Bemerkungen einflechten, aus denen meine Kollegen ihre Schlüsse ziehen würden.

»Geht in Ordnung«, sagte ich zu Aleesh. »Ich bin einverstanden, wenn meine Frau es auch ist.«

»Aber natürlich«, sagte Waltraud. Sie blinzelte mir zu und deutete damit an, daß sie verstanden hatte.

»Gut, dann gehen wir«, sagte Aleesh und erhob sich.

Er führte uns in einen Saal im Erdgeschoß, wo bereits drei Fernsehkameras mit allem Zubehör aufgestellt waren. Wir wurden gebeten, uns an einen von großen Topfblumen umringten Tisch zu setzen. Dann stellte uns Aleesh dem Journalisten vor, der uns interviewen würde. Man brachte uns Kaffee und Zigaretten. Aleesh winkte einem Assistenten, der eine Tasche herbeischleppte und zwölf große, dunkelbraune Briefumschläge vor uns auf den Tisch legte. Dann griff er nochmals in die Tasche und holte die Zeitzünder hervor, die mir Salah Nasr schon gezeigt hatte.

»Was soll das?« fragte ich Aleesh. »Damit habe ich nichts zu tun, wie ich Ihnen schon mehrfach erklärt habe.«

Er zuckte mit den Schultern. »Wenn Sie nichts damit zu tun haben, dann leugnen Sie es eben ab, wenn man Sie befragt.«

Die Fragen, die der Fernsehjournalist uns stellte, betrafen unsere Herkunft und das Leben, das wir in Ägypten geführt hatten. Weitere Fragen nach unserer Spionagetätigkeit waren sehr allgemein gehalten. Man zeigte die Briefbomben vor und wollte wissen, was ich dazu zu sagen hätte. Ich leugnete, etwas davon gewußt zu haben. Ich gab zu, Spion gewesen zu sein und betonte, meine Frau hätte damit nichts zu tun gehabt. Wie ich denn jetzt über die ganze Angelegenheit denke, fragte mich der

Journalist. Ich antwortete, daß ich meine Taten sehr bedauere, weil mir inzwischen klargeworden sei, welchen Schaden ich dem ägyptischen Volk durch meine Geldgier zugefügt hatte. Das täte mir leid.

Während der ganzen Zeit rauchte ich unaufhörlich und steckte mir eine Zigarette nach der anderen an. Einmal kam ich mit der brennenden Zigarette ziemlich nahe an die Briefbomben heran und sah, wie der Assistent von Aleesh hinter der Kamera wild mit den Armen fuchtelte und die Augen dramatisch aufriß. Mit Handzeichen versuchte er, mich dazu zu bewegen, die Zigarette weiter weg zu halten. Ich lächelte ihm zu und ließ meine Hand mit der Zigarette da, wo sie war. Ich wußte, daß die Umschläge innen dick wattiert waren und keine Gefahr einer Explosion bestand, wenn man die glühende Zigarette nicht in direkten Kontakt mit dem Papier brachte. Aber der Assistent befürchtete offenbar, wir würden jeden Moment in die Luft fliegen, und es machte mir Spaß, den Kerl ein wenig zu ängstigen.

»Mr. Lotz, ich danke Ihnen für dieses Gespräch«, sagte der Fernsehjournalist abschließend. »Möchten Sie noch etwas sagen? Vielleicht Ihren Landsleuten in Deutschland eine Botschaft übermitteln?«

Ich erkannte meine Chance und sagte: »Ja, etwas möchte ich noch hinzufügen. Wenn die Israelis in Ägypten Spionage betreiben wollen, dann sollen sie doch ihre eigenen Leute dazu nehmen und nicht uns Deutsche dazu anwerben. Ich kann jedem Deutschen nur dringend abraten, sich auf so etwas einzulassen.«

Nun wußten meine Kollegen in Tel-Aviv, daß wenigstens meine Tarnung als Deutscher noch intakt war. Dadurch waren sie in der Lage, die richtigen Maßnahmen für meine »Fernbetreuung« zu treffen.

Unsere Verhöre dauerten insgesamt dreiunddreißig Tage. Von meiner Verwendung als Doppelagent war nicht mehr die Rede. Auch wenn es ihnen damit ernst war, hatte ihnen Präsident Nasser einen Strich durch die Rechnung gemacht, indem er einen Schauprozeß anordnete. Das Verhältnis zwischen der Bundesrepublik Deutschland und der Vereinigten Arabischen Republik war zu dieser Zeit sehr gespannt, und die diplomatischen Beziehungen standen kurz vor dem Abbruch. Ein Schauprozeß mit Deutschen, die der Spionage angeklagt waren, war ein gefundenes Fressen für die ägyptische Öffentlichkeit. Bis zum Prozeß war man deutlich bemüht, uns korrekt zu behandeln und bei guter Laune zu erhalten. Samir Nagy telefonierte in meiner Gegenwart mit dem Kanater-Gefängnis, wohin man uns bis zum Prozeßbeginn verlegen würde, und gab Weisungen, uns besonders gut zu behandeln. Das Frauengefängnis lag ebenfalls in Kanater, und Waltraud erhielt Erlaubnis, mich täglich für eine halbe Stunde zu besuchen. Natürlich nicht in meiner Zelle, sondern im Büro des Adjutanten. Wir durften auch Besuche von Konsulatsbeamten empfangen und unser Essen täglich aus einem Kairoer Restaurant unserer Wahl beziehen.

All das hatte mein Intimfeind Samir Nagy angeordnet. Der Grund dafür war, daß man bei dem geplanten Schauprozeß, zu dem ausländische Journalisten und Fotografen zugelassen waren, keine geschundenen und bedrückten Angeklagten haben wollte. Man war bestrebt, der Weltöffentlichkeit zu zeigen, wie human man in der Vereinigten Arabischen Republik sogar mit Schwerverbrechern verfuhr.

Am Vormittag des 27. März 1965 verabschiedete sich Samir Nagy von Waltraud und mir mit Handschlag und guten Wünschen.

»Wir sehen uns dann vor Gericht«, sagte er. »Dort muß ich als Anklagevertreter natürlich sehr streng auftreten, aber Sie wissen ja, daß es nicht so gemeint ist.«

»Hoffentlich werden die Richter das auch einsehen«, sagte ich. »Was hätten wir schon davon, wenn man uns mit schönen Worten und einer höflichen Verbeugung zum Galgen führte?«

Er lachte. »Dazu wird es nicht kommen, Mr. Lotz. Natürlich muß ich vor Gericht die Todesstrafe für Sie beantragen. Aber so leicht hängt man keine Ausländer in Ägypten – außer Israelis. Sie sind ja nicht die ersten Spione, die hier verurteilt werden. Wahrscheinlich erhalten Sie eine hohe Gefängnisstrafe und werden dann nach ein paar Jahren begnadigt. So war es bis jetzt immer bei Ausländern. Meiner Schätzung nach werden Sie drei bis vier Jahre absitzen müssen. Und die«, fügte er mit einem Augenzwinkern hinzu, »haben Sie sich redlich verdient.«

Mit Handschellen an unsere Bewacher gekettet, brachte man uns mit einer der schwarzen Limousinen der Muhabarat el Amma zum Kanater-Gefängnis. Kanater liegt etwa dreißig Kilometer nördlich von Kairo im Nildelta. Das Gefängnis – mehrere gelb gestrichene Bauten, umrahmt von Palmengärten und üppiger Vegetation – machte trotz der schwer vergitterten Fenster und Türen einen fast freundlichen Eindruck.

Der Gefängnisdirektor, Brigadegeneral Munir Khorollos, ein rothaariger Kopte um die Fünfzig, erwartete uns bereits vor dem Tor. »Um Gottes willen«, rief er auf arabisch, als wir und unsere Bewacher aus dem Wagen stiegen, »nehmt ihnen doch diese schrecklichen Ketten ab. So etwas ist bei uns nicht Sitte.«

»Sobald Sie uns für diese beiden Gefangenen eine Quittung gegeben haben, Herr General, können Sie mit ihnen machen, was Sie wollen.« Die Formalitäten waren schnell erledigt, und General Khorollos reichte Waltraud und mir die Hand. »Bitte kommen Sie doch zu mir ins Büro auf einen Kaffee«, sagte er und ging uns voran.

»Hier bei uns werden Sie es leichter und bequemer haben, als dort, wo Sie bis jetzt waren«, erklärte er uns in sehr gutem Englisch, nachdem wir in zwei tiefen Ledersesseln Platz genommen hatten. »Ich bin nicht dazu da, Sie zu bestrafen, sondern Sie bis auf weiteres hier festzuhalten, wobei ich Ihnen den Aufenthalt bei uns so leicht wie möglich machen will. Wir sind kein eigentliches Untersuchungsgefängnis. Das befindet sich in der Kairoer Altstadt, und die Bedingungen dort spotten jeder Beschreibung. Darum hat Samir Nagy Sie hierher geschickt. Ihnen, Madame, habe ich im Lazarett des Frauengefängnisses ein Zimmer herrichten lassen, wo Sie sich wohl fühlen werden. Bei Ihnen, Mr. Lotz, geht das leider nicht. Sie müssen in eine Zelle. Aber sie ist groß, sauber und ganz gut eingerichtet, mit einem Bett und ein paar Möbelstücken. Wenn Sie besondere Wünsche haben – ich stehe jederzeit zu Ihrer Verfügung.«

»Besseres Hotel«, grinste Waltraud, als eine Wärterin sie

bald darauf abholte und sie sich von mir verabschiedete. »Der Empfangschef ist einsame Spitze. Im schlimmsten Fall könnte man es hier ein paar Jahre aushalten.«

Am nächsten Morgen eröffnete mir Sergeant Mohamed Battal, der für meine Betreuung verantwortlich war, daß meine Rechtsanwälte mich im Büro des Direktors erwarteten. Nanu! Seit wann hatte ich Rechtsanwälte?

In der Tat erwarteten mich zwei Herren im Büro des Direktors. Der eine war ein Ägypter namens Ali Mansour, der mir auf Anhieb denkbar unsympathisch war. Unter viel zu vielen Verbeugungen und mit viel zu öligem Lächeln erklärte er mir, daß er viel für das deutsche Konsulat arbeite, welches ihn mit meiner Verteidigung beauftragt habe. Er sei einer der besten Strafverteidiger in Ägypten, erläuterte er mir, und ein Freund, in dessen Händen unsere Verteidigung bestens aufgehoben sei.

Der andere Herr, der auf mich wartete, war ein Deutscher, etwa Mitte Fünfzig, schlank und groß, mit ergrautem Blondhaar. In typisch deutscher Offiziersmanier schlug er die Hacken zusammen, verbeugte sich zackig und stellte sich als Hans-Peter Krahl-Urban, Rechtsanwalt aus München, vor. Er sei im Auftrag meiner ehemaligen Kriegskameraden gekommen. Meine alten Kameraden von der Wehrmacht würden treu zu mir halten und hätten auch schon Geld gesammelt, um mich mit allem Nötigen zu versorgen.

Da ich ja niemals der großdeutschen Wehrmacht angehört hatte, konnte ich mir denken, in wessen Auftrag er gekommen war.

Bald darauf wurde Waltraud von einer Wärterin hereingeführt. Ich machte sie mit den beiden Rechtsanwälten bekannt, und auf einen Blick von mir, den sie sofort richtig auslegte, setzte sie sich mit Maître Ali Mansour auf das Ledersofa an der Wand und verwickelte ihn in ein Gespräch, während Krahl-Urban und ich auf zwei Sesseln am Fenster Platz nahmen. Er erkundigte sich nach den Haftbedingungen und danach, welche Angaben ich bei der Vernehmung gemacht hätte. Leise fügte er hinzu: »Grüße von Joske.« Das war der Spitzname meines Chefs.

Krahl-Urban erklärte mir, er sei nur auf ein paar Tage gekommen, um nach mir zu sehen und festzustellen, was ich benötigte. Kurz vor Beginn des Prozesses würde er wiederkommen und für die Dauer der Verhandlung hierbleiben. Als Ausländer hätte er bei einem ägyptischen Gericht keinen offiziellen Status und könnte daher nur als Beobachter und als Berater meines ägyptischen Verteidigers auftreten.

»Nehmen Sie ruhig diesen Mansour als Verteidiger«, meinte er. »Er ist nicht besser und nicht schlechter als jeder andere, und man darf ihm nie ganz trauen. Aber hier vor Gericht hat der Verteidiger ohnehin nicht viel zu sagen. Das Urteil wird im Präsidentialamt gefällt. Ich nehme nicht an, daß es Sie den Kopf kosten wird, Herr Lotz, aber auf eine lange Zuchthausstrafe sollten Sie sich gefaßt machen.«

»Und meine Frau?«

»Wenn wir Glück haben, bekommen wir sie frei. Übrigens wird Ali Mansour offiziell von Ihren Schwiegereltern mit der Verteidigung betraut. Natürlich zahlen das Ihre... Freunde. Immerhin 80000 Mark.«

XI
Das hohe Gericht

Unser Prozeß begann am 27. Juli 1965. Was die Sicherheitsvorkehrungen anbetraf, hatte Samir Nagy nichts dem Zufall überlassen. Fünfzehn Offiziere und achtzig schwerbewaffnete Polizisten waren abkommandiert, unsere tägliche Fahrt vom Kanater-Gefängnis nach Kairo und zurück abzusichern. Rings um das Gerichtsgebäude im Stadtzentrum waren Straßensperren errichtet und Maschinengewehrschützen auf den Dächern der umliegenden Häuser postiert. Einige Hundertschaften der Bereitschaftspolizei umstellten das Gerichtsgebäude und standen Schulter an Schulter, das Gewehr schußbereit. Ein vor Aufregung schwitzender Polizeigeneral führte das Kommando.

Als Waltraud und ich auf der Anklagebank Platz nahmen, sahen wir zu unserem Erstaunen, daß es noch einen dritten Angeklagten gab: Franz Kiesow. Man hatte bei Franz in der Wohnung Berichte gefunden, die er für seine Firma, Mannesmann, zusammengestellt hatte, und die die katastrophale Wirtschaftslage in Ägypten bis ins Detail beschrieben. Daraus wollte man ihm jetzt einen Strick drehen und ihn mit unserem ›Spionage-Ring‹ in Verbindung bringen. Franz nickte uns kurz zu, als wir uns setzten, sprach aber kein Wort. Wahrscheinlich war er uns böse, weil wir ihn in eine solche Situation gebracht hatten. Die Anklage gegen Kiesow stand – selbst für ägyptische Maßstäbe – auf sehr schwachen Füßen; der Schar seiner deutschen Rechtsanwälte, die ihm der Konzern stellte, gelang es später nachzuweisen, daß sämtliche Informationen, die seine Berichte enthielten, bereits schon früher in europäischen oder amerikanischen Zeitungen veröffentlicht worden waren.

Der Präsident des Gerichtshofes, Hassan el Badawi, hatte Presse und Fernsehteams angewiesen, sich zurückzuhalten.

Trotzdem empfing uns eine Batterie von Kameras und Mikrofonen, von der Polizei nur mit Mühe auf Distanz gehalten.

Die drei Richter trugen keine Talare, sondern dunkle Anzüge und quer über der Brust eine Seidenschärpe in den ägyptischen Nationalfarben rot-weiß-schwarz. Samir Nagy, der Generalstaatsanwalt, dessen Pult links von der Anklagebank aufgestellt war, trug wie immer einen tadellosen Maßanzug und eine grüne Schärpe.

Der Vorsitzende eröffnete die Verhandlung; Samir Nagy erhob sich und verlas die Anklageschrift. Sie enthielt zehn Punkte:

1. Verschwörung zum Zwecke der Spionage für ein feindliches Land.
2. Fortgesetzte Spionage für ein feindliches Land.
3. Verschwörung zum Zwecke der Untergrabung der Sicherheit der Vereinigten Arabischen Republik und ihrer Streitkräfte.
4. Fortgesetzte Handlungen zur Untergrabung der Sicherheit der Vereinigten Arabischen Republik.
5. Fortgesetzte ungesetzliche Handlungen im Auftrag und zum Nutzen eines Landes, mit dem sich die Vereinigte Arabische Republik im Kriegszustand befindet.
6. Ungesetzlicher Besitz von Sprengstoff.
7. Versendung von Drohbriefen an ausländische Angestellte der Regierung der Vereinigten Arabischen Republik.
8. Versendung von Briefbomben an ausländische Angestellte der Regierung der Vereinigten Arabischen Republik.
9. Schwere Körperverletzung, begangen an ausländischen Angestellten der Regierung der Vereinigten Arabischen Republik sowie an Staatsbürgern der VAR.
10. Mordversuche durch Sprengstoff, begangen an ausländischen Angestellten und Bürgern der Vereinigten Arabischen Republik.

Für jede dieser Straftaten allein konnte die Todesstrafe verhängt werden, war jedoch nicht obligatorisch.

Wie es die ägyptische Prozeßordnung vorschreibt, wurde ich als erster in den Zeugenstand gerufen. Man hatte mir einen Dolmetscher zugeteilt, doch stellte sich sehr bald heraus, daß dieser Herr die deutsche Sprache nur sehr ungenügend beherrschte. Der Vorsitzende erklärte sich daraufhin bereit, meine Aussagen auf englisch zu hören.

»Haben Sie eine Kopie der Anklageschrift erhalten und haben Sie sie gelesen und die einzelnen Anklagepunkte verstanden?« fragte er mich in ausgezeichnetem Englisch.

»Jawohl, Euer Ehren.«

»Bekennen Sie sich schuldig oder nicht schuldig?«

Wie mit meinen Anwälten vereinbart, erwiderte ich: »Ich bekenne mich in den ersten sechs Punkten der Anklage schuldig, in den anderen vier nicht schuldig.«

Kaum hatte ich diese Worte ausgesprochen, sprangen die anwesenden Zeitungsreporter von ihren Sitzen auf und rasten auf den Gang hinaus an die nächsten Telefonzellen. Nachdem die Ordnung wiederhergestellt war, fuhr der Vorsitzende mit meiner Vernehmung fort. Vor ihm auf dem Pult lag mein Vernehmungsprotokoll, das Samir Nagy in wochenlanger Arbeit aufgesetzt hatte; es umfaßte insgesamt 1800 handgeschriebene Seiten. Nagy hatte mir angedeutet, daß man mir im Gerichtssaal vor der Öffentlichkeit nur solche Fragen stellen würde, die bereits im Protokoll enthalten wären, und daß es wünschenswert sei, diese Fragen auch genauso zu beantworten wie bei meiner Vernehmung durch ihn.

Es war eine Farce, über die ich unter anderen Umständen nur gelacht hätte. Aber hier stand mein Kopf auf dem Spiel, und das Lachen war mir längst vergangen.

Ich beantwortete brav die Fragen, die mir Nagy schon Dutzende Male gestellt hatte und die ich schon auswendig kannte. Wann immer eine meiner Antworten auch nur im geringsten von dem Wortlaut des Vernehmungsprotokolls abwich, zog der Vorsitzende erstaunt die Augenbrauen hoch und hielt mir vor: »Bei Ihrer früheren Vernehmung haben Sie aber ausgesagt...« Dann korrigierte ich meinen Irrtum, und die Posse wurde fortgesetzt. Wie vorher vereinbart, wurden die Namen ägyptischer Offiziere nicht erwähnt. Die einzige Ausnahme bildete Youssef Ghorab, dessen Absetzung von seinem Gouverneursposten und sein Ausschluß aus dem Polizeidienst viel Aufsehen erregt hatten.

Man brachte mein Funkgerät, und ich mußte dem Gericht seine Bedienung erklären und den Gebrauch des Codes erläutern. All das nahm mehrere Tage in Anspruch. Man wollte, wie mir der Vorsitzende erklärte, nur eine allgemeine Beschreibung meiner Tätigkeit.

»Keine Einzelheiten bitte. Beantworten Sie lediglich die Fragen des Gerichts. Über alles andere werden wir unter Ausschluß der Öffentlichkeit verhandeln.«

Eine solche Verhandlung unter Ausschluß der Öffentlichkeit war für den nächsten Tag angesetzt. Kurz bevor sie beginnen sollte, erhob sich Samir Nagy und schwenkte mit dramatischer Geste einen beschriebenen Briefbogen vor sich her.

»Euer Ehren, bevor wir in die geheime Verhandlung eintreten, möchte ich dieses Dokument zum Gegenstand der Beweisaufnahme machen.«

»Bitte, Samir.«

»Euer Ehren, mich erreichte ein Brief aus Deutschland von einer Person, deren Namen ich nicht preisgeben kann. Ich habe diesem Mann strenge Geheimhaltung seiner Identität zugesagt. Der Brief betrifft die Person des Angeklagten Wolfgang Lotz, und ich werde nunmehr dem Gericht die beglaubigte arabische Übersetzung des Schriftstücks vorlesen:

An den Generalstaatsanwalt, Kairo 12. Juli 1965

Vor einigen Wochen sprachen wir mit Professor Pilz* über den Fall Lotz, und ich bin jetzt davon in Kenntnis gesetzt worden, daß Lotz neben seiner deutschen Staatsbürgerschaft auch die israelische besitzt. Nach meinen Informationen ist Lotz 1921 in Mannheim geboren. 1933 emigrierte er mit seiner Mutter nach Palästina, wo er 1948 nach Errichtung des Staates Is-

* Pilz und seine Gruppe von Wissenschaftlern waren auf dem Raketenversuchsgelände von Peenemünde tätig gewesen und hatten dort mit international bekannten Fachleuten wie Wernher von Braun und General Bornberger an der Herstellung von V-1 und V-2 Raketen gearbeitet. Jetzt waren Pilz und seine Gruppe, die Wernher von Braun als »dritte Garnitur« bezeichnet hatte, von der ägyptischen Regierung angestellt, um eine Boden-Boden-Rakete für den Einsatz gegen Israel zu entwickeln.

rael die israelische Staatsbürgerschaft erwarb. Wie ich erfahren habe, diente er als Offizier in der israelischen Armee. Diese Einzelheiten sind auch den bundesdeutschen Behörden bekannt. Nach meinen Informationen ist vor einigen Tagen ein hoher israelischer Beamter in Hamburg eingetroffen, um die Veröffentlichung dieser Tatsachen durch eine deutsche Illustrierte zu verhindern.*

Damit wird beabsichtigt, die Vergangenheit von Lotz zu verschleiern und, was noch wichtiger ist, seine israelische Staatsangehörigkeit. Es ist möglich, daß Ihnen diese Tatsachen bereits bekannt sind, doch betrachte ich es als meine Pflicht, Sie darauf hinzuweisen, damit Lotz dazu gebracht werden kann, die Identität jener Leute zu enthüllen, die Sprengstoffbriefe von Deutschland aus an die Sekretärin von Dr. Pilz und eine Reihe von Ägyptern geschickt haben.

Hochachtungsvoll

Nagy setzte sich, kreuzte die Arme vor der Brust und schaute mit triumphierendem Lächeln zu mir hin. Im Publikum entstand beträchtliche Unruhe, und die Reporter kritzelten fieberhaft auf ihren Schreibblocks. Eine weitere Sensation, die Schlagzeilen machen würde.

Das war ein Schock! Ich versuchte mit aller Kraft, mir nichts anmerken zu lassen und zwang mich sogar zu einem Lächeln, als ich mich zu Waltraud hinüberbeugte, die sehr bleich geworden war und offenbar mit den Tränen kämpfte.

»Mach nicht so ein verängstigtes Gesicht«, raunte ich ihr zu. »Wenn die das glauben, ist es das Ende.«

Krahl-Urban, mein deutscher Anwalt, war offensichtlich der gleichen Meinung. Sein Gesicht war sehr ernst, als er mit unserem Verteidiger Ali Mansour konferierte.

* Der STERN-Reporter Wolfgang Löhde hatte in der Tat meine wahre Vergangenheit aufgedeckt. Zu meinem Glück erklärte sich der Chefredakteur, als man von israelischer Seite an ihn herantrat, bereit, die Geschichte bis zu meiner Entlassung aus dem Gefängnis nicht zu veröffentlichen, um damit mein Leben zu retten.

Mansour erhob sich daraufhin und wandte sich an den Vorsitzenden.

»Euer Ehren«, sagte er, »dies ist kein Beweis, sondern ein bloßes Gerücht. Wenn die Anklage diesen Brief als Beweismittel vorlegen will, muß der Verfasser des Briefes hier vor Gericht erscheinen und vereidigt werden. Ich beantrage, dieses zweifelhafte Dokument nicht als Beweismittel zu akzeptieren.«

»Es ist vielleicht nicht in der vorgeschriebenen Form präsentiert worden«, meinte der Vorsitzende. »Trotzdem möchte das Gericht den Angeklagten zu diesem Punkt befragen. Mr. Lotz, haben Sie den Inhalt dieses Briefes verstanden?«

»Nicht ganz, Euer Ehren. Ich fürchte, mein Arabisch ist nicht gut genug. Vielleicht dürfte ich einmal das deutsche Original sehen, damit ich Ihnen Rede und Antwort stehen kann.«

»Ja. Kommen Sie her und lesen Sie das Original.«

»Aber nicht die Unterschrift, Euer Ehren«, protestierte Samir Nagy. »Ich habe dem Informanten strengste Diskretion zugesichert.«

»In Ordnung«, sagte der Vorsitzende. »Geben Sie mir das Original, Samir.« Er faltete den unteren Teil des Bogens um, so daß die Unterschrift nicht mehr sichtbar war, und hielt mir den Brief hin, ohne ihn aus der Hand zu geben. Auf dem Briefkopf, rechts oben in der Ecke, stand der Name des Absenders: Dr. Alfred Seidl, Rechtsanwalt, München, (volle Adresse). Der Name war mir geläufig. Er war der deutsche Rechtsberater der Pilz-Gruppe.

»Was sagen Sie zu diesem Brief, Mr. Lotz?« fragte mich der Vorsitzende.

»Das ist kompletter Unsinn, Euer Ehren. Das einzige, was an diesen lächerlichen Behauptungen stimmt, ist mein Geburtsort und mein Geburtsdatum. Sonst ist kein wahres Wort an der Sache. Ich kann mir aber vorstellen, wer diesen Brief geschrieben hat und aus welchen Beweggründen.«

»Gut. Wir ziehen uns jetzt zu einer geheimen Beratung zurück, und Sie berichten uns über Ihren Verdacht.«

Auf dem Weg ins Konferenzzimmer der Richter zog mich Ali Mansour zur Seite. »Ich muß mit Ihnen über diesen Brief sprechen, bevor wir da hineingehen«, sagte er.

»Ja, Mansour, ich brauche Ihnen wohl nicht zu sagen, wie gefährlich der Brief ist. Sie müssen mir helfen, das Gericht davon zu überzeugen, daß das alles Lügen sind.«

»Selbstverständlich, selbstverständlich, das werde ich tun, keine Sorge. Aber als Ihr Anwalt muß ich die Wahrheit wissen. Ist es wahr, oder ist es nicht wahr, was in dem Brief steht? Mir können Sie es ruhig anvertrauen.«

Dieses doppelzüngige Stinktier! Natürlich arbeitete er Hand in Hand mit der Staatsanwaltschaft.

»Der Brief enthält nur Lügen, von Anfang bis Ende«, sagte ich mit Nachdruck.

»Sie sind aber doch Israeli, oder?«

»Ich bin *kein* Israeli, verdammt noch mal. Das wissen Sie ganz genau!«

»Aber Ihre Mutter ist Jüdin. Wo lebt sie? In Tel-Aviv?«

»Was sollen diese Fragen? Meine Eltern sind 1944 bei einem Luftangriff auf Berlin umgekommen. Meine Mutter war Protestantin. Wie kommen Sie auf solche verrückten Ideen? Sie sind ja schlimmer als der Staatsanwalt. Vielleicht sollte ich Ihnen Ihr Mandat entziehen und mir einen anderen Anwalt suchen.«

»Kommen Sie, Lotz, regen Sie sich nicht auf. Ich bin Ihr Freund. Ich will nur Ihr Bestes. Ihre Verteidigung ist gut vorbereitet. Fragen Sie Mr. Krahl-Urban. Nur ist der Ablauf des Verfahrens hier etwas anders als in Deutschland. Haben Sie Vertrauen zu mir. Jetzt müssen wir aber hineingehen, die Richter warten.«

Die drei Richter und Samir Nagy saßen in Hemdsärmeln an einem langen Tisch. Mansour und ich wurden ebenfalls aufgefordert, Platz zu nehmen und, wenn wir es wünschten, Jacke und Krawatte abzulegen, was angesichts der drückenden Hitze eine große Erleichterung war. Meine Wache, Major Farid, setzte sich in die Nähe der Tür. Ein Gerichtsdiener servierte Kaffee, Tee und eisgekühlte Limonade, und wir zündeten uns Zigaretten an. Bald ähnelte das Ganze mehr einer Teegesellschaft als einer Gerichtsverhandlung.

Samir Nagy grinste mich an und streckte mir beide Arme entgegen. »Ich hoffe, Sie sind mir nicht böse, Mr. Lotz – wegen des Briefes, meine ich. Ich habe nur meine Pflicht getan.

Im Gerichtssaal muß man manchmal zu theatralischen Mitteln greifen, das verstehen Sie doch.«

»Diesmal sind Sie ein bißchen zu weit gegangen, Samir – mit Ihren theatralischen Mitteln. Es wäre ein hübscher, theatralischer Effekt, wenn die Richter diesen Quatsch glauben würden. Wirklich, Samir, das stand nicht im Drehbuch.«

Hassan el Badawi, der Vorsitzende, lachte und bot mir eine Zigarette an. »Wie ich sehe, sind Sie und Samir gute Freunde geworden.«

»Freunde oder nicht«, erwiderte ich, »dies ist auf jeden Fall ein übler Streich, Euer Ehren. Wenn Sie mir Gelegenheit geben, kann ich Ihnen beweisen, daß an der Sache kein wahres Wort ist.«

»Beruhigen Sie sich, Mr. Lotz«, sagte el Badawi beschwichtigend. »Wir wissen sehr wohl, daß dieser Brief eine gezielte Provokation darstellt. Sehen Sie – wir haben sehr gründliche Ermittlungen über Sie angestellt und kennen Ihre Lebensgeschichte praktisch vom Tag Ihrer Geburt an. Es gibt in Ihrer Vergangenheit bestimmte Abschnitte, die Sie lieber verheimlichen möchten, aber der israelische Offizier paßt nicht in das Bild, das wir von Ihnen haben. Das Gericht wird diesen Brief unbeachtet lassen und diese primitive Fälschung nicht als Beweismittel werten. Aber sagen Sie mir, Mr. Lotz – wer hat das Ihrer Ansicht nach geschrieben, und warum?«

»Es ist ein eindeutiger Versuch, mich an den Galgen zu bringen«, erwiderte ich. »Die einzigen, die etwas davon hätten, sind die Pilz-Gruppe und die Juden. Pilz will sich an mir rächen, weil ich beweisen konnte, daß sein Raketenprogramm ein Fiasko ist; außerdem glaubt er, ich hätte mit den Sprengstoffsendungen aus Deutschland etwas zu tun, was aber erwiesenermaßen nicht der Fall ist. Die Israelis wiederum wollen einen Agenten loswerden, der für sie wertlos geworden ist und jetzt mit den ägyptischen Behörden zusammenarbeitet. Das sind die einzigen Erklärungen, die ich habe.«

»Vielleicht haben Sie recht, Mr. Lotz«, meinte der Vorsitzende. »Spionage ist ein schmutziges Geschäft. Ich kann Ihnen ruhig sagen, daß wir zu einer ähnlichen Schlußfolgerung gekommen sind wie Sie. Aber Sie sollten meine Offenheit mit gleicher Offenheit honorieren. Warum geben Sie bis heute nicht zu, daß Sie höherer SS-Offizier waren? Ich garantiere Ihnen, daß sich das nicht nachteilig für Sie auswirken würde.«

Ich zögerte einen Augenblick, bevor ich antwortete: »Euer Ehren, es gibt leider Dinge, die ich nicht zugeben kann.«

Einer der anderen Richter mischte sich ein: »Haben Sie denn vor den Juden größere Angst als vor uns?«

Ich zuckte mit den Schultern und schwieg.

»Nun gut«, sagte el Badawi, »wie Sie wollen. Das ist auch nicht wesentlich für den Verlauf dieses Prozesses. Wir werden jetzt mit den Aussagen fortfahren, die nicht für das Ohr der Öffentlichkeit bestimmt sind.«

Er fragte nach den ägyptischen Offizieren und Beamten, die – nichtsahnend – meine Informanten gewesen waren. Ich antwortete mehr oder weniger automatisch. Ich hatte das Ganze ja wochenlang mit Nagy durchgenommen. Allmählich schwand das Gefühl, daß sich eine Schlinge um meinen Hals legte und immer fester zugezogen wurde.

»Damit ist Ihre Vernehmung abgeschlossen, Mr. Lotz«, sagte el Badawi nach etwa einer Stunde. »Morgen werden wir Ihre Frau in den Zeugenstand rufen. Das Gericht vertagt sich auf morgen.«

Am nächsten Morgen, bevor meine Polizeieskorte mich abholte, kam der Kalfaktor, der im Kanater-Gefängnis für Zeitungen und Post verantwortlich war und mit dem ich mich in den langen Monaten der Untersuchungshaft angefreundet hatte; er warf mir eine Zeitung aufs Bett.

»Mr. Lotz«, fragte er neugierig, »sind Sie ein Israeli?«

»Wie kommen Sie auf diese lächerliche Idee?«

»Es steht in der Zeitung.« Er begann mir vorzulesen:*

(Unter der Schlagzeile ›IST LOTZ IN WIRKLICHKEIT EIN ISRAELI?‹ erschien folgender Artikel auf der Titelseite des halbamtlichen El Ahram:)

»Es ist bekannt, daß der israelische Geheimdienst fieberhaft

* Übersetzung des Originaltextes

versucht, dem deutschen Spion Lotz zu helfen. Dies geschieht trotz des umfassenden Geständnisses und der Enthüllung aller Einzelheiten über den Spionage- und Terrorring, den Lotz leitete. Die israelische Handelsmission in Köln, die in Wirklichkeit eine getarnte Niederlassung des israelischen Geheimdienstes ist, unternimmt große Anstrengungen in dieser Richtung. Der Leiter der Mission, ein israelischer Geheimdienstoffizier, wandte sich an den Chefredakteur der deutschen Illustrierten STERN, um die Veröffentlichung der größten Sensation des Falles Lotz zu verhindern. In erster Linie handelt es sich um den Umstand, daß er 1933 mit seiner jüdischen Mutter nach Palästina ausgewandert ist und dort bis 1948, als der Staat Israel entstand, lebte. Später war Lotz jahrelang Offizier in der israelischen Armee. Schon seit einem Monat hat diese deutsche Illustrierte einen sensationellen Artikel bereit, den sie unter dem Titel ›LOTZ SAGT DAS EINE – DIE WAHRHEIT LAUTET ANDERS‹ zu veröffentlichen gedachte.

Warum tut der israelische Geheimdienst das? Fürchtet er, daß die Enthüllung der wahren Identität seines Spions zu einem noch umfassenderen und gefährlicheren Geständnis führen könnte? Ist Lotz in Wirklichkeit ein Israeli?

Verschiedene Deutsche haben auf Unstimmigkeit im Zusammenhang mit den Sprachen, die Lotz beherrscht, hingewiesen. Er spricht nicht den Dialekt seiner Heimatstadt Mannheim, und er spricht englisch ohne jeden deutschen Akzent. Daraus kann man schließen, daß er viele Jahre außerhalb Deutschlands gelebt hat, während er behauptet, deutscher Offizier gewesen zu sein und später in einer Reitschule in Berlin gearbeitet zu haben, wo ihn dann der israelische Geheimdienst angeworben hat. Viele hohe Nazis haben Deutschland nach dem Krieg verlassen. Alle gefährlichen Nazis, die in Deutschland geblieben sind, wurden entweder vor Gericht gestellt und verurteilt oder begingen Selbstmord. Wenn Lotz ein bekannter Nazi gewesen wäre, wäre er in irgendeinem fernen Land untergetaucht, wie es andere Nazis auch getan haben. Wenn er aber trotzdem in Deutschland geblieben wäre, und wenn der israelische Geheimdienst ihn dort entdeckt hätte, hätte man ihn erpressen und dazu zwingen können, in Deutschland für den israelischen Geheimdienst zu arbeiten. Andererseits, wenn Lotz ein normaler Wehrmachtsoffizier gewesen wäre, wie er behauptet, weshalb hätte er dann Deutschland überhaupt verlassen sollen? Er hätte bleiben und eine gut bezahlte Stellung annehmen können. Und eine andere Frage: Warum versucht Lotz mit allen Mitteln seine Frau und seinen Freund Kiesow zu entlasten?

Um eine solche Position im Geheimdienst zu bekleiden, wie es Lotz zweifellos tat, muß man ein wichtiges Mitglied der Organisation sein und auch die Staatsbürgerschaft desjenigen Landes besitzen, für das man arbeitet.

Es ist ganz logisch, daß ein Lotz als israelischer Staatsbürger, der für Israel spioniert, eine andere Position einnimmt als ein Lotz, der als deutscher Staatsbürger für Israel Spionage betreibt. Es ist ganz natürlich, daß er sich jetzt als Deutscher tarnt, angesichts des Kriegszustands, der zwischen Israel und Ägypten herrscht. Der neue israelische Geheimdienstchef möchte seine geheimen Aktionen gegen ägyptische und deutsche Wissenschaftler in Ägypten nicht zu bekannt werden lassen. Der Brief, den der Generalstaatsanwalt aus Deutschland erhalten hat, läßt Rückschlüsse in dieser Richtung zu.«

Zusammen mit dem Brief, den man am Vortag vor Gericht verlesen hatte, verschlimmerte dieser Zeitungsartikel meine Lage beträchtlich. Im Gerichtssaal sprach ich sofort mit Krahl-Urban darüber, der sich gleich mit Ali Mansour zusammensetzte. Außerdem sagte er mir, er würde noch heute für ein paar Tage nach München fliegen, um – wie er sich ausdrückte – dem Dr. Seidl das Lästermaul zu stopfen.

Zu Beginn der Sitzung sprang dann Ali Mansour auf und bat um Erlaubnis, eine dringende Angelegenheit vorbringen zu dürfen.

»Euer Ehren«, begann er, »vor mir liegt der Leitartikel einer heutigen Morgenzeitung. Er ist voll von Verleumdungen und Entstellungen und dient lediglich dazu, das hohe Gericht wie auch die öffentliche Meinung zu Ungunsten des Angeklagten zu beeinflussen. Das ägyptische Gesetz garantiert jedem Angeklagten ein faires Verfahren – und zwar vor Gericht und nicht in der Presse.«

»Ich habe den Artikel selbst gelesen«, erklärte der Vorsitzende, »und ich warne hiermit die Presse, daß ich sie von den weiteren Sitzungen ausschließen werde, wenn sie sich nicht darauf beschränkt, über den tatsächlichen Prozeßverlauf zu berichten.«

Ich fühlte mich ein wenig erleichtert. Was mir Sorgen bereitete, war die Bereitwilligkeit des Gerichts und der Behörden, die Frage meiner möglichen israelischen Staatsangehörigkeit auszuklammern. Sie mußten diese Möglichkeit doch zumindest erwogen haben. Zwar war die Logik dieser Leute eine andere als die unsere, aber deswegen durfte man sie keinesfalls unterschätzen. Auch die beste Tarnung hat ihre schwachen Stellen, und die meine machte da keine Ausnahme. Jede gründliche Ermittlung hätte zweifellos bestimmte Dinge enthüllt, die nicht zu dem Gesamtbild meiner Person oder zu meiner Vergangenheit gepaßt hätten. Trotzdem hatten Gericht und Generalstaatsanwalt meine Stellungnahme zu Seidls Brief bereitwillig – vielleicht zu bereitwillig – akzeptiert und auch dem Zeitungsartikel keine weitere Bedeutung beigemessen.

Warum hatten sie die Sache mit dem Brief so schnell fallenlassen? Dafür konnte es mehrere Erklärungen geben. Eine war, daß sie mir meine Geschichte tatsächlich abkauften. Schließlich war ich als Obersturmbannführer »entlarvt« worden, und sie glaubten daran, obwohl ich es nach wie vor ableugnete. Eine andere mögliche Erklärung boten die gespannten Beziehungen zwischen Ägypten und der Bundesrepublik. Als zusätzlicher Anlaß zum Abbruch der diplomatischen Beziehungen konnte nur ein deutscher Spion dienen, nicht aber ein israelischer. Die dritte Möglichkeit, die ich mir vorstellen konnte, war folgende: Ich war fast fünf Jahre lang in Ägypten tätig gewesen, ohne auch nur den geringsten Verdacht erweckt zu haben. Dann hatte man mich verhaftet und verhört. Der Generalstaatsanwalt hattte ein 1800 Seiten langes Protokoll von der Spionagetätigkeit des deutschen Staatsbürgers Lotz aufgesetzt, und nun tauchte plötzlich dieser Brief auf. Es wäre für die ägyptischen Behörden äußerst peinlich gewesen, zugeben zu müssen, daß ein israelischer Geheimdienstoffizier sie ganze fünf Jahre lang an der Nase herumgeführt und wichtige militärische und andere Informationen gesammelt hatte. Ein ungeheurer Prestigeverlust für die allmächtige Muhabarat el Amma. Es war durchaus nicht ausgeschlossen, daß die Ägypter, die in Prestigefragen äußerst empfindlich sind, nicht einmal vor sich selbst zugeben wollten, daß sie auf die Lügengeschichten eines israelischen Agenten hereingefallen waren.

Als nächstes wurde Waltraud in den Zeugenstand gerufen. Ihre Aussagen waren lediglich eine Wiederholung meiner eigenen, und ihre Vernehmung dauerte nur zwei Stunden. Ja – sie hätte von meiner wahren Tätigkeit nur eine vage Vorstellung gehabt. Sie hätte mich zwar einige wenige Male am Funkgerät gesehen, aber davon abgesehen wüßte sie praktisch nichts. Sie hätte zwar vermutet, daß ich manchmal Leute nur einlud, um sie auszuhorchen, doch hätte sie nicht gewußt, auf welche Art von Informationen ich aus gewesen sei. Sie sei lediglich Hausfrau gewesen und sonst nichts.

»Was ist Ihre Meinung über Ihren Mann, nachdem Sie jetzt gehört haben, was er getan hat?« fragte der Vorsitzende.

»Ich war natürlich sehr erschrocken«, erwiderte sie, »aber ich finde, eine Frau muß auch im Unglück zu ihrem Mann halten. Ich liebe ihn nach wie vor. Unser Schicksal liegt in Ihren Händen, und ich bitte das Gericht um ein mildes Urteil. Ich hoffe, daß wir eines Tages wieder frei sein werden und irgendwo, wo uns keiner kennt, ein friedliches und zurückgezogenes Leben führen können.«

»Das war eine gute Vorstellung, Schätzchen«, sagte ich zu ihr, als sie vom Zeugenstand auf die Anklagebank zurückkehrte. Die Aussichten, daß sich ihre Hoffnungen jemals erfüllen würden, erschienen mir in diesem Augenblick allerdings äußerst gering.

Franz Kiesow, der dritte Angeklagte, wurde aufgerufen. Er beantwortete ein paar Fragen zur Person, und dann beschloß das Gericht den Aussschluß der Öffentlichkeit für den Rest des Tages. Man sollte nichts über den Inhalt von Kiesows Berichten erfahren, in denen er den wahren Zustand der ägyptischen Wirtschaft so treffend geschildert hatte.

Während der nächsten drei Tage verhörte man eine Anzahl weiterer Zeugen. Ein Fernmeldeoffizier erklärte die Reichweite und die Funktion meines Senders. Ein Dechiffrierungsfachmann bestätigte, daß er meine Funksprüche entschlüsselt habe. Ein anderer Offizier zeigte dem Gericht den Sprengstoff, den man bei mir gefunden hatte. Schließlich bezeugte ein Postbeamter mit einer Binde über dem rechten Auge, er hätte sein Auge eingebüßt, als ein Brief, adressiert an einen der deutschen Experten, beim Öffnen in seiner Hand explodiert sei. Niemand fragte ihn, warum er den Brief überhaupt geöffnet habe. Jeder wußte, daß die Post der ausländischen Fachleute regelmäßig zensiert wurde, aber das mußte nicht unbedingt vor Gericht erörtert werden.

Vor Erscheinen des nächsten Zeugen wurden Zuschauer und Presse aus dem Saal gewiesen. Ein Oberstleutnant vom Generalstab kam hereinmarschiert, nahm im Zeugenstand Haltung an und salutierte.

»Welche Stellung bekleiden Sie, Herr Oberstleutnant?« fragte ihn Hassan el Badawi, nachdem der Offizier seinen Namen genannt hatte.

»Ich bin hier als Vertreter des Verteidigungsministeriums, Euer Ehren.«

»Welche Aussagen können Sie zu diesem Fall machen?«

»Ich erhielt den Auftrag, die Funksprüche des Angeklagten zu lesen und zu analysieren.«

»Was enthielten diese Funksprüche?«

»Die meisten enthielten vertrauliche oder geheime Informationen militärischer oder politischer Art. Meine Aufgabe war es, die militärischen Informationen auf ihren Wert zu überprüfen.«

»Wie weit stimmten die Meldungen mit den Tatsachen überein?«

»Nach sorgfältigen Untersuchungen ist das Verteidigungsministerium zu dem Schluß gekommen, daß sechsundneunzig Prozent der Informationen korrekt waren, Euer Ehren.«

»Wie hoch schätzen Sie den Schaden ein, welcher der Vereinigten Arabischen Republik durch die Weitergabe an den Feind zugefügt wurde?«

»Das ist schwer einzuschätzen, Euer Ehren.«

»Würden Sie sagen, daß der Schaden beträchtlich ist?«

»Sehr beträchtlich, Euer Ehren.«

»Danke, Herr Oberstleutnant, das wäre alles.«

Wütend wandte ich mich Waltraud zu. »Warum nimmt dieser Idiot Mansour die Zeugen nicht ins Kreuzverhör?«

»Weil wir hier in Ägypten sind«, erwiderte sie mit ironischem Lächeln, »und unser Verteidiger keineswegs den ordentlichen Ablauf der Verhandlung stören möchte. Soll er etwa zwei oder drei Prozent herunterhandeln? Ich finde, sechsundneunzig Prozent sind eine beachtliche Leistung. Das soll dir erst mal jemand nachmachen!«

Ich ging auf ihren leichten Ton ein und sagte: »Ich kann ja Samir fragen, ob er uns eine Flasche Schampus spendiert, um unseren Erfolg zu feiern.«

Der Vorsitzende wandte sich an Samir: »Haben Sie noch weitere Zeugen, Herr Generalstaatsanwalt?«

»Nein, Euer Ehren. Mit Ihrer Erlaubnis möchte ich morgen mit dem Plädoyer der Anklage beginnen.«

»Was ist mit den deutschen Zeugen, die noch auf der Liste stehen?«

»Sie werden nicht erscheinen. Alle drei haben mir geschrieben, daß dringende Geschäfte sie daran hindern, in absehbarer Zeit nach Ägypten zu kommen.« (Bravo, Krahl-Urban!)

»Dann müssen wir ohne sie auskommen. Die Verhandlung ist bis morgen früh, neun Uhr, vertagt.«

Das Plädoyer der Anklage dauerte ganze zwei Tage. Mit der in orientalischen Ländern üblichen Theatralik und mit einem reichhaltigen Repertoire an blumenreichen Ausschmückungen begann Samir Nagy seine leidenschaftliche Rede. Dies war sein großer Auftritt.

»Euer Ehren, hochgeehrte Beisitzer. In diesen drei Angeklagten erblicken Sie einen Abgrund von Verrat, den Gipfel des Betruges und die finsterste Verderbnis, wie sie die Geschichte unseres Landes nie zuvor gesehen hat. Lange Zeit wird vergehen, bevor man – wenn überhaupt – jemals wieder einen solchen Meister der Täuschung und des Verrats finden wird. Der israelische Zionismus konnte keinen besseren Diener finden als Lotz, seinen Chefschlächter.

Er ist in der Tat ein Meister der Korruption und ein Genie

der Täuschung. Er schloß mit einem der deutschen Wissenschaftler enge Freundschaft und begann unmittelbar darauf, sämtliche Informationen weiterzuleiten, die er von diesem Mann in seiner Ahnungslosigkeit erhielt. Das Funkgerät war ständig in Betrieb und übermittelte Verrats- und Mordpläne.

Dieser Mörder hatte noch nicht genug Blut vergossen, sondern forderte zusätzliche Mittel, um sein mörderisches Zerstörungswerk fortsetzen zu können. In seinem Funkspruch Nr. 9 sagt er: ›Der Brief an Mirmeir ist nicht explodiert. Ein anderer explodierte im Postamt von Maadi. Dies machte einen großen Eindruck auf die deutschen Wissenschaftler.‹

In seinem Funkspruch Nr. 20 heißt es: ›Eine Reihe von Wissenschaftlern, die in Helwan beschäftigt sind, haben um ihre Entlassung gebeten, andere werden im Frühjahr gehen. Die Neuen werden innerhalb weniger Monate kommen. Ich werde versuchen, sie in den Griff zu bekommen.‹ In einem anderen Funkspruch sagt er: ‹Ich bin sicher, daß wir noch mehr deutsche Wissenschaftler durch Drohbriefe dazu bringen können, Ägypten zu verlassen, wenn wir darauf achten, daß sie (die Briefe) in der deutschen Presse veröffentlicht werden.‹ All das tat er seinen eigenen Landsleuten an, unterstützt von seiner Frau, dieser gestreiften Giftschlange, und ohne das geringste Mitleid. Nur aus Abenteuerlust und Geldgier.

Während der Vernehmungen gab Lotz alles offen zu, und ich war darüber erschüttert. Ich fragte ihn: ›Warum haben Sie das alles mitgemacht?‹ und er antwortete: ›Es war mein Beruf, so wie es Ihr Beruf ist, hier zu sitzen und mir Fragen zu stellen.‹ Wie es in den Protokollen der Weisen von Zion geschrieben steht: ›Der Schlüssel zu dieser Welt ist Falschheit, Lüge, Ausnutzung von Gefühlen und Prostitution.‹

Das sind in groben Umrissen die Angeklagten. Jetzt werde ich mich den näheren Einzelheiten zuwenden.

In seinem sogenannten ›umfassenden Geständnis‹ hat er anfangs längst nicht alle seine Verbrechen zugegeben, wie er jetzt vor Gericht behauptet. Erst als wir ihn mit stichhaltigen Beweisen konfrontierten, als wir ihm das Funkgerät in der Badezimmerwaage zeigten, gab er zu, ein Funkgerät zu besitzen. Er gab nicht zu – er erwähnte zu diesem Zeitpunkt nicht, auch im Besitz von Sprengstoff zu sein. Erst als es offenkundig war, daß wir weitersuchten und bald auf den Sprengstoff stoßen würden, gab er den Besitz zu. Anfangs behauptete Lotz, die Briefe seien gewöhnliche Drohbriefe gewesen. Später gestand er dann endlich, daß einige Briefe möglicherweise Sprengstoff enthalten haben könnten, und am Schluß erinnerte er sich daran, daß er in den Funksprüchen, die wir abgehört und entschlüsselt hatten, um weiteren Sprengstoff gebeten hatte.

Jedes seiner vielen Verbrechen geschah auf Befehl eines Landes, das sich mit Ägypten im Kriegszustand befindet. In seiner Aussage vor Gericht legte Lotz besonderen Wert auf die Feststellung, daß seine Frau von seiner Tätigkeit, wenn überhaupt etwas, nur sehr wenig gewußt hatte, und daß ihre einzige Rolle gewesen war, Hausfrau und eine gute Gastgeberin für seine vielen Gäste zu sein. Ohne es zu wissen, soll sie Teil seiner Tarnung als reicher Pferdezüchter gewesen sein.

Seit vielen Jahren beschäftige ich mich mit Spionageangelegenheiten, daher möchte ich darauf hinweisen, daß beim Geheimdienst alles, auch Heirat, Scheidung, Schwangerschaft, Liebe und Haß nach Plan und auf Befehl geschehen. Unter Agenten gibt es keine Heirat ohne Einverständnis der Vorgesetzten, keine Liebe, außer auf Befehl. Alles geschieht unter den Augen der Vorgesetzten. Die Hochzeitsnacht ebenso wie ein Seitensprung. Dies ist bereits in früheren Spionageprozessen nachgewiesen worden.

Die israelische Spionageorganisation war mit Lotz' Heirat einverstanden und eröffnete für beide ein Bankkonto mit 15000 Dollar bei einer deutschen Bank. Der Angeklagte gab während des Verhörs zu, daß seine Frau von den geheimen Funksprüchen gewußt habe und manchmal sogar dabeigewesen sei. In Wirklichkeit reichten ihre Aufgaben weit über die einer gewöhnlichen Hausfrau hinaus. Denken Sie daran, wie sie vor dem Schlafzimmer Wache hielt, während er funkte, und wie sie ihn auf verschiedenen Fahrten begleitete, die dazu dienten, militärische Anlagen auszukundschaften. Bedenken Sie, wie sie ihm half, Informationen über geheime Raketenstellungen, Militärflugplätze, neue Straßen und tägliche Berichte über den Krieg im Jemen, die deutschen Experten und die Rüstungsindustrie zu bekommen.

Vor Ihnen stehen Leute, die jeden Sinn für menschliche Würde verloren haben. Vor Ihnen steht ein käuflicher Killer, der sein eigenes Land verraten hat und der selbst zugibt, kein anderes Motiv als Geld gehabt zu haben. Er hat mir gesagt: ›Ich arbeite nicht, um Orden zu bekommen. Von denen hat man mir im Krieg genug verliehen. Ich leide auch nicht an dem bekannten deutschen Schuldkomplex. Mich interessiert nichts anderes als Geld und ein gutes Leben.‹

Wie, so frage ich, kann man für einen solchen Mann das leiseste Mitgefühl haben? Wie kann man überhaupt versuchen, seine Motive zu verstehen oder gar zu rechtfertigen? Hat ihn dieses Land nicht mit Freundschaft und Respekt empfangen, ohne zu ahnen, welchen Schaden er ihm zufügen würde? Den Dank für die Freundschaft und die ihm erwiesenen Ehren zeigte er – mit Sprengstoff. Normalerweise empfände man im Herzen noch einen gewissen Grad von Verständnis und Mitleid, selbst mit einem Staatsfeind, wäre noch ein Rest von Anstand in ihm verblieben; ebenso für diese Frau, die uns aus Liebe zu ihrem Mann ein solches Theater vorspielt. Sie liebt ihn trotz seiner Verbrechen, trotz seines Verrats, trotz seiner Niederträchtigkeit. Was für eine Liebe ist das, die nicht wunderbar, sondern schmutzig ist? Wie kann man ihre Gefühle Liebe nennen, wo sie doch nichts sind als billige Sinnlichkeit? Was für ein Gewissen muß sie haben, wenn sie ihn trotz seiner schmutzigen Verbrechen liebt? Ihre schwarze Seele sucht nach einem Gegenüber, und Gleiches gesellt sich zu Gleichem. Jetzt, da sie um Gnade bitten, muß man sie an jene erinnern, denen sie ihr Leben genommen haben. Ich beantrage hiermit, daß Sie über beide Angeklagten die Höchststrafe verhängen und sie zum Tode durch Erhängen verurteilen. Im Namen der Augen, die nicht mehr sehen, und zum Schutze unseres heiligen Vaterlandes. Ich verlange dies im Namen des Landes, dessen Söhne Sie sind, im Namen des Landes, das Sie aufgezogen hat und zu dem gemacht hat, was Sie heute sind. Für jene, die diese Verbrecher in unser Land geschickt haben, wird der Tag kommen. Eines Tages wird es in Tel-Aviv Prozesse geben wie in Nürnberg, wo die Feinde der Menschheit verurteilt wurden. Ich bin kein Träumer, und dies sind keine Phantasievorstellungen. Ich sage, die Prozesse von Tel-Aviv werden kommen. Die historische Gerechtigkeit wird kommen, und ich bete dafür, daß wir es alle noch erleben mögen.« *

Damit ließ sich Samir Nagy schwer atmend auf seinen Stuhl fallen. Trotz aller übertriebenen Theatralik hatte seine leidenschaftliche Ansprache verdammt überzeugend geklungen. Und die Zeitungen würden sie Wort für Wort wiedergeben. Zum Glück hatte Waltraud wenig oder nichts von dem klassischen Arabisch, dessen sich der Generalstaatsanwalt bediente, verstanden. Wie hatte ich sie nur in diese Lage bringen können! Immer wieder sagte ich mir, daß das Urteil de facto vom Präsidenten der Republik gefällt würde, und daß weder Nagy noch die Richter Einfluß auf das Strafmaß nehmen konnten. Es war eine rein politische Entscheidung.

»Was hat unser Freund Samir denn so alles erzählt?« fragte mich Waltraud leichthin.

»Eine gestreifte Giftschlange hat er dich genannt.«

»Aber warum gestreift? Wo er doch sonst immer so höflich ist.«

Bevor das Gericht sich vertagte, verkündete der Vorsitzende, daß der Verteidigung ebenfalls zwei Tage für ihr Plädoyer zur Verfügung stünden. Beim Hinausgehen lächelte Samir uns zu.

»Ich wünsche Ihnen beiden viel Glück«, sagte er.

Waltraud blickte mich an und schüttelte erstaunt den Kopf.

»Niemals werde ich die Ägypter verstehen«, sagte sie.

Unser Verteidiger, Maître Ali Mansour, begann sein Plädoyer damit, daß er erst einmal sich selbst verteidigte:

»Ich stehe vor diesem hohen Gericht als Verteidiger eines ausländischen Spions und seiner Frau. Er ist ein Mann, der unserem geliebten Vaterland großen Schaden zugefügt hat und der es verdient, dafür gebührend bestraft zu werden. Natürlich wenden wir uns alle mit Abscheu von einem solchen Menschen ab, doch unser Gesetz gewährt ihm das Recht, vor Gericht von einem Anwalt verteidigt zu werden. Durch einen ägyptischen

* Übersetzung des Originaltextes

Anwalt, einen Sohn unseres Volkes. Hier zeigen sich die Größe und die Gerechtigkeit unserer Gesetze, indem sie uns anweisen, auch dem niederträchtigsten Verbrecher einen Verteidiger zur Verfügung zu stellen. Was immer meine eigenen Gefühle sein mögen, ich stehe hier, um meine Pflicht zu tun.«

Es gab noch einiges mehr in diesem Sinne, und er brauchte fast eine Stunde, bis er endlich zur Sache kam.

Sechs von den zehn Anklagepunkten hätte ich, so sagte er, eingestanden. Die restlichen vier seien unbegründet und die Beweise unzureichend. Er beteuere hier keinesfalls meine Unschuld – durchaus nicht. Aber die Verbrechen, zu denen ich mich bekannt hätte, wögen schon schwer genug, auch ohne die restlichen vier.

Das Gericht müsse jedoch die mildernden Umstände meines Falles berücksichtigen. Der Zweite Weltkrieg hätte meine Karriere als deutscher Offizier zerstört und mich mittellos und gescheitert zurückgelassen. Ich sei nach Australien ausgewandert, wo ich lange Jahre für geringen Lohn schwer gearbeitet hätte. Später wäre ich Reitlehrer in Berlin gewesen und ebenfalls sehr schlecht bezahlt. Um einmal das Leben eines Millionärs führen zu können, wäre ich der Versuchung erlegen, meinem Auftraggeber als Gegenleistung ein paar Informationen zukommen zu lassen. Jedenfalls hätte ich es mir so vorgestellt. Später hätte sich die Schlinge immer fester um meinen Hals gezogen, wie es bei Spionageorganisationen stets der Fall sei. Natürlich müsse man meine Taten verdammen, aber vielleicht könnte man mir bis zu einem gewissen Grad auch Verständnis entgegenbringen. Meine Vergangenheit, sagte er mit einem bedeutungsvollen Blick zu den Richtern hin, sei ohne Makel. Die wahren Verbrecher seien die Israelis, die man nicht hart genug für ihre Niedertracht bestrafen könne. Aus ganzem Herzen stimme er dem Wunsch der Anklage zu, der zionistische Feind möge in Kürze ein für allemal ausgemerzt werden. Bevor dies aber geschehe, möchte er das hohe Gericht mit allem Respekt darum bitten, auf eine geringere Strafe als die Todesstrafe für mich zu erkennen.

Was Frau Lotz anginge, so läge der Fall bei ihr ganz anders. Sie hätte sich nie zu einer Schuld bekannt und sei auch nicht schuldig. Vertrauensvoll und in aller Unschuld hätte sie alles getan, was ihr Mann von ihr verlangte, weil sie ihn liebte. Das sei doch kein Verbrechen. Mansour bat ergebenst darum, das Gericht möge die Behauptung der Anklage, Frau Lotz sei eine israelische Spionin, nicht akzeptieren. Dafür gäbe es nicht den geringsten Beweis. Und warum sollte sie Herrn Lotz nicht in einem Eisenbahnabteil begegnet sein? In Europa sei es ganz und gar nicht ungewöhnlich, daß ein Mann eine Frau in der Bahn kennenlerne und später heirate – etwas, was in moslemischen Ländern glücklicherweise unmöglich sei. Hier säße man aber nicht über europäische Sitten und Gepflogenheiten zu Gericht. Frau Lotz hätte niemals absichtlich gegen die Gesetze der Vereinigten Arabischen Republik verstoßen. Er plädiere daher auf Freispruch.

Das war es. Damit glaubte Mansour, sich sein Honorar von 80 000 Mark redlich verdient zu haben.

Kiesows Anwälte hielten nur ein kurzes Plädoyer und blieben bei der Sache. Sie präsentierten dem Gericht eine Mappe mit Zeitungsausschnitten und bewiesen damit, daß alle Informationen, die er in seinen Berichten weitergegeben hatte, bereits vorher in der Weltpresse erschienen waren. Daher konnte Kiesow keine Geheiminformationen geliefert haben. Er sei mit dem Ehepaar Lotz befreundet gewesen. Na und? Lotz habe Hunderte von Freunden gehabt, die ohne ihr Wissen für seine Zwecke ausgenutzt worden seien. Lotz selbst habe erklärt, Kiesow habe nichts mit seiner Spionagetätigkeit zu tun. Auch seien einige abfällige Worte Kiesows über die Regierung in einem freien Land kein Verbrechen. Die Anklage gegen Kiesow sei daher nicht stichhaltig und müsse fallengelassen werden.

»Das Gericht wird am 21. August um zehn Uhr zur Urteilsverkündung zusammentreten«, verkündete der Vorsitzende. «Möchte einer der Angeklagten noch eine Erklärung abgeben, bevor wir die Sitzung vertagen?«

Ich erhob mich. »Jawohl, Euer Ehren.«

Major Farid, der für unsere Bewachung zuständig war, zupfte mich am Ärmel. »Lassen Sie das doch. Es nützt Ihnen sowieso nichts. Es ist schon spät, und wir wollen alle zum Mittagessen.«

Auf diese Frechheit hin war es mit meiner Selbstbeherrschung vorbei. «Ilhas Tisi – Leck mich am Arsch«, fuhr ich ihn an – so laut, daß der halbe Saal es hören konnte. Samir Nagy, der Schöngeist, blickte entsetzt zu mir hinüber. Der Vorsitzende, Hassan el Badawi, verkniff sich ein Lächeln und sagte: »Sprechen Sie, Mr. Lotz.«

»Danke, Euer Ehren«, sagte ich. »Es betrifft meine Frau. Nach Auswertung der vorgebrachten Beweise muß es jedem einsichtigen Menschen klar sein, daß sie völlig unschuldig ist. Ich allein bin der Schuldige. Vielleicht war meine Frau manchmal etwas unvorsichtig und handelte unüberlegt, aber das macht sie noch nicht zur Verbrecherin. Wenn sie in ihrer Unschuld und Unwissenheit irgendwann einmal gegen die Gesetze dieses Landes verstoßen hat, tat sie das unter meinem Einfluß und auf meine Bitte hin. Und dafür ist sie schon hinreichend – wenn nicht übermäßig – bestraft worden. Sechs Monate in Einzelhaft sind kein Spaß. Und sie weiß nicht, ob sie ihren Mann je wiedersehen wird. Das sollte Strafe genug sein. Ich appelliere an das Gericht, meine Frau freizulassen und ihr Leben und ihre Jugend nicht zu zerstören.

Was mich selbst betrifft, so kann ich dem, was ich schon gesagt habe, nicht viel hinzufügen. Das Gericht kennt den Tatbestand und weiß, daß ich die Wahrheit gesagt habe. Wir hatten einen fairen Prozeß, und ich vertraue darauf, daß das Gericht ein gerechtes Urteil fällen wird. Ich danke besonders dem Herrn Vorsitzenden für seine Geduld und Fairneß.«

»Ich danke Ihnen, Mr. Lotz«, sagte el Badawi. »Die Sitzung wird vertagt.«

»Das hast du aber schön gesagt«, meinte Waltraud, als wir ins Gefängnis zurückfuhren. »Besonders der bewegende Appell für deine Frau. Meinst du, das hilft etwas? Auf jeden Fall war es lieb von dir, Schatz.«

»Ich weiß nicht, ob es hilft, aber wir müssen unser Image wahren«, sagte ich.

»Und all die schönen Worte über das Gericht, den fairen Prozeß und so weiter.«

»Na ja, wir sind doch schon fünf Jahre in Ägypten. Die hohe Schule der Heuchelei.«

XII
Schuldig im Sinne der Anklage

21. August 1965 – der Tag der Urteilsverkündung. Es war auch der sechzehnte Geburtstag meines Sohnes Oded, der in Tel-Aviv zur Schule ging. Vielleicht würde mir dieser Tag Glück bringen. Sicherlich, so dachte ich mir, würde der Junge klopfenden Herzens die Live-Übertragung des ägyptischen Fernsehens verfolgen, das in Israel gut zu empfangen war. Erst drei Jahre später erfuhr ich, daß der CIA seinen Kollegen vom Mossad zwei Spezialflugzeuge zur Verfügung gestellt hatte, die mit TV-Störsendern ausgerüstet waren und dafür sorgten, daß die Sendungen aus dem Kairoer Gerichtssaal nicht auf israelischen Bildschirmen zu sehen waren. Damit wollte man verhindern, daß mich jemand erkannte und vielleicht meine wahre Identität preisgab.

Statt in den Gerichtssaal wurden Waltraud und ich zunächst in das Büro von Samir Nagy geführt, der uns bereits erwartete.

»Bitte nehmen Sie Platz«, lud er uns ein. »Einen Kaffee?« Ohne eine Antwort abzuwarten klatschte er in die Hände und bestellte uns Kaffee. Dann wandte er sich mit ernstem Gesicht an mich.

»Mr. Lotz, das Urteil ist mir bereits bekannt und ich will es Ihnen jetzt schon mitteilen, um Sie zu beruhigen. Zunächst einmal: Ihr Kopf sitzt fest. Kein Todesurteil. Sie bekommen lebenslänglich – aber, wie ich Ihnen schon sagte, ist das mehr oder weniger eine Formalität. In ein paar Jahren kommen Sie frei. Sie können mit diesem Urteil sehr zufrieden sein.«

»Wo Sie doch Ihr Bestes getan haben, mich an den Galgen zu bringen, Samir«, warf ich ein.

Er machte eine wegwerfende Handbewegung. »Vor Gericht muß man eben eine Show abziehen. Sie haben ja auch nicht schlecht Theater gespielt, Rusty Bey. Leider habe ich für Ihre Frau nicht so gute Nachrichten. Sie bekommen drei Jahre, Mrs. Lotz. Das ist hart, aber leider nicht zu ändern. Kiesow wird nämlich freigesprochen, weil es keinen einzigen stichhaltigen Beweis gegen ihn gibt, und in einem so großen Prozeß kann man unmöglich von drei Angeklagten zwei freisprechen. Eine vernünftige Proportion muß eingehalten werden. Nehmen Sie es nicht zu schwer, Mrs. Lotz – drei Jahre sind auch nicht die Ewigkeit.«

»Ich nehme es überhaupt nicht schwer«, sagte Waltraud tapfer. »Die Hauptsache ist, daß mein Mann nicht hingerichtet wird und ich hier in seiner Nähe sein kann. Darf ich ihn auch weiterhin jeden Tag besuchen?«

»Bis zur Bestätigung des Urteils durch den Prädidenten der Republik bleiben Ihre Haftbedingungen die gleichen«, erklärte Nagy. »Danach wird Ihr Mann in ein reguläres Zuchthaus überführt, aber vielleicht kann man auch dort eine Regelung für gelegentliche Besuche treffen. Bis zur Urteilsbestätigung vergehen in der Regel Monate.« Er stand auf und gab uns beiden die Hand. »Ich wünsche Ihnen beiden alles Gute für die Zukunft.«

»Entebaa – al Mahkama! – Achtung, das hohe Gericht! Bitte erheben Sie sich!« Der alte Gerichtsdiener öffnete die schmale Tür zum Richterzimmer und nahm Haltung an. Alles stand und blickte zum Richtertisch. Waltraud und ich drückten unsere Zigaretten aus und erhoben uns gleichfalls. Ich schaute mich um. Der große Saal war bis zum Bersten gefüllt.

Direkt uns gegenüber, links vom Richtertisch, saßen die Reporter, Fotografen und Kameraleute – Ägypter, Libanesen, Deutsche, Franzosen, Amerikaner. Wer auf der engen Pressetribüne keinen Platz mehr gefunden hatte, saß auf dem Fußboden oder lehnte an der Wand. Nach drei Verhandlungswochen kannte ich die meisten schon vom Sehen. Manche von ihnen hatten sogar mit uns gesprochen. Das war zwar verboten, doch nahm man es mit diesem Verbot nicht allzu genau. Vor allem wollte man die ausländische Presse nicht verärgern. Der Staatsanwalt wußte, daß er auf meine Diskretion vertrauen konnte. Außerdem befanden sich ständig zwei seiner Leute in Hörweite, die meine stereotypen Antworten mithörten. Ja, man behandelte uns wirklich gut. Nein, wir hatten keine Beschwerden. Ja, es war ein faires Gerichtsverfahren.

Die Zuschauerbänke waren bis auf den letzten Platz besetzt. Um die Anklagebank herum saßen etwa dreißig Geheimpolizisten. Mit steinernen Gesichtern und wachsamen Blicken bildeten sie eine lebende Mauer. Unter den Zuschauern befanden sich auch etwa hundert Jura-Studenten, denen man vorführte, wie die Justiz mit Staatsfeinden verfuhr. Sie waren sehr ruhig und diszipliniert und unterhielten sich nur im Flüsterton.

Die deutsche Kolonie in Kairo war gut vertreten. Der Konsul, Dr. Heinz Fiedler – klein, korrekt und steif –, versuchte wie immer seine Unsicherheit hinter einer Fassade von Arroganz zu verbergen. In seiner Begleitung befanden sich seine Sekretärin, die sich dauernd Notizen machte, und mehrere Konsulatsangestellte. Ihre Situation war keineswegs beneidenswert. Die deutsch-ägyptischen Beziehungen standen kurz vor dem Abbruch, und ein großer Spionageprozeß gegen deutsche Staatsbürger trug nicht gerade zur Verbesserung der Lage bei.

Zehn oder zwölf deutsche Industrievertreter hatten sich ebenfalls eingefunden, wohl um ihren Kollegen Kiesow moralisch zu unterstützen. Kiesows Frau Nadia unterhielt sich mit den Mannesman-Anwälten und versuchte krampfhaft, ihre Nervosität zu meistern.

Unter dem Surren der Fernsehkameras nahmen die Richter ihre Plätze ein. Der Vorsitzende klopfte zweimal mit seinem Hammer.

»Die Sitzung ist eröffnet. Das Gericht wird jetzt das Urteil in dem Verfahren gegen Johann Wolfgang Lotz, Waltraud Clara Martha Lotz und Franz Wilhelm Kiesow verkünden.«

Waltraud ergriff meine Hand und drückte sie. »Mach dir nur um mich keine Sorgen. Eines Tages werden die Lotzens wieder reiten.«

»Mr. Lotz«, rief mich der Vorsitzende auf. Ich erhob mich. »Dieses Gericht hat Sie für schuldig befunden, fortgesetzt und wiederholt im Auftrag Israels gegen die Vereinigte Arabische Republik Spionage und Sabotageakte begangen zu haben. Die vorgesehene Strafe für Ihre Verbrechen ist der Tod, da zwischen der Vereinigten Arabischen Republik und Israel der Kriegszustand herrscht. Das Gericht berücksichtigt jedoch die mildernden Umstände, die Ihr Verteidiger vorgebracht hat, und verurteilt Sie zu lebenslanger Zwangsarbeit und zu einer Geldstrafe von 330000 Deutschen Mark. Das Urteil bedarf der Bestätigung durch den Präsidenten der Republik.«

Ein lautes Raunen ging durch den Gerichtssaal. Die Zuschauer fühlten sich betrogen. Nach dem monatelangen Wirbel in den Zeitungen, im Fernsehen und im Radio gab es jetzt nicht einmal ein Todesurteil.

»Mrs. Lotz!« Waltraud erhob sich. »Dieses Gericht spricht Sie von der Anklage der Spionage und Sabotage frei. Sie sind der Beihilfe und Unterstützung Ihres Mannes bei seinen kriminellen Handlungen gegen die Vereinigte Arabische Republik für schuldig befunden worden. Sie werden zu drei Jahren Gefängnis und einer Geldstrafe von 10000 Deutschen Mark verurteilt. Das Urteil bedarf der Bestätigung durch den Präsidenten der Republik.«

»Mr. Kiesow«, fuhr el Badawi fort, ohne den Blick zu heben. »Nach sorgfältiger Prüfung aller gegen Sie erhobenen Vorwürfe hat das Gericht Sie in allen Punkten der Anklage für nicht schuldig befunden.«

Laute Beifallsrufe von seiten der deutschen Industrievertreter ertönten. Die Richter lächelten wohlwollend. Der deutsche Konsul blickte sich empört um. Das war das letzte, was ich sah. Auf einen Wink von Major Farid umringte uns die Mauer uniformierter Polizisten und schirmte uns gegen alle Blicke ab. Mit einer Geste der Entschuldigung nahm Farid ein Paar Handschellen und kettete mein rechtes Handgelenk an sein linkes.

»Gehen wir. Wir wollen keine Demonstration.«

Über eine schmale Hintertreppe führte man uns in den Hof, wo unser Transportwagen wartete. Eine Hundertschaft der Bereitschaftspolizei hielt eine riesige Menschenmenge zurück. Alle, die im Gerichtssaal keinen Platz gefunden hatten, wollten wenigstens jetzt einen Blick auf das deutsche Spionenehepaar werfen.

Als ich von der engen Treppe her den Hof betrat, blieb ich stehen, um auf Waltraud zu warten.

»Da kommen sie!« rief es aus der Menge. »Die deutschen Spione!«

Mit galantem Lächeln bot ich Waltraud meinen linken Arm (mit dem rechten war ich an Major Farids Handgelenk gefesselt).

»Komm, Schätzchen, hak' dich bei mir unter«, sagte ich. »Unser Publikum soll etwas für sein Geld haben.«

Mit hoch erhobenem Kopf gingen wir Arm in Arm zu dem wartenden Fahrzeug.

XIII
Tura-Sträfling Nr. 388

Die folgenden drei Monate vergingen ohne besondere Vorkommnisse. Während wir auf die Bestätigung der Urteile warteten, genossen wir die gleichen Privilegien wie zuvor. Waltraud durfte mich jeden Morgen eine Stunde oder länger besuchen, mit mir ungezwungen plaudern und Kaffee trinken.

Wir erhielten auch regelmäßige Besuche von unserem Anwalt, Krahl-Urban, der dafür speziell aus München anreiste, sowie dem deutschen Konsul in Kairo, Dr. Heinz Fiedler, und dem evangelischen Pfarrer der deutschen Kolonie in Kairo, Hiddemann.

Die Bestätigung der Urteile durch den Präsidenten war eine reine Formsache, da bei großen politischen Prozessen ohnehin der Präsident das Urteil bestimmte. Nach ägyptischem Recht kann der Präsident das Urteil entweder bestätigen oder das Strafmaß herabsetzen, beziehungsweise ganz aufheben. Verschärfen darf er es nicht. »Lebenslänglich« bedeutete in der Praxis 25 Jahre. Normale Strafgefangene brauchten jedoch nur etwa die Hälfte dieser Zeitspanne abzusitzen. Nach 12½ Jahren wurden sie routinemäßig am darauffolgenden Nationalfeiertag begnadigt und freigelassen. Das galt jedoch nicht für politische Gefangene – und in Ägypten wird Spionage als politisches Delikt bewertet –, die offiziell ihre vollen 25 Jahre absitzen mußten.

Ich war also de facto zu 25 Jahren verurteilt, doch glaubte ich fest daran, sehr viel früher freizukommen.

Eine Abwechslung in der eintönigen Gefängnis-Routine bildeten die zahlreichen Besuche ägyptischer Zeitungsreporter, die Waltraud und mich immer wieder interviewten. Die staatlich kontrollierte Presse war angewiesen, Berichte zu liefern, wie gut die deutschen Spione im Gefängnis behandelt wurden. Zahlreiche Fotos sollten die Authentizität dieser Berichte dokumentieren. Laut Pressemeldungen waren diese Spione während ihrer Vernehmung niemals irgendwelchem Druck oder gar physischen Unbequemlichkeiten ausgesetzt gewesen, und der sichtbare Beweis dafür war ihr gutes Aussehen und ihr ausgezeichneter Gesundheitszustand. Ausländische Korrespondenten erhielten ihr Material direkt von der Staatsanwaltschaft, jedoch keine Erlaubnis, mit uns zu sprechen.

Mit gemischten Gefühlen hatte ich verschiedene deutsche Zeitschriften wie Spiegel, Stern, Bunte und Quick gelesen, die mein Anwalt mir mitgebracht hatte, obgleich das verboten war. Dort fand ich Überschriften wie »Das fidele Gefängnis von Kairo« oder »Der Mini-Bond des israelischen Geheimdienstes«. Maßlos übertriebene Berichte, in welchem Luxus wir lebten und welche nie dagewesenen Privilegien die ägyptischen Gefängnisbehörden uns einräumten, füllten die Seiten. Sensationen!

Im Vergleich zu den anderen Insassen des Kanater-Gefängnisses, die mit zwei schmutzigen, zerschlissenen Decken auf dem Steinfußboden schlafen mußten, war ich in der Tat fürstlich ausgestattet. Meine 2 × 3 Meter große Zelle enthielt ein Bett, eine Matratze, ein Kissen, vier neue Wolldecken, einen kleinen Tisch und einen wackeligen Hocker. Die sanitären Anlagen bestanden aus einer Waschschüssel mit Ständer und einem Eimer, der als Toilette diente. Das Essen für Waltraud und mich wurde täglich – natürlich auf eigene Kosten – vom Kursaal-Restaurant in Kairo geliefert. Die Reinigung der Zelle erledigte ein Gefangener unter Aufsicht eines Sergeanten namens Battal. Bald wurde mir klar, daß ich auf den Sergeanten mehr aufpassen mußte als auf den Gefangenen. Jedesmal, wenn er in meiner Zelle gewesen war, fehlte mir eine Packung Zigaretten oder ein Kleidungsstück.

An einem warmen Novembernachmittag wälzte ich mich ruhelos auf meinem Bett, als ich von draußen eine Stimme hörte, die mich rief.

»Hawaga Lotz! Hagawa Lotz!«

Ich kletterte auf den Tisch und blickte durch das kleine, vergitterte Fenster, das hoch oben in der Wand eingelassen war. Es war Mekki, ein Kalfaktor, der Post und Zeitungen austeilte, und mit dem ich mich in den letzten Monaten angefreundet hatte. Mekki war vor der Revolution ein leitender Beamter der königlichen Zollbehörde gewesen. Nach dem Umsturz hatte er eine Flugzeugladung Goldbarren aus dem Besitz der königlichen Familie an Farouk im italienischen Exil zu schicken versucht. Er war gefaßt und zu 25 Jahren verurteilt worden. Dreizehn hatte er bereits abgesessen.

»Was gibt es, Mekki?« fragte ich ihn.

»Die Bestätigung Ihres Urteils ist gerade im Büro eingetroffen. Sie kommen noch heute nach Tura.«

Keine gute Nachricht, aber es mußte ja einmal kommen.

»Was ist mit meiner Frau?« fragte ich.

»Ihr Urteil ist auch bestätigt. Aber sie bleibt, wo sie ist – im Frauengefängnis Kanater. Schade – jetzt werden Sie sie nicht mehr so oft sehen können. Tura ist nicht sehr schön, aber man kann sich auch dort arrangieren. Sie haben ja Geld. Damit können Sie viel erreichen. Hören Sie, Hagawa Lotz: Wenn Sie in Tura sind, grüßen Sie Victor von mir. Er wird Ihnen helfen.«

»Wer ist Victor?«

»Victor Levy, ein israelischer Spion. Er hat fünfundzwanzig Jahre bekommen und schon fast elf hinter sich. Er hat eine gute Position und genießt großen Einfluß in Tura. So – jetzt muß ich gehen. Alles Gute – alf essalama.«

Damit verschwand er. Ich stieg vom Tisch und begann, in der Zelle auf und ab zu gehen. Den Namen Victor Levy kannte ich natürlich. Er gehörte zu den Leuten, die in die sogenannte Lavon-Affäre verwickelt gewesen waren, welche seinerzeit in Israel sehr viel Staub aufgewirbelt hatte. Die Lavon-Affäre – genannt nach Pinhas Lavon, dem damaligen israelischen Verteidigungsminister, ereignete sich 1954, als ein Spionagering von jungen ägyptischen Juden unter Führung zweier israelischer Armeeoffiziere bei Sabotageakten in Ägypten aufflog. Zwei Mitglieder des Ringes wurden gehenkt, einer beging im Verlauf der Vernehmungen Selbstmord und der Rest – darunter eine Frau – wurde zu langen Freiheitsstrafen verurteilt. Die Frau – Marcelle Ninio – verbüßte eine Haftstrafe von 15 Jahren im

Frauengefängnis Kanater, und Waltraud hatte schon mehrmals mit ihr gesprochen.

Ich dachte an Tura. Wie ich von Mekki und anderen Häftlingen, mit denen ich eigentlich nicht sprechen durfte, erfahren hatte, gab es in Ägypten zwei Zuchthäuser, die wegen ihrer unmenschlichen Zustände gefürchtet waren: Tura und Abu Zaabal. Ich mußte mich wohl auf das Schlimmste gefaßt machen.

Bevor ich abtransportiert wurde, erteilte mir der Direktor die Erlaubnis, meine Frau für ein paar Minuten zu sprechen. Ich gab mich bedeutend zuversichtlicher, als ich mich in Wahrheit fühlte. »Wahrscheinlich wird es mir in Tura viel besser gehen«, sagte ich zu Waltraud. »Dort werde ich nicht mehr isoliert sein und genügend Gesellschaft haben. Und es dauert nicht lange, dann sind wir wieder draußen.«

Waltraud war weniger optimistisch. »Du kommst aber nicht um die Tatsache herum, daß du zu 25 Jahren verurteilt bist. Was gibt dir die Zuversicht, daß du schon früher rauskommst?«

»Es wird nicht länger als zwei oder drei Jahre dauern«, versuchte ich sie zu beruhigen. »Das hat sogar Nagy gesagt. Und die Jungs finden schon einen Weg, uns herauszuholen.«

»Du hast offenbar großes Vertrauen in sie.«

»Ja – die lassen mich nicht im Stich. Da bin ich sicher.«

Die Wärterin machte Waltraud ein Zeichen, daß es Zeit war zu gehen. Wir küßten uns, dann drehte sie sich um und ging hinaus – mit hoch erhobenem Kopf, die Hände zu Fäusten geballt. Ich blickte ihr nach. Wann und unter welchen Umständen würden wir uns wohl wiedersehen? Wenn ich je einem Zusammenbruch nahe war, dann in diesem Augenblick.

Ein Kalfaktor brachte mir Sträflingskleidung, die ich auf der Stelle anziehen mußte. Sie bestand aus einem Paar Hosen und einem langärmeligen Hemd, das über der Hose getragen wurde, sowie einer Schirmmütze. Alles war aus grün gefärbtem, billigstem Sackleinen. Jeder Strafgefangene mußte diese Kleidung tragen, Sommer und Winter, bei jedem Wetter. Schuhe gab es keine, geschweige denn Socken oder Unterwäsche. Wer eigene Schuhe oder Pantoffeln hatte, durfte sie tragen, wer nicht, ging barfuß. Die Kleidungsstücke, die ich erhielt, waren etwa drei Nummern zu klein. Die Hosenbeine endeten drei Handbreit über den Knöcheln, die winzige Mütze bedeckte kaum meinen Hinterkopf.

Leutnant Fahmy, der Offizier vom Dienst, konnte bei meinem Anblick ein Grinsen nicht unterdrücken.

»Wie sehe ich aus?« fragte ich ihn.

»Fürchterlich«, lachte er. «Aber es ist das Beste, was wir haben. Für prominente Gefangene sind wir leider nicht eingerichtet. Aber machen Sie sich nichts daraus. In Tura bekommen Sie für ein paar Piaster einen anständigen Anzug.«

Kurz nach fünf kamen wir an. Das Zuchthaus Tura lag am Ufer des Nil, auf halbem Wege zwischen dem vornehmen Vorort Maadi und den Flugzeugfabriken in Helwan. Beide Orte kannte ich mehr als genau. Unzählige Male war ich die Hauptstraße am Nil entlanggefahren, vorbei an der schwerbewachten Mauer, die das Zuchthaus umgab. Nie hatte ich auch nur einen Gedanken darauf verschwendet, was sich wohl hinter diesen Mauern abspielen mochte. Jetzt sollte ich es bald erfahren.

Der Sergeant, der mich begleitete, klingelte am Haupteingang. Ich wurde in einen langen Gang geführt, an dem rechts und links Büroräume lagen. Man nahm mir die Handschellen ab und befahl mir zu warten. Ein paar Wärter lungerten herum und starrten mich neugierig an. Dann wurde ein Wärter losgeschickt, den Offizier vom Dienst zu holen. Zwanzig Minuten später kamen zwei Offiziere, ein Major und ein Hauptmann, den Gang herunterstolziert mit der übertriebenen Würde, die ägyptische Offiziere häufig an den Tag legen. Sie trugen gutgeschnittene Uniformen mit blitzenden Knöpfen und Dienstgradabzeichen, und jeder hielt ein Stöckchen unter den Arm geklemmt.

Sie betraten eins der Büros und ließen die Tür offen. Der Major setzte sich hinter einen Schreibtisch und winkte mich heran. Mit seinem Stock deutete er auf einen Punkt vor dem Schreibtisch und befahl mir auf englisch: »Stand there.«

Aha – hier herrschte offenbar ein anderer Ton als im guten alten Kanater-Gefängnis. Hier hieß es nicht mehr: »Bitte nehmen Sie Platz, Mr. Lotz – eine Zigarette, Mr. Lotz?«, sondern kurz und scharf: »Hier hinstellen!«

Mir wurde die Notwendigkeit klar, mich gleich von Anfang an zu behaupten.

»Haben Sie etwas dagegen, Major, wenn ich mich setze?« fragte ich unschuldig. »Ich bin ein wenig müde.«

Der Hauptmann, der sich in einen Sessel geräkelt hatte, fuhr hoch. »Hier ist Gefängnis! Sehr strenger Gefängnis!« brüllte er in schauderhaftem Englisch. »Stehen, nicht sitzen!«

Der Major unterbrach ihn. »Maalesch – das macht doch nichts«, sagte er auf arabisch zu seinem Kollegen. »Laß ihn ruhig sitzen, wenn er will.« Er zeigte auf einen Stuhl. »Bitte.«

Die erste Runde war gewonnen. Ein Sergeant trat ein, salutierte stramm und übergab dem Major einen großen Umschlag mit meinen Papieren. Der Major las alles sorgfältig durch und fragte mich dann:

»Ihr Name ist Johann Wolfgang Lotz?«

»Ja.«

»Sie sind rechtskräftig zu lebenslanger Zwangsarbeit verurteilt. Ab sofort sind Sie Häftling Nummer 388. Merken Sie sich die Nummer. Ihre persönlichen Sachen werden in Verwahrung genommen, bis wir sie Ihrem Konsul aushändigen können. Alles Weitere wird Ihnen der Direktor erklären. Vielleicht erlaubt er Ihnen, ein paar Ihrer persönlichen Sachen zu behalten. Das weiß ich nicht. Das ist seine Sache.«

Ich nahm eine Packung Zigaretten und eine Schachtel Streichhölzer aus der Tasche. »Haben Sie etwas dagegen, wenn ich rauche, Major?«

»Nein, nein, rauchen Sie nur.«

Ich streckte ihm die Packung hin. »Zigarette?«

Er warf einen kurzen Blick auf den anderen Offizier. »Nein danke, jetzt nicht.«

Dann lehnte er sich in seinem Sessel zurück und musterte mich mit Interesse. »Waren Sie nicht mit General Ghorab befreundet?« fragte er mich.

»Ja, das stimmt.«

»Und mit General Abdel Salaam Suleiman?«

»Ja.«

»Und mit General Fouad Osman und Admiral Fawzi Abdel Moneim und vielen anderen hohen Offizieren?«

»Richtig.«

Lachend sagte er auf arabisch zu dem Hauptmann: »Da afrit da – das ist ein Teufel, der Kerl. Er kannte alle maßgebenden Leute. In der Armee, bei der Polizei, in der Regierung, überall. Und alle hat er ausgehorcht.«

»Ja«, sagte der andere bissig. »Und die Ergebnisse hat er nach Israel gemeldet. Und jede Menge Bombenattentate hat er auf dem Gewissen. Sei vorsichtig mit ihm, Kamal, der Bursche ist gefährlich.«

»Aber nicht doch. Die Zeiten, wo er gefährlich war, sind ein für allemal vorbei. Wußtest du übrigens, daß Youssef Ghorab im Gefängnis sitzt?«

»Ja, ich habe gehört, daß er aus der Polizei ausgestoßen und degradiert wurde. Jetzt sitzt er in Abu Zaabal. Geschieht ihm recht.«

Der arme Youssef tat mir aufrichtig leid. Ich hatte den pompösen kleinen General mit der offenen Hand, der seinem wohlhabenden deutschen Freund stets zu Diensten gewesen war, wirklich gemocht. Was ich ihm angetan hatte, war nichts, worauf ich stolz sein konnte.

Wenig später führte man mich durch ein halbes Dutzend Gittertore zu einem Gebäude, das in einem Innenhof gelegen war. Ein Wärter lag dösend am Boden. Als er den Major wahrnahm, sprang er auf und nahm Haltung an.

»Bring diesen Gefangenen in eine freie Zelle«, befahl der Major dem verschlafenen Wärter. »Durchsuche ihn zuerst gründlich.« Plötzlich versetzte er dem Mann eine schallende Ohrfeige. »Wo sind deine Stiefel, du Hurensohn?« schrie er ihn an. Tatsächlich, der Wärter war barfuß. Seine Stiefel standen neben ihm auf der Erde. Er schlüpfte eiligst hinein. »Und jetzt knöpfe deine Jacke zu, du Dreckskerl«, befahl ihm der Major. »Morgen früh um neun bist du bei mir zum Rapport. Und jetzt mach' dich an die Arbeit.«

Die hektischen Versuche des Wärters, seine Jacke zuzuknöpfen, hatten wenig Erfolg, da an der Jacke zwei Knöpfe fehlten. »Ausziehen!« fauchte er mich an. »Alles runter!«

Ich schaute den Major fragend an. Der nickte. »Ja, wir müssen eine Leibesvisitation vornehmen. Das ist Vorschrift. Ziehen Sie sich aus.«

Ich zog mich ganz aus, und meine Kleidung wurde sehr gründlich durchsucht. Ein weißes Hemd, das ich unter der Gefängniskluft getragen hatte, nahm mir der Wärter ab. Meine Unterwäsche, Socken und Schuhe durfte ich auf Geheiß des Majors behalten. Den Tascheninhalt – ein Päckchen Zigaretten, Streichhölzer und einen Kamm – erhielt ich ebenfalls zurück. Während ich mich wieder anzog, schleppte der Wärter zwei Decken heran, öffnete eine Zellentür und warf sie hinein.

»Das ist Ihre Zelle«, fuhr er mich an. »Machen Sie, daß Sie da reinkommen.«

Zögernd betrat ich das finstere, muffige Verlies, und die Tür krachte hinter mir ins Schloß. Die Zelle lag fast völlig im Dunkeln. Es gab keine Fenster, nur eine schmale, vergitterte Öffnung in der Decke. Der Raum maß etwa zwei Meter in der Länge und etwas weniger in der Breite. Die Einrichtung bestand aus einem Latrineneimer in der Ecke, einem Wasserbehälter, einem Blechnapf und den zwei Decken, die ich jetzt auseinanderfaltete. Sie waren alt, unglaublich dünn und teilweise zerfetzt. Ich zündete ein Streichholz an, um sie mir genauer anzusehen. Wie ich befürchtet hatte, waren sie völlig verlaust. Ich warf sie angewidert in die Ecke. Es würde eine lange, unruhige Nacht werden. Ich hatte gewußt, daß Tura schlimm war, aber ganz so schlimm hatte ich es mir nicht vorgestellt. Dies waren wahrhaft mittelalterliche Zustände.

Gleich morgen mußte ich versuchen, meine Lebensbedingungen irgendwie zu verbessern. Schließlich war ich in Ägypten, wo Bestechung zum täglichen Leben gehörte. Leider hatte ich nicht mehr genug Zigaretten – die offizielle Gefängniswährung. Als erstes würde ich morgen früh versuchen, mehr Zigaretten und ein paar andere Dinge in der Kantine zu kaufen.

Es war stockdunkel. In Kanater hatte ich elektrisches Licht in der Zelle gehabt, das ich nach Belieben ein- und ausschalten konnte. Hier gab es überhaupt keine Leitungen. Ich schaute durch die schmale Öffnung in der Decke und sah ein Stück Himmel und zwei Sterne. Ich fröstelte. Im November sind die Nächte in Ägypten schon oft recht kalt.

Nachdem ich ein oder zwei Stunden in der engen Zelle auf und ab gegangen war, um mich warmzuhalten, hörte ich plötzlich eine Stimme irgendwo aus dem Nichts. Jemand rief mich auf arabisch an: »Ya Hawaga! Hawaga Lotz!«

Ich ging zur Tür. »Wer ist da?«

Die Stimme kam wieder. »Schauen Sie hoch. Hier oben. Ich bin der Soldat auf dem Dach.«

Ich schaute durch die Öffnung in der Decke und sah den Umriß eines Kopfes.

»M'sa el kheit, effendim – guten Abend, der Herr. Sie sind Herr Lotz, nicht wahr?«

»Ja, der bin ich.«

»Ich soll Sie von Herrn Victor grüßen. Er weiß, daß Sie hier sind, und er wird morgen bei Ihnen vorbeikommen. Er läßt Ihnen ausrichten, Sie möchten noch ein wenig Geduld haben. Er wird Ihnen helfen. Hier ist erst einmal eine Stange Zigaretten für Sie. Passen Sie auf, ich werfe sie Ihnen herunter.«

»Nimm dir selbst ein Päckchen davon.«

»Nein, nein, effendim – Herr Victor gibt mir genug. Achtung, hier kommt es.«

Eine Stange Belmont-Zigaretten landete neben mir auf dem Boden. Mein unsichtbarer Wohltäter redete weiter:

»Wie wäre es mit einer Tasse heißen Tees? Ich habe mir gerade welchen aufgebrüht.«

»Nichts auf der Welt wäre mir in diesem Augenblick willkommener als heißer Tee«, erwiderte ich.

Ein paar Sekunden später senkte sich etwas durch die Öffnung in der Decke. Ich zündete ein Streichholz an und sah, wie eine Teekanne, die an einer Schnur befestigt war, mir langsam entgegenkam. Ich goß den dampfenden Tee in meinen Blechnapf, und die Kanne wurde wieder hinaufgezogen. Ein lautes Schlürfen von oben zeigte, daß mein Wohltäter ebenfalls etwas trank.

»Kennen Sie Herrn Victor schon von früher?« fragte er mich.

»Nein, aber wir haben gemeinsame Freunde.«

»Das erklärt sein Interesse für Sie. Sind Sie auch ein Israeli?«

»Nein, ich bin Deutscher.«

»Aber Sie haben für Israel spioniert, das weiß ich. Sie haben gegen die Regierung gearbeitet. Das ist gut. Gamal Abdel Nasser ist ein grausamer und gemeiner Hund.«

Das war wieder einmal typisch für ein ägyptisches Gefängnis. Ein Wärter beschimpft sein Staatsoberhaupt im Gespräch mit einem verurteilten Staatsfeind. In diesem Falle war das nicht einmal verwunderlich. Er erzählte mir, er sei als Soldat aus der Armee desertiert, habe daraufhin eine Gefängnisstrafe verbüßt und darüber hinaus noch fünfzig Stockhiebe erhalten. Ich fragte ihn, wie er Gefängniswärter geworden sei.

»Ich bin kein Wärter«, erklärte er mir. »Ich gehöre zu den Soldaten, die das Gefängnis vom Dach und von der Mauer aus bewachen. Es ist uns nicht erlaubt, mit den Gefangenen zu sprechen. Wenn einer zu fliehen versucht, müssen wir auf ihn schießen.«

»Kommt das oft vor?«

»Hin und wieder. Wer bei einem Fluchtversuch erwischt wird, wird ausgepeischt und kommt für ein paar Monate ins Taadieb – in die Strafzellen. Da, wo Sie jetzt sind, Hawaga Lotz.«

Ich befand mich also in einer der berüchtigten Strafzellen von Tura. Schon in Kanater hatte man mir davon erzählt. Manche der Gefangenen, die man hierher brachte, kamen niemals wieder heraus. Andere nur als Krüppel.

»Wenn Sie ein Freund von Hern Victor sind«, fuhr der Soldat fort, »wird es Ihnen gut gehen. Die Ausländer halten immer zusammen, und Herr Victor hat großen Einfluß beim Direktor.«

»Wie ist der Direktor?«

»Abdallah Amara? Ein Hund. Der Sohn einer Hündin. Sie werden ihn ja bald sehen. Vor ihm hatten wir Halawany Bey. Der war in Ordnung. Allen ging es gut. Ihn interessierte nur Geld. Er machte alles zu Geld, was er in die Hände bekam, hauptsächlich Baumaterial und Ähnliches. Jetzt – nach vier Jahren als Direktor von Tura – ist er ein reicher Mann.«

Die nächtliche Stille wurde plötzlich durch laute, anhaltende Schreie unterbrochen.

»Was ist das?« fragte ich den Soldaten.

»Man verdrischt mal wieder jemanden. Wahrscheinlich ist es Hany Ghanaam, der Adjutant des Direktors. Der kommt oft nachts in die Strafzellen und prügelt die Gefangenen. Ich gehe besser jetzt auf meinen Posten zurück, bevor er sieht, daß ich mit Ihnen rede. Viel Glück, ya hawaga.«

Irgendwie ging die Nacht vorüber. Am frühen Morgen, als ein matter Schein durch das schmale Loch in der Decke in meine Zelle drang, hörte ich, wie man ein Tor öffnete und der Wärter vom Nachtdient abgelöst wurde. Wortreich berichtete er seiner Ablösung von meinem Eintreffen und daß er vom Major geschlagen worden sei, nur weil er seine Stiefel ausgezogen habe. Ich hörte, wie andere Zellentüren geöffnet wurden und man die Häftlinge unter Flüchen und viel Gebrüll in den Hof trieb. Ich klopfte mehrmals an meine Tür – ohne Erfolg. Dann trat ich einige Male kräftig mit dem Schuh gegen das schwere Holz, worauf eine Stimme rief: »Was wollen Sie?«

»Wer ist dort?« fragte ich.

»Der Wärter vom Tagdienst. Was ist los mit Ihnen, Hawaga?«

»Ich will mich waschen und auf die Toilette.«

»Baadeen – später.«

»Ich muß aber jetzt.«

«Baadeen.«

Ich wollte ihm schon ein Schimpfwort an den Kopf werfen, hielt mich aber zurück. Das würde zu nichts führen. Es blieb mir nichts anderes übrig, als den Eimer zu benutzen. Dann wusch ich mir das Gesicht mit Trinkwasser aus dem Wasserbehälter und kämmte mir die Haare.

Eine halbe Stunde später wurde die Zellentür geöffnet, und ein Korporal trat ein, ein schmächtiges, blondes Kerlchen mit übergroßem Schnauzbart. Er lächelte mir zu und gab mir die Hand.

»Willkommen, Hawaga. Ich heiße Saadik. Herr Victor hat mir ans Herz gelegt, Sie gut zu behandeln. Fehlt Ihnen etwas?«

»Mir fehlt so ziemlich alles, ya Saadik«, erwiderte ich.

»Keine Sorge, Hawaga, ich habe schon alles geregelt.«

Zwei Häftlinge erschienen vor meiner Tür. Der eine war ein großer, athletisch gebauter Mann um die Fünfzig, dunkelhäutig und mit leicht angegrautem Haar. Er trug einen blauen Sträflingsanzug aus gutem Stoff, sauber und tadellos gebügelt. Seine schwarzen Halbschuhe waren auf Hochglanz poliert. Der andere Häftling war ein abgemagerter älterer Mann mit schütterem Bart, bekleidet mit einem schmutzigen, zerrissenen Sträflingsanzug. Er trug ein paar Decken und einen Wasserkübel. Saadik stellte mir den gutgekleideten Mann vor:

»Dies ist Fattouh, der Kalfaktor der Strafzellen. Solange Sie hier sind, wird er sich um Sie kümmern.«

Fattouh begrüßte mich mit breitem Lächeln und schüttelte mir die Hand. »Willkommen in Tura, Hagawa Lotz. Ich habe schon von Ihrer Ankunft gehört. Es tut mir leid, daß Sie eine so unbequeme Nacht hatten, aber Sie sind nach dem Schließen angekommen, und da konnte ich nichts mehr für Sie tun. Von jetzt an wird das anders sein. Zunächst habe ich Ihnen ein paar anständige Decken mitgebracht.«

Er nahm dem anderen Häftling die vier Decken ab, die er trug, und zeigt sie mir. Sie waren nagelneu und sauber. Zusätzlich gab es noch eine Kokosmatte, auf der man liegen konnte.

»Mach die Zelle dieses Herrn gründlich sauber«, befahl Fattouh dem Zerlumpten. »Die Wände und den Fußboden mit Wasser abwaschen. Wenn ich irgendwo noch ein Stäubchen finde, breche ich dir das Genick. Lege die Matte ordentlich hin und falte die Decken darüber, damit der Effendi darauf liegen kann. Schütte den Latrineneimer aus und scheuere ihn blank und bringe frisches Trinkwasser. B'surra – schnell!«

»Khader – wie Sie befehlen«, erwiderte der Alte und machte sich an die Arbeit.

Der Kalfaktor wandte sich wieder an mich. »Kommen Sie, Herr Lotz. Wir frühstücken in meiner Zelle und unterhalten uns ein wenig.«

Er führte mich zu seiner Zelle, die ganz in der Nähe lag. Nach Gefängnismaßstäben war es ein Luxusappartement. Es gab eine eiserne Bettstelle mit Matratze, Bettüchern und Decken, einen kleinen runden Tisch und zwei niedrige Hocker. Der Boden war mit dicken Kokosmatten ausgelegt. Ein paar Bilder – Pin-Ups und Landschaften, aus Illustrierten ausgeschnitten – hingen an den Wänden. Fattouh bot mir einen Hocker an, und ich setzte mich. Dann zog er unter seiner Matratze eine elektrische Kochplatte hervor, deren Kabel er an zwei Nägeln, die aus der Wand hervorragten, befestigte.

»Meine private Stromleitung«, grinste er. »Ich habe die Hauptleitung angezapft und die Drähte durch die Wand gezogen. Jetzt habe ich Strom zum Kochen, und nachts kann ich eine Birne anschließen und habe Licht.«

»Ihnen scheint es ja nicht schlecht zu gehen«, bemerkte ich und sah mich in der Zelle um.

»Sie werden bald ebenso ausgerüstet sein – oder noch besser«, sagte er und zog eine Holzkiste unter dem Bett hervor. »Ach ja – bevor ich es vergesse ... « Er entnahm der Kiste eine Stange mit zweihundert Belmont-Zigaretten und reichte sie mir. »Nehmen Sie die für laufende Ausgaben. Sie können sie mir zurückgeben, wenn Sie Ihren Kantinenschein haben. Wenn Sie hier einigermaßen manierlich leben wollen, müssen Sie für alles bezahlen und jeden bestechen. Aber nicht zuviel, sonst verderben Sie uns die Preise. Hier hat alles seinen festen Preis. Für den Strom zum Kochen müssen Sie zum Beispiel achtzig Zigaretten bezahlen; jeden Monat kommen noch einmal vierzig für den Elektriker, Abu Samia, dazu. Von Zeit zu Zeit entdeckt ein Offizier die Drähte und reißt sie heraus. Das ist Pech. Dann warten Sie ein paar Tage und lassen das Ganze neu installieren.«

Aus seiner Wunderkiste zauberte er ein halbes Dutzend Eier hervor sowie Kartoffeln, eine Flasche Öl, ein Päckchen Tee und eine Tüte Zucker. »Sind Ihnen Eier und Bratkartoffeln zum Frühstück recht?«

Während des Frühstücks erzählte er mir, das Gefängnisessen, das einmal am Tag ausgeteilt würde, sei ungenießbar. Es bestünde fast ausschließlich aus kalten, halb gargekochten Sojabohnen oder pampigem Reis. Andere Lebensmittel könne man zwar in kleineren Mengen aus der Kanine beziehen, in größeren Mengen aber nur von draußen. In meinem Fall könnte der deutsche Konsul bei seinem monatlichen Besuch das Nötige mitbringen.

Wir hatten gerade unsere Mahlzeit beendet und tranken Tee, als Korporal Saadik in der Tür erschien. »Der Direktor kommt!« rief er mir aufgeregt zu. »Ich muß Sie einschließen.«

»Gehen Sie nur«, sagte Fattouh. »Ich komme später noch einmal vorbei.«

Der Korporal schloß mich wieder in meine Zelle ein, die jetzt vor Sauberkeit glänzte. Meine neuen Decken lagen ordentlich zusammengefaltet auf der Kokosmatte. Es war mindestens schon zehn Uhr, aber in der Zelle war es immer noch kalt und dunkel.

Ich hörte einen lauten Ruf: »Entebaa – Achtung!« Das hölzerne Hoftor quietschte in den Angeln. Eine befehlsgewohnte Stimme fragte: »Wo ist der neue deutsche Häftling?« – »Hier drin, effendim«, kam die Antwort. Ein Schlüssel rasselte im Schloß, und meine Tür wurde aufgerissen. Vor mir stand ein großer, korpulenter Mann mit blondem Schnurrbart. Er trug die Uniform eines Polizeiobersten.

»Guten Morgen«, sagte er auf englisch. »Ich bin der Direktor dieses Zuchthauses. Wie fühlen Sie sich?«

»Nicht sehr gut«, erwiderte ich. »Darf ich fragen, warum man mich in eine Strafzelle gesteckt hat? Soviel ich weiß, habe ich nicht gegen die Gefängnisordnung verstoßen.«

Er lachte. »Sie wissen also schon, daß dies hier die Strafzellen sind. Das haben Sie ja schnell herausgefunden. Sie sind aber nicht zur Strafe hier. Jeder Neuzugang kommt zehn Tage lang in Quarantäne. Das ist Vorschrift. Wenn ich in Ihrem Fall eine Ausnahme mache, beschweren sich die anderen, und ich bekomme Ärger. Sie werden also zehn Tage hierbleiben müssen. Danach kommen Sie in die Abteilung, wo auch die anderen Spione untergebracht sind. Dort werden Sie es bequemer haben.«

»Es ist sehr kalt hier. Könnte ich wohl etwas von meinen warmen Sachen haben?«

Er ließ meine Habseligkeiten hereinbringen und erlaubte mir, einen warmen Pullover, Unterwäsche und mehrere Paar Socken zu behalten. Eigentlich machte er keinen unsympathischen Eindruck. Ich sollte jedoch bald merken, wie korrupt und unberechenbar er in Wirklichkeit war.

Nachdem er gegangen war, holte man mich zur ärztlichen Untersuchung. Saadik und Fattouh schleusten mich durch drei oder vier Gittertore, und wir erreichten das Gefängniskrankenhaus. Es bestand aus einem langen, zweistöckigen Gebäude und einem Bungalow, umgeben von einem großen gepflegten Garten. Etwa hundert Häftlinge standen in kleinen Gruppen herum oder saßen auf dem Rasen. Die meisten sahen abgerissen und schmutzig aus. Nur eine Gruppe von sechs oder sieben, die sich abseits von den anderen hielt, trug saubere Kleidung und machte einen gepflegten Eindruck.

Alle musterten mich neugierig, als wir das Krankenhausgelände betraten. Unter einem riesigen Maulbeerbaum unweit vom Tor blieb Fattouh stehen und sagte zu Korporal Saadik:

»Der Arzt ist noch beschäftigt, und wir müssen etwas warten. Geh inzwischen und besuche deinen Freund, den Wächter am Tor. Hawaga Lotz und ich warten hier unter dem Baum, bis du zurückkommst. Laß dir Zeit.«

»Was redest du da?« rief der Korporal. »Man hat mir extra aufgetragen, mich zu beeilen und den Hawaga sofort herzubringen. Woher willst du wissen, daß der Arzt keine Zeit hat? Du warst ja noch gar nicht bei ihm.«

»Saadik, du Sohn eines vertrottelten Vaters«, rief Fattouh ungeduldig, »verstehst du denn die einfachsten Dinge nicht? Wenn ich dir sage, der Arzt ist beschäftigt, dann ist er beschäftigt! Hier sind zwei Zigaretten, eine für dich und eine für deinen Kollegen. Raucht sie gemeinsam in aller Ruhe, und dann kommst du in zehn Minuten wieder. Habe ich mich klar genug ausgedrückt?«

Der Korporal nickte wortlos, nahm die Zigaretten und verschwand.

»Was ist denn der Zweck dieser Übung?« fragte ich den grinsenden Kalfaktor.

»Jemand möchte Sie sprechen. Ich bin bald wieder zurück.«

Er entfernte sich, und ein Häftling, der in der Nähe an der Mauer gelehnt hatte, kam auf mich zu. Er war offenbar kein Ägypter. Er hatte die helle Haut eines Europäers, eine hohe Stirn und wachsame, intelligente Augen. Ich schätzte ihn auf nicht älter als fünfunddreißig, obgleich sein Haar schon lang-

sam ergraute. Er trug einen gutsitzenden weißen Sträflingsanzug und blitzblanke Halbschuhe.
»Mein Name ist Victor Levy«, stellte er sich vor. Wir gaben uns die Hand.

»Ich freue mich, dich endlich kennenzulernen«, sagte ich. »Ich habe schon viel von dir gehört. Und ich weiß gar nicht, wie ich dir danken soll für alles, was du schon für mich getan hast.«

Er machte eine wegwerfende Handbewegung. »Keine Ursache. Leider kann ich nur wenig für dich tun, solange du noch im Taadieb bist. Natürlich habe ich mit Fattouh gesprochen und mit den Wärtern, die mir alle versprochen haben, sich um dich zu kümmern. Sobald du in die Sektion eins verlegt wirst, bekommst du alles, was du brauchst. Ich wohne auch dort, mit meinen Freunden Robert und Phillip. Wir werden Nachbarn sein und oft Gelegenheit haben, uns zu sehen. Wie fühlst du dich? Ist es sehr schlimm in den Strafzellen?«

»Ich werde es überleben«, sagte ich leichthin. »Fattouh hat mir warme Decken gebracht und genügend Zigaretten.«

»Ja, die habe ich ihm für dich gegeben. Wenn du erst bei uns bist, bekommst du auch ein paar anständige Anzüge. Hier mußt du ohnehin Blau tragen – die Farbe von Tura – und nicht Grün.«

»Warum trägst du Weiß?« erkundigte ich mich.

»Das besorge ich dir auch. Weiß tragen eigentlich nur Krankenhauspatienten und eben bessere Leute wie wir. Ich habe in der Zeitung gelesen, daß du einer der elegantesten Männer in Kairo warst. Nun gut, ich werde dafür sorgen, daß du auch hier in Tura eine anständige Garderobe hast. Jetzt hör mal zu, Wolfgang: Man bringt dich jetzt zum Chefarzt, Dr. Fouad. Versuche ihn dazu zu bewegen, daß er dich für ein paar Tage in die Krankenstation einweist. Dann bist du aus den Strafzellen raus. Wenn das nicht klappt, soll er dir wenigstens eine Matratze verschreiben. Sag ihm, du hättest Rückenschmerzen. Dr. Fouad ist gar nicht so übel, aber er hat Angst vor dem Direktor. Den hast du ja schon kennengelernt, wie ich höre.«

»Ja. Er macht keinen schlechten Eindruck.«

»Sei vorsichtig. Er ist unberechenbar. Glücklicherweise komme ich ganz gut mit ihm aus.«

»Das habe ich schon gehört. Man erzählt sich in Kanater sogar, daß du in Tura mehr zu sagen hättest als der Direktor.«

»Das ist leider stark übertrieben. Aber nach elf Jahren bin ich einer der alten Hasen und kenne mich aus. Jetzt muß ich aber weg. Wir sollten nicht zu lange miteinander gesehen werden. Diese Ägypter vermuten überall eine Verschwörung. Du bist neu hier und giltst als gefährlich, also wirst du besonders scharf beobachtet.« Er legte mir freundschaftlich die Hand auf die Schulter. »Keine Sorge, das kriegen wir schon hin.«

Er drückte mir herzlich die Hand, schaute sich vorsichtig um und sagte leise: »Schalom.«

Saadik und Fattouh holten mich ab, und wir gingen zum Eingang des Bungalows. Drei Stufen führten auf eine weiträumige Terrasse, wo sich vier Männer in dunklen Zivilanzügen rauchend in Korbsesseln räkelten. Saadik winkte uns stehenzubleiben und machte vor den vier Zivilisten eine ausholende Ehrenbezeigung, wovon die vier jedoch keine Notiz nahmen. Dann marschierte er über die Terrasse in eines der Büros.

»Das sind ein paar von den Gefängnisärzten«, raunte mir Fattouh zu. »Mit denen muß man sich gut stellen. Und da hinten im Büro sitzt der Chefarzt. Wenn Sie mit dem gut auskommen, haben Sie keinerlei Ärger mehr.«

Korporal Saadik winkte mich heran. Ich betrat das Büro. Hinter einem langen Tisch saß ein kahlköpfiger älterer Mann, der an einer leeren Zigarettenspitze kaute. Ihm zur Seite stand ein jüngerer Mann mit einem Stethoskop um den Hals. Der Ältere sprach mich in gutem Englisch an: »Ich bin Dr. Fouad, der Chefarzt. Ich nehme an, Sie sind Mr. Lotz.« Er betrachtete meine armselige Kostümierung. »Sind das alle Kleidungsstücke, die Sie haben?«

»Ja, Herr Doktor. Nicht gerade der letzte Modeschrei und auch nicht sehr warm.«

»Hm. So sehen Sie allerdings anders aus als auf den Fotos in der Zeitung.«

»Die Zeiten ändern sich eben.«

»Das stimmt. Sagen Sie mir – sind Sie gesund? Fehlt Ihnen etwas?«

»Nun, offen gestanden fühle ich mich nicht besonders gut. Vor einiger Zeit war ich wegen Gallenbeschwerden in Behandlung. (Eine glatte Lüge. Ich war in meinem ganzen Leben noch nie krank gewesen.) Die Kälte in der Zelle tut mir nicht gerade gut, und jetzt, wo ich auf dem nackten Steinfußboden schlafen muß, habe ich wieder Schmerzen.«

»Und was, glauben Sie, kann ich für Sie tun?«

»Das weiß ich nicht. Der Arzt sind Sie. Vielleicht sollte man mich ins Krankenhaus legen, damit ich ein Bett und eine Matratze bekomme.«

Er wandte sich an den jüngeren Arzt und sagte auf arabisch: »Dr. Sabri, glauben Sie, der Mann spricht arabisch?«

»Wohl kaum«, war die Antwort.

Dr. Fouad kratzte sich an seinem kahlen Kopf. »Eigentlich hätte ich ja nichts dagegen, den armen Hund für eine Weile ins Krankenhaus zu verlegen. Es ist schon eine Schande, wie man ihn behandelt. Aber dann gibt es wieder Ärger mit der Verwaltung und man wirft mir Protektionismus vor. Sie kennen ja Kamal Kassem. Ich will mich lieber erst absichern.«

Er nahm den Telefonhörer ab und wählte eine Nummer. »Dr. Kamal Kassem bitte... hier spricht Dr. Fouad... Hallo! Dr. Kamal Kassem? Einen schönen guten Morgen. Wie geht es der Familie?... Das ist schön. – Hören Sie, Doktor, ich habe hier diesen neuen deutschen Häftling, Sie wissen, wen ich meine... ja, richtig. Abdallah Amara hat ihn ins Taadieb gesteckt, und es geht ihm gar nicht gut. Ich dachte, wir könnten ihn vielleicht ein paar Tage ins Krankenhaus... Was? Warum nicht? Hm. – Ja, ich verstehe. Wenn das so ist... ja, selbstverständlich. Danke, Doktor. Maassalame!«

Er zuckte mit den Schultern und sagte zu Sabri auf arabisch: »So etwas hatte ich mir schon gedacht. Dieser Mann gilt als sehr gefährlich, und sie wollen ihn erst einmal unter Verschluß halten. Er darf nur ins Krankenhaus, wenn er ernstlich krank ist. Und auch dann nur unter besonderer Bewachung und mit ausdrücklicher Genehmigung der Gefängnisverwaltung. Ich weiß nicht, wovor diese Idioten Angst haben, aber das sind nun einmal die Weisungen.«

Dann drehte er sich wieder zu mir um und sagte auf englisch:

»Es tut mir leid, Mr. Lotz, die Krankenstation ist voll belegt. Wir können nur noch ernste Fälle aufnehmen.«

Er schrieb etwas auf einen Zettel und gab ihn mir. »Nehmen Sie das. Ich habe Ihnen Schmerztabletten aufgeschrieben. Die gibt es hier allerdings nicht. Was Medikamente betrifft, fehlt uns so ziemlich alles. Aber Sie können sich die Tabletten auf eigene Kosten von draußen kommen lassen. Und im Lagerraum können Sie sich eine Matratze abholen. Das ist alles, was ich im Augenblick für Sie tun kann. Und eh... wenn ich Ihnen einen Rat geben darf: Bitten Sie Ihren Konsul, bei der Gefängnisverwaltung in Kairo für Sie zu intervenieren. Auf diese Weise bekommen Sie ein paar Vergünstigungen.«

Ich dankte ihm und ging mit Saadik hinaus. Das war wieder einmal typisch für Ägypten: Kleine Beamte fürchteten sich vor anderen kleinen Beamten und wollen es um jeden Preis vermeiden, der Bestechung und Korruption verdächtigt zu werden. Es ging überall nach dem gleichen Schema. Aber wenigstens hatte ich nun eine Matratze.

Im Lager erhielt ich eine neue, gute Matratze – für fünfzig Zigaretten. So ausgestattet, sah ich den nächsten Tagen mit Zuversicht entgegen. Zumindest hatte ich jetzt einen bequemen Schlafplatz und etwas zu essen. Und der Gedanke, in diesem mittelalterlichen Gefängnis ein paar gute, verläßliche Freunde zu haben, munterte mich ebenfalls auf. Dem allzu wendigen Fattouh traute ich nicht so ganz, doch schien er sehr nützlich zu sein. Aber auf den täglichen Kontakt mit Victor und seinen Freunden freute ich mich.

Als wir wieder in den Strafzellenblock zurückkamen, zeigte mir Fattouh einige der anderen Zellen. Sie boten ein Bild des Jammers. In manchen Einzelzellen, nicht größer als meine, waren bis zu fünfzehn zerlumpte, ausgemergelte Gestalten untergebracht. Fattouh erklärte mir, daß sie schichtweise schliefen. Einige hockten an der Wand, während die anderen sich auf dem Boden ausstreckten. Die meiste Zeit blieben sie eingeschlossen, und es stank überall fürchterlich. Dabei herrschte durchaus kein Platzmangel. Doch diese Leute gehörten der Moslemischen Bruderschaft an, einer Sekte religiöser Fanatiker, die im Untergrund gegen Gamal Abdel Nasser und sein

Regime tätig war. Die Staatsanwaltschaft hatte Weisung gegeben, sie besonders streng zu behandeln. So waren sie nicht nur diesen unmenschlichen Lebensbedingungen ausgesetzt, sondern wurden auch noch fast täglich aufs Grausamste geprügelt.

Die Prügelbank durfte ich auch besichtigen – ein weiteres Relikt aus dem Mittelalter. Auspeitschungen waren in den Gefängnissen wie auch in der Armee immer noch ein Teil des offiziellen Strafvollzugs.

Beim Mittagessen, bestehend aus Corned Beef und Kartoffelpüree, das Fattouh besorgt und zubereitet hatte, leistete uns »Onkel Abbas« Gesellschaft. Sergeant Abbas, ein hünenhafter Kerl mit struppigem Schnauzbart und einem breiten Grinsen, hatte eine interessante Nebenbeschäftigung. Er war zuständig für die Ausführung offizieller Prügelstrafen, und außerdem war er der Assistent des Henkers. Bei jeder Hinrichtung waltete Abbas seines Amtes. Jetzt saß er hier mit Fattouh und mir und ließ sich das Corned Beef schmecken. Lachend zwinkerte er mir zu.

»Es freut mich, daß ich Ihre Bekanntschaft hier bei einem guten Mittagessen mache und nicht woanders. Nach allem, was in den Zeitungen stand, hatte ich schon befürchtet, ich würde Ihnen eines schönen Morgens den Strick um den Hals legen müssen. Ich bin froh, daß es nicht dazu gekommen ist. Allah ist gnädig.«

Er nahm einen weiteren Bissen, wischte sich mit dem Handrücken die Lippen und sagte: »Mit Ihnen hätte ich sicherlich keine Schwierigkeiten gehabt. Sie sind ein Herr. Nicht so wie der Hurensohn heute früh. Das war eine lausige Hinrichtung. Der Kerl hatte solchen Schiß, daß er mir die Jacke vollkotzte. Dem habe ich aber eine geschmiert, daß er sich noch im Jenseits an mich erinnern wird. Es ist komisch«, sagte er nachdenklich, »manche benehmen sich anständig und andere nicht.« In allen Einzelheiten schilderte er uns einige der Hinrichtungen, die er durchgeführt hatte. Es lag durchaus nichts Sadistisches oder Blutrünstiges in der Art, in der er seine Erfahrungen preisgab. Im Gegenteil – er machte eher den Eindruck eines Gemütsmenschen, der mit dem Stolz eines guten Handwerkers von seiner Arbeit berichtete.

Am Morgen des zehnten Tages meiner Einzelhaft zog ich auf Weisung des Direktors nach Sektion eins um. In diesem Block, der als absolut ausbruchssicher galt, waren diejenigen Häftlinge untergebracht, die als »gefährliche politische Gefangene« eingestuft waren. Es war ein vierstöckiger, trostlos wirkender Steinbau mit Reihen von kleinen, vergitterten Fenstern. Von einer hohen Mauer umgeben, auf der bewaffnete Wachen patroullierten, stellte dieser Block eigentlich ein Gefängnis für sich dar und war streng von anderen Abteilungen abgesondert.

Man öffnete mir eine kleine Pforte, die in ein großes, hölzernes Tor eingelassen war, und Saadik, der mich bis hierher begleitet hatte, bedeutete mir hineinzugehen. Ein Wärter begann mich zu durchsuchen. In diesem Augenblick erschien Victor.

»Laß das«, sagte er zu dem Wärter, der sofort mit der Durchsuchung aufhörte und mir winkte weiterzugehen.

»Ich habe schon auf dich gewartet«, sagte Victor. »Komm, gehen wir nach oben. Du kommst in den vierten Stock. Der gilt als die strengste Abteilung des ganzen Zuchthauses, aber in Wirklichkeit ist es die sauberste und bequemste. Wir wohnen auch da. Deine Zelle ist schon vorbereitet.«

Im vierten Stock wurden wir von einem dunkelhäutigen, breitschultrigen Wärter in Empfang genommen. »Das ist Abu Chris«, sagte Victor, »der Sergeant, der für dieses Stockwerk verantwortlich ist. Korrupt bis in die Knochen, aber er macht keinen Ärger.« Dann sagte er zu dem Sergeanten in kurzem Befehlston: »Öffne die Tür für den Hawaga.«

Langsam gewöhnte ich mich an die Sitten und Gebräuche dieses Instituts und gab Abu Chris eine Zigarette, die er würdevoll entgegennahm. Dann zog er einen riesigen eisernen Schlüssel aus dem Gürtel und öffnete eine der Zellen.

»Komm rein«, sagte Victor. »Wie gefällt es dir?«

Ich war sprachlos. Es war die übliche Standardzelle von 2 × 3 Metern mit einem kleinen vergitterten Fenster. Doch diesen Raum hatte man in etwas verwandelt, das man unter den herrschenden Umständen nur als Palast bezeichnen konnte. Die Wände waren mit hellblauer Ölfarbe frisch gestrichen. Unter dem Fenster lag eine dicke, nagelneue Matratze, dazu Decken, Bettlaken und zwei Kissen. Weitere Decken – etwas weniger neu – waren als Teppiche auf dem Fußboden ausgebreitet. Es gab einen Klapptisch, einen Stuhl, einen kleinen, verschließbaren Schrank und sogar ein Bücherregal an der Wand mit ein paar englischen Büchern. Eine Glühbirne hing von der Decke herab. Der blitzsauber gescheuerte Latrineneimer hatte eine hölzerne Brille, und neben der Tür hing ein Wasserbehälter mit Hahn. Sogar ein Gemälde – eine Landschaft in Öl gemalt – hing an der Wand.

»Das ist ein Willkommensgeschenk von Robert«, erklärte Victor, als er meinen bewundernden Blick bemerkte. »Er ist ein ganz guter Maler. Die meisten Offiziere hier lassen sich von ihm Bilder malen – allerdings immer nur dicke, nackte Weiber.«

»Victor, ich weiß wirklich nicht, was ich sagen soll«, rief ich. »Ich bin überwältigt von diesem unerwarteten Luxus. Wie hast du das nur geschafft?«

Er lachte. »Man hat so seine Beziehungen. Es freut mich, daß es dir gefällt. Man muß es sich so bequem wie möglich machen. Wer weiß, wie lange man hier noch bleiben muß.«

»Ja, es ist wirklich seltsam, wie sehr man im Gefängnis die kleinen Annehmlichkeiten des Lebens schätzen lernt«, sagte ich. »Noch vor einem Jahr hätte ich es nicht für möglich gehalten, in so einem Raum überhaupt existieren zu können, und jetzt bin ich überglücklich, weil ich eine saubere Zelle und ein paar einfache Möbelstücke habe.«

»Komm, ich will dir mal was zeigen«, sagte Victor und nahm das unterste Brett des Bücherregals heraus. Dort befand sich ein Hohlraum, in dem eine elektrische Kochplatte, ein Messer und ein Päckchen Kaffee versteckt waren. »Alles nützliche und verbotene Dinge«, bemerkte er lächelnd. »Bis du richtig eingerichtet bist, kannst du ja mit uns essen, aber abends willst du dir wahrscheinlich selber einen Kaffee machen oder dir ein paar Eier braten.«

Ein Häftling brachte uns zwei Tassen Kaffee auf einem Tablett. »Dies ist Mohammad, dein persönlicher Diener«, erklärte mir Victor.

Das war ja wohl das Unglaublichste von allem. Im schlimmsten Gefängnis Ägyptens stand mir ein persönlicher Diener zur

Verfügung. Ich erfuhr jedoch bald, daß alle Häftlinge, die genügend Geld hatten, sich einen Diener hielten, der die Zelle reinigte, die Wäsche wusch, Essen kochte und kleine Schmuggelaufträge ausführte. Dafür erhielt er einen Lohn von fünf bis sechs Zigaretten pro Tag.

Während wir Kaffee tranken, erklärte mir Victor die Organisation des ägyptischen Strafvollzugs. Wie überall in Ägypten herrschte ein großer Unterschied zwischen Bestimmungen und Praxis. Hier im vierten Stock waren die sogenannten gefährlichen politischen Gefangenen untergebracht. Obgleich sie alle zu Zwangsarbeit verurteilt worden waren, arbeitete keiner von ihnen. Man hielt es für sicherer, sie völlig zu isolieren, damit sie die anderen Häftlinge nicht politisch beeinflussen konnten.

Jeder Insasse begann seine Strafperiode als Häftling dritter Klasse. Das bedeutete Schwerstarbeit im Steinbruch. Nach drei Jahren stieg er in die zweite Klasse auf und arbeitete in einer der Werkstätten auf dem Gefängnisgelände. Nach weiteren drei Jahren kam er dann in die erste Klasse. Nun brauchte er überhaupt nicht mehr zu arbeiten, wenn er nicht wollte, oder er konnte sich seine Beschäftigung aussuchen. Dieser Aufstieg brachte noch weitere Vergünstigungen mit sich, wie zum Beispiel mehr Briefe, mehr Besuche, kleine Möbelstücke und mehr Kantinengeld.

Häftlinge erster Klasse durften monatlich zehn Pfund, (damals 110 Mark) in der Kantine für Lebensmittel und Zigaretten ausgeben, die zweiter Klasse sieben und die dritter Klasse fünf. Jedoch verfügten nur wenige Häftlinge über ein Guthaben, und zehn Pfund waren für die meisten ein Vermögen. Elf Pfund waren in der Tat schon der Monatssold eines Hauptfeldwebels mit fünfundzwanzig Dienstjahren und einer großen Familie.

Victor hatte in der Verwaltung erfahren, daß Waltraud und ich auf Antrag meines deutschen Anwalts sofort in die erste Klasse eingestuft worden waren. Was Briefe anbetraf, versicherte mir Victor, könne ich meiner Frau schreiben so oft ich wollte und ebensooft Briefe empfangen. Das war zwar gegen die Bestimmungen, aber Major Kamal liebte nun einmal Schweizer Schokolade über alles.

Allein in meiner Einzelzelle hatte ich mich oft gefragt, wie man über Jahre hinaus in Einzelhaft die Zeit totschlagen konnte. Auch in dieser Hinsicht beruhigte mich Victor.

»Nach den Vorschriften müssen politische Häftlinge dreiundzwanzig Stunden am Tag in ihren Zellen eingeschlossen sein, aber daran hält sich niemand. Gegen sieben Uhr morgens werden die Zellen aufgemacht und um fünf Uhr nachmittags wieder abgeschlossen. Während sie geöffnet sind, kann man sich in der ganzen Abteilung frei bewegen und auch in den Hof gehen. Eigentlich dürfen Politische nicht miteinander sprechen und sich nicht gegenseitig in ihren Zellen besuchen, aber die Gefängnisverwaltung drückt ein Auge zu. Nicht etwa aus Humanität, sondern weil es zu umständlich wäre, all diese Vorschriften einhalten zu wollen.«

Ich fragte Victor, wie er es elf Jahre lang hier ausgehalten hätte, und er erwiderte, daß nur die ersten drei wirklich schlimm gewesen seien, als er und seine Freunde in Ketten im Steinbruch arbeiten mußten und häufig geschlagen wurden. Das geschah vor allem deshalb, weil sie die schlimmste denkbare Kombination darstellten: Spione und Juden in einem.

»Du hast Glück, daß du Deutscher bist«, meinte er. »Dadurch hast du dir ein paar unangenehme Erfahrungen erspart.«

»Wie zum Beispiel die Erfahrung, gehenkt zu werden?«

»Ja, du warst ein sehr großer Fisch. Da du Deutscher bist, hat dich Nasser aus politischen Erwägungen am Leben gelassen. Lebendig kannst du ihm mehr nützen als tot. Die Wirtschaftslage ist katastrophal, und er hofft, wieder Unterstützung aus Deutschland zu bekommen.«

»Wie lange wird er wohl noch an der Macht bleiben?«

Victor zuckte mit den Schultern. »Die Gefängnisse sind überfüllt mit Leuten, die Verschwörungen gegen ihn angezettelt haben. Kein Attentat gegen ihn ist bisher gelungen. Einige unserer Nachbarn hier waren auch daran beteiligt. Gehen wir mal runter in den Hof. Ich werde sie dir vorstellen.«

Wir gingen eine Eisentreppe hinunter in den Hof. Kleine Gruppen von Häftlingen spazierten umher und unterhielten sich. Etwas abseits stand eine Gruppe von sieben oder acht Männern, die von ihrer Kleidung und ihrer Erscheinung her einer besseren Kategorie angehörten. Victor und ich überquerten den Hof und gingen auf sie zu.

»Meine Herren«, sagte Victor, »darf ich Ihnen Herrn Lotz vorstellen, das neueste Mitglied unserer Gemeinschaft? Sie haben alle schon von ihm gehört.«

Alle begrüßten mich herzlich und schüttelten mir die Hand. Victor stellte sie mir einzeln vor:

»Abdul Rahman Salim, Spionage für den CIA, zehn Jahre.«

»Karam Ismail, Spionage für den CIA, fünfzehn Jahre.«

»Said Lutfi, politische Aufwiegelung, fünfundzwanzig Jahre.«

»Dr. Ezzedin Abdel Kader, politische Aufwiegelung, fünfundzwanzig Jahre.«

»Kapitän zur See Ahmed Lutfi, früher ägyptische Marine, Spionage für den britischen Geheimdienst, fünfundzwanzig Jahre. Sein Vater ist für das gleiche Vergehen gehenkt worden.«

»Riad Osman, Spionage für den CIA, fünfundzwanzig Jahre.«

»Kama Abdul Razzak, politische Aufwiegelung und Spionage, fünfzehn Jahre.«

Ich bot meinen neuen Nachbarn Zigaretten an und gab ihnen Feuer. »Meine Herren«, sagte ich, »ich will nicht behaupten, daß es mich freut, bei Ihnen zu sein, aber wie ich sehe, befinde ich mich in guter Gesellschaft.«

XIV
Die Austauschrate

Frühjahr 1967. Seit zwei Jahren war ich im Gefängnis. Dabei war mir diese Zeitspanne gar nicht so endlos vorgekommen, wie ich es mir vorgestellt hatte. Man gewöhnt sich eben an alles, und auch das Schlimmste wird mit der Zeit Routine.

Was mich besonders bedrückte und an meinen Nerven zehrte, war der Gedanke an Waltraud und die Trennung von ihr, obgleich wir uns alle zwei Tage schrieben, was Victor durch seine Beziehungen und ein wenig Bestechung möglich gemacht hatte. Aus ihren Briefen erfuhr ich, daß sie im Frauengefängnis Kanater ungleich besser aufgehoben war als wir hier in Tura.

Der Direktor des Frauengefängnisses, Oberstleutnant Mohamed Subhi, verehrte die hellblonde deutsche Dame, die ihn um einen halben Kopf überragte, und gewährte ihr jede nur mögliche Vergünstigung. Waltraud war auch weiterhin in einem geräumigen Ärztezimmer auf der Krankenstation untergebracht und konnte sich überall im Gefängnis frei bewegen. Mit Marcelle Ninio, der israelischen Agentin, die eine fünfzehnjährige Haftstrafe verbüßte, hatte sich Waltraud gut angefreundet, obgleich jeglicher Kontakt zwischen den beiden offiziell streng verboten war. Der folgende Vorfall erläutert nicht nur den Status, den Waltraud im Frauengefängnis innehatte, sondern auch die Mentalität ägyptischer Behörden:

Marcelle Ninio hatte eine hochbetagte Tante, die nur deshalb in Kairo wohnte, um ihre Nichte einmal im Monat besuchen zu können. An einem dieser Besuchstage berichtete eine Wärterin, daß die Tante schon seit Stunden draußen vor dem Tor darauf warte, eingelassen zu werden. Entrüstet lief Waltraud zum Büro des Direktors, der sich gerade in einer Sitzung befand. Ohne auf die Proteste der Sekretärin zu achten, ging Waltraud hinein und unterbrach die Sitzung, was jeder anderen Gefangenen zumindest eine gehörige Tracht Prügel eingetragen hätte.

»Was gibt es, Madame?« fragte Mohamed Subhi sie höflich.

»Die alte Tante von Marcelle Ninio steht seit Stunden in der glühenden Sonne vor dem Tor und wartet auf ihre Besuchserlaubnis«, erklärte ihm Waltraud. »Ich möchte Sie bitten, Subhi Bey, die alte Dame sofort hereinzulassen.«

»Sie wird sich noch etwas gedulden müssen«, erwiderte der Direktor. »Die Besucherlisten sind noch nicht fertig.«

»Das geht aber nicht«, rief Waltraud entrüstet. »Wollen Sie, daß die alte Dame ohnmächtig wird?«

»Nun gut«, sagte Subhi nachgiebig. »Wenn Ihnen das so am Herzen liegt, Madame, dann gehen Sie hinaus und bringen Sie die Dame herein. – Aber auf Ihre Verantwortung!« So der Gefängnisdirektor zur Strafgefangenen!

Den fortgesetzten Bemühungen unseres deutschen Anwalts, Krahl-Urban, der uns alle drei Monate besuchte und dabei auch bei den verschiedenen Behörden vorstellig wurde, hatten wir es zu verdanken, daß die Strafvollzugsverwaltung uns eine noch nie dagewesene Vergünstigung einräumte. Waltraud durfte mich zweimal im Jahr – zu Weihnachten und zu Ostern – auf zwei Stunden besuchen. Diese Besuche waren natürlich ein Lichtblick in unserem Gefangenendasein. Zwei Stunden saßen wir jeweils zusammen – manchmal auch etwas länger, wenn der Direktor guter Laune war – und erzählten einander alles, was sich zugetragen hatte. Dabei erwähnten wir in der Hauptsache die lustigen Vorfälle, und jeder verheimlichte dem anderen die unangenehmen Erfahrungen. Wir versuchten krampfhaft, einander Mut zu machen, doch Waltrauds Fröhlichkeit und Zuversicht war stets ein wenig übertrieben und gekünstelt. Umgekehrt wird es wohl das Gleiche gewesen sein.

Unter anderem erzählte ich Waltraud von Major Kamal, mit dem ich privat sehr gut stand, und der mich hin und wieder am Abend in meiner Zelle besuchte, um mit mir Schach zu spielen. Eines Abends ließ er sich wieder einmal meine Zelle aufschließen und schnupperte genüßlich. Ich hatte soeben eine

Haschisch-Zigarette geraucht, und der süßliche Geruch lag noch in der Luft.

Das Haschischrauchen war in Ägypten schon immer ein weit verbreitetes Laster, quer durch alle Gesellschaftsschichten. Trotz der Einführung drakonischer Strafen – bis hin zum Todesurteil für Haschischhandel – war es Präsident Nasser nicht gelungen, seinem Volk den Genuß der geliebten Droge abzugewöhnen. Auch im Gefängnis betrieben Wärter und Kalfaktoren einen schwunghaften Handel damit.

»Haben Sie etwa Haschisch hier in der Zelle?« erkundigte sich Major Kamal und runzelte mit gespielter Strenge die Stirn.

»Jetzt nicht mehr«, erwiderte ich grinsend. »Sie können ja meine Zelle durchsuchen, Major.«

»Ich werde mich hüten«, brummte er. »Allein der Schreibkram würde die ganze Nacht in Anspruch nehmen, wenn ich wirklich etwas finden sollte. Spielen wir lieber eine Partie Schach.«

Waltraud lachte – auch sie gönnte sich von Zeit zu Zeit eine Haschisch-Zigarette – und konnte auch ihrerseits mit einer lustigen Geschichte aufwarten. Sie hatte, wie bereits erwähnt, recht gute Beziehungen zu dem Direktor des Frauengefängnisses, Oberstleutnant Mohamed Subhi. Er hatte sich vor kurzem ein Auto gekauft, und Waltraud brachte ihm auf dem Gefängnishof das Autofahren bei. In einer dieser Unterrichtsstunden führten sie folgende Unterhaltung:

»Was für eine Strafe bekäme ich, wenn ich Ihnen eine runterhauen würde, Subhi?« erkundigte sich Waltraud beiläufig.

»Warum sollten Sie mich schlagen, Madame?« fragte der Gefängnisdirektor mit höchstem Erstaunen. »Ich habe Ihnen doch nichts getan!«

»Nein, natürlich nicht«, beschwichtigte ihn Waltraud. »Im Gegenteil, Sie sind immer äußerst zuvorkommend. Aber beantworten Sie mir bitte meine Frage. Ich werde Ihnen gleich erklären warum. Welche Strafe hätte ich zu erwarten?«

»Nun, für einen tätlichen Angriff auf einen Offizier der Gefängnisverwaltung würde man Sie mindestens zu einem Jahr Haft verdonnern, vielleicht auch mehr. Aber warum stellen Sie eine so absurde Frage, Madame?«

»Das will ich Ihnen sagen, Subhi Bey. Ich verbüße, wie Sie wissen, eine dreijährige Haftstrafe. In ein paar Monaten werde ich entlassen und nach Deutschland deportiert. Ich will aber noch so lange hierbleiben – und sei es als Gefangene – bis auch mein Mann freikommt. Wir dürfen uns zwar nur selten sehen, aber ich will wenigstens in seiner Nähe sein. Wenn also der Tag meiner Freilassung gekommen ist, ohne daß mein Mann ebenfalls entlassen wird, wundern Sie sich bitte nicht, wenn ich Ihnen vor versammelter Mannschaft eine schallende Ohrfeige versetze. Und fassen Sie es bitte nicht als persönliche Kränkung auf. Sie wissen ja, daß es nicht so gemeint ist.«

Oberstleutnant Subhi konnte nur lächelnd den Kopf schütteln.

Mit Victor Levy und den beiden anderen israelischen Agenten, Robert Dassa und Philipp Nathanson, war ich täglich mehrere Stunden lang zusammen. Die drei bewohnten dieselbe Zelle, und meist kam ich am frühen Nachmittag zu ihnen zum Kaffee. Manchmal spielte ich auch eine Partie Schach mit Robert.

Vor einiger Zeit hatten die drei meine wahre Identität erfahren, und zwar auf recht amüsante Weise. Von Anfang an hatten sie mich für einen Deutschen gehalten, der ihrem Land große Dienste geleistet hatte, und bemühten sich darum sehr, mir in jeder Hinsicht zu helfen – oft unter erheblicher Gefahr für sich selbst.

Bei einer unserer Zusammenkünfte beim Kaffeeklatsch war wieder einmal von Israel und israelischer Politik die Rede. Die drei Musketiere – wie ich sie nannte – sprachen in der Regel französisch miteinander. Da sich meine Französisch-Kenntnisse jedoch auf das Lesen einer Speisekarte beschränkten, wurde in meiner Gegenwart englisch gesprochen. Einmal führten Victor und ich eine erhitzte Debatte über eine Frage der israelischen Außenpolitik. Ich weiß heute nicht mehr, worum es ging, aber wir waren völlig verschiedener Meinung und warfen uns – in aller Freundschaft – auch ein paar Grobheiten an den Kopf.

Mit einem Mal sagte Robert zu Victor – und zwar auf hebräisch, weil er annahm, ich verstünde es nicht –: »Vic, du kannst doch von einem Deutschen nicht erwarten, daß er diese Dinge genauso sieht wie wir Israelis.«

Jetzt konnte ich nicht länger an mich halten, lachte laut auf und sagte auf hebräisch: »Du Schmock, ich bin doch genauso ein Israeli wie du.«

Robert und Victor erstarrten vor Verwunderung. Nur Phillip sagte: »So etwas ähnliches hatte ich mir schon gedacht.«

Von nun an war ich natürlich ein vollberechtigtes Mitglied des israelischen Agentenklubs Tura.

Unter anderem weihten mich die drei in einen ziemlich verrückten Fluchtplan ein, die sie bereits in allen Einzelheiten ausgetüftelt hatten, und fragten mich, ob ich mitmachen wolle. Natürlich wollte ich – aber erst nachdem Waltraud am Ende ihrer dreijährigen Haftzeit freigelassen wäre, damit man sie nicht als Geisel hierbehalten konnte.

»Kein Problem«, meinte Victor. »Es dauert sowieso noch einige Zeit, bis alles bereit ist. Allerdings hat dieser Plan unserer Meinung nach nur eine fünfzigprozentige Chance zu gelingen. Vielleicht wäre es vernünftiger, wenn du und Robby euch nicht daran beteiligt. Robby hat nur noch etwas über ein Jahr abzusitzen und du als Deutscher wirst wohl in absehbarer Zeit begnadigt werden. Aber Philipp und ich haben noch über elf Jahre vor uns, und das halten wir nicht aus. Wir unternehmen diesen Fluchtversuch auf alle Fälle. Sollte er mißlingen – lebendig kriegen sie uns nicht wieder.«

Der Plan bestand darin, daß Victor und Phillip, die Zugang zum äußeren Hof hatten, von einem Geräteschuppen an der Mauer einen etwa fünf Meter langen Tunnel unter der Mauer hindurch graben würden. Der Ausstieg sollte so weit wie möglich vom nächsten Wachtturm entfernt liegen. Am Tage der Flucht würden die beiden Robby und mich unter einem Vorwand in den Schuppen schmuggeln, und von dort würden wir aussteigen und auf die Straße gelangen. Das könnte allerdings nur am Tage vor sich gehen. Inzwischen müßten wir noch einige Sträflingsanzüge so umarbeiten, daß sie wie Zivilkleidung aussähen, erklärte mir Victor.

»Und was passiert, wenn wir tatsächlich ausgestiegen sind und draußen auf der Straße stehen?« warf ich ein. »Wir brauchen jemanden, der uns von dort aus weiterhilft. Wir benötigen ein Fahrzeug, einen Unterschlupf, gefälschte Pässe, passende Kleidung und vieles mehr, sonst ist der ganze Plan von vorneherein zum Scheitern verurteilt.«

»Mit Geld und den richtigen Beziehungen ist alles zu machen«, meinte Victor.

»Geld kann ich über meinen Anwalt auftreiben soviel ihr wollt«, sagte ich.

»Und die Beziehungen habe ich«, fügte Victor hinzu. »Du und Robby müßt euch nur entscheiden, ob ihr mitmacht oder nicht.«

»Besteht denn keine Chance, daß man euch zwei begnadigt oder loskauft?« fragte ich ihn.

»Nicht die geringste«, erwiderte er bestimmt. »Das ist anders als bei dir. Wir gelten als Israelis und sind außerdem in die Lavon-Affäre verwickelt. Nicht einmal in Israel will man uns haben.«

»Aber das ist doch absurd!« rief ich ungläubig.

»Meinst du? Wenn die uns haben wollten, wären wir schon längst frei. Ich muß dich wohl über einiges aufklären, was du noch nicht weißt. Die Lavon-Affäre kennst du ja. Man hatte uns damals den unsinnigen Auftrag erteilt, amerikanische Bibliotheken und Kinos in Brand zu stecken, um dadurch die Beziehungen zwischen Ägypten und den USA zu stören. Vollkommener Irrsinn, aber wir erhielten den Befehl, führten ihn aus und wurden dabei ertappt. In Israel machte diese Affäre viel böses Blut, wie du ja selbst sehr gut weißt.«

»Das kann man wohl sagen«, unterbrach ich ihn. »Die Opposition verlangte zu wissen, wer den Befehl für diese sinnlose Aktion gegeben hatte. Natürlich wollte sich keiner dazu bekennen. Man ermittelte ohne jeden Erfolg. Ein Ministerialausschuß unter dem Vorsitz von Golda Meir log das Blaue vom Himmel herunter. Und Ben-Gurion, der damals zurückgezogen in seinem Kibbuz lebte, soll gesagt haben: »Wenn ich den Kerl erwische, der diesen Befehl gegeben hat, schlage ich ihm sein anderes Auge auch noch aus.«

»Wahrscheinlich hatte er recht und es war wirklich Dayan«, meinte Victor. »Aber die größte Gemeinheit kommt erst. Nach dem Sinai-Feldzug von 1956 wurden Kriegsgefangene ausgetauscht. Unser Mithäftling Mustapha Amin, den du ja gut kennst und der mir noch nie eine Unwahrheit gesagt hat, bekleidete damals einen hohen Posten und wurde von Nasser als Verantwortlicher für den Austausch von Kriegsgefangenen eingesetzt. Nasser wollte den Israelis, die sich unter amerikanischem Druck von der Sinai-Halbinsel zurückzogen, die bittere Pille ein wenig versüßen und gab Mustapha die Weisung, den Israelis jeden auszuliefern, den sie verlangten – Soldaten, Zivilisten, politische Gefangene – jeden, den sie auf ihre Liste setzten. Mustapha Amin befolgte diese Weisung haargenau, wie er mir wiederholt versicherte – nur standen wir leider nicht auf der Liste. Bestimmte Politiker wollten uns drüben nicht haben, damit wir die ganze unappetitliche Lavon-Affäre nicht noch einmal aufwühlten. Seitdem glauben wir nicht mehr daran, daß die israelische Regierung irgend etwas unternimmt, um uns hier herauszuholen.«

»Es ist schwer zu glauben«, sagte ich, »daß man euch absichtlich nicht auf die Liste gesetzt hat. Aber in der Politik ist alles möglich. Wenn das stimmt, schäme ich mich für mein Land.«

»Es ist auch unser Land – trotz allem«, versicherte mir Victor. »Ein paar skrupellose Politiker machen noch nicht den Staat Israel aus.«

Einige Tager später erlitt ich einen leichten Herzinfarkt und wurde auf die Krankenstation verlegt, wo ich ein paar Monate verbrachte.

Inzwischen bereitete sich die ägyptische Nation systematisch auf einen Krieg vor, wie wir den Zeitungen und den Berichten des Gefängnispersonals entnehmen konnten. Antiisraelische und anti-westliche Ressentiments wurden in den Zeitungen und in öffentlichen Reden hochgepeitscht. Diese Gefühle wurden von vielen Wärtern und Offizieren wie auch der Mehrzahl der Häftlinge geteilt, was mich, als ehemaliger Agent der Israelis, in eine ziemlich prekäre Lage versetzte. Immer häufiger durchsuchte man meine Sachen, und die Überwachung wurde erheblich strenger. Häftlinge und auch

Wärter, mit denen ich auf gutem Fuß gestanden hatte, hatten plötzlich Angst, mit mir zusammen gesehen zu werden und begaben sich auf Distanz.

Die angespannte Atmosphäre erreichte ihren Höhepunkt, als Radio und Zeitungen meldeten, die ägyptische Marine habe die Straße von Tiran geschlossen. Ägyptens bekanntester politischer Kommentator und Nasser-Intimus Mohamad Hassanein Heikal prahlte in seinem Leitartikel damit, daß diese Aktion darauf abziele, Israel zu einem Angriff auf die Vereinigte Arabische Republik zu provozieren. Dann aber würde sich der ägyptische Adler auf das jüdische Hähnchen stürzen und es in Stücke reißen, wie er sich ausdrückte. Die Befreiung Palästinas stünde kurz bevor.

Bunte Plakate, die überall im Gefängnis aufgehängt wurden, zeigten, wie der Stiefel eines ägyptischen Soldaten einen geifernden, krummnasigen Juden zermalmte und gleichzeitig Onkel Sam in den Hintern trat – eine wahrhaft akrobatische Leistung. Der Rundfunk sendete ununterbrochen Marschmusik und Reden von Blut und Boden. Der Krieg konnte jeden Augenblick ausbrechen.

Victor überbrachte mir die Nachricht, alle politischen Gefangenen auf der Krankenstation würden umgehend wieder in ihre Zellen zurückverlegt, wodurch man sie völlig isolieren wollte. Für den Fall eines Bombenangriffs in unmittelbarer Nähe eines Gefängnisses lauteten die Bestimmungen, daß die Tore zu öffnen und die Häftlinge freizulassen seien – bis auf die politischen. Diese seien sofort zu erschießen. Nette Aussichten.

Am nächsten Morgen rief man mich zum Chefarzt.

»Wir haben beschlossen, Sie aus dem Krankenhaus zu entlassen«, eröffnete mir Dr. Fouad. »Sie gehen zurück nach Sektion eins.«

»Halten Sie mich denn für geheilt, Doktor?« fragte ich unschuldig.

»Es geht Ihnen zumindest sehr viel besser.«

»Etwas besser geht es mir schon, aber ich bin bestimmt noch nicht geheilt. Was geschieht, wenn ich mitten in der Nacht einen Herzanfall bekomme und niemand da ist, der mir eine Spritze geben oder einen Arzt rufen kann?«

»Dafür kann ich nichts. Wir haben unsere Weisungen. In Ihrer Zelle werden Sie die gleichen Bedingungen haben wie im Krankenhaus. Wir geben Ihnen ein Bett und eine Matratze, und wenn Sie einen Arzt brauchen, wird der Wärter einen rufen. Wenn der Krieg erst einmal anfängt, ist er in ein paar Tagen vorbei. Dann kommen Sie wieder hierher. Wenn Sie etwas brauchen, können Sie sich jederzeit an mich wenden.«

Es hatte keinen Zweck, mit ihm zu diskutieren. Er konnte die Anordnungen auch nicht ändern. Ich packte meine Sachen zusammen und zog wieder nach Sektion eins um.

Am nächsten Morgen – es war der 4. Juni 1967 – begannen überall die Sirenen zu heulen. Es war kurz nach acht, und die meisten der politischen Häftlinge befanden sich im Hof und machten Gymnastik.

Ich blickte aus dem Fenster, von dem man eine recht gute Aussicht über die äußere Gefängnismauer hinweg hatte. Man sah den Nil mit seinen vielen Booten und in der Ferne die Sakara-Pyramiden. Alles schien völlig normal. Die Straße von Kairo nach Helwan war von Pkws und Lastwagen befahren, und auf dem Bahnhof der Ortschaft Tura stiegen zahlreiche Fahrgäste aus einem Zug, der eben angekommen war.

Fliegeralarm war in den letzten Wochen häufig geübt worden, darum dachte ich mir auch jetzt nichts weiter dabei. Wenn die Sirenen ertönten, mußten alle Häftlinge in ihre Zellen zurückkehren, und die Wachen auf den Mauern wurden verdreifacht.

Ich holte meine Kochplatte aus dem Versteck, machte mir einen Kaffee und begann zu lesen. Mit einem Mal hörte ich ein lautes, anhaltendes Klopfen an der Wand. Es kam von der Zelle meines Nachbarn Abdul Rahman Salim. Ich stand auf und ging zurück zum Fenster. Unsere beiden Gitterfenster lagen so dicht zusammen, daß wir uns zwar nicht sehen, aber in normaler Lautstärke miteinander sprechen konnten. Nachts, wenn wir keinen Schlaf fanden, standen wir oft am Fenster und unterhielten uns stundenlang.

»Was gibt es, Abdul Rahman?« fragte ich ihn. »Hat der Krieg begonnen oder was?«

»Ob du es glaubst oder nicht, Rusty, es geht los!« rief er aufgeregt. »Hast du die Detonationen nicht gehört?«

»Ich habe nichts gehört.«

»Das ist kein Witz, Rusty! Es hat drei oder vier heftige Explosionen gegeben. Mein Gott, wenn sie bloß dieses Scheißregime in Grund und Boden bombardieren würden! Lang lebe Mosche Dayan!«

Jetzt waren in der Tat eine Reihe Detonationen in kurzen Abständen zu hören. Die Marschmusik, die bisher ununterbrochen aus dem Lautsprecher ertönt war, brach ab.

»Wir unterbrechen das Programm für eine wichtige Durchsage«, sagte der Ansager aufgeregt. »Kampfflugzeuge des zionistischen Feindes, verstärkt durch zahlreiche amerikanische Bomber, haben eine begrenzte Anzahl von Zielen in der Nähe der Hauptstadt angegriffen. Es entstand nur geringer Sachschaden. Die Mehrzahl der feigen Aggressoren wurde von den tapferen Piloten der Vereinigten Arabischen Republik abgeschossen. Unser geliebter Führer, Präsident Gamal Abdel Nasser, hat die sofortige und vollständige Besetzung Palästinas befohlen. Unsere Streitkräfte sind bereits weit in das Territorium des sogenannten Staates Israel eingedrungen, der nur noch wenige Tage existieren wird. Ein heiliger Krieg ist erklärt, und das Schwert des Islam ist gezückt. Weitere Meldungen folgen stündlich.« Darauf ertönte die Nationalhymne.

»Hast du das gehört?« fragte Abdul Rahman. »Endlich geht es los. Verlaß dich darauf, die meisten unserer politischen Gefangenen beten jetzt für die Niederlage. Bald sind wir alle frei, und dein Mosche Dayan holt auch dich hier heraus.«

Eine Stunde darauf wurde das nächste Kommuniqué gesendet:

»Kampfverbände der Vereinigten Arabischen Republik befinden sich auf dem Vormarsch und haben bereits zahlreiche israelische Dörfer und Städte eingenommen. Palästinensische Araber, die jahrelang unter dem zionistischen Joch leben mußten, empfangen unsere heldenhaften Truppen mit Freudentränen in den Augen. Große israelische Truppenverbände sind völlig eingeschlossen und stehen kurz vor der Vernichtung. Mehr als achtzig israelische Kampfflugzeuge wurden in den ersten zwei Stunden des Krieges abgeschossen und weitere fallen vom Himmel wie trockene Blätter von einem toten Baum. Morgen – so Allah der Allmächtige will – werden unsere heldenhaften Soldaten ihr Abendgebet in Tel-Aviv verrichten.«

Am späten Nachmittag wurden wir für eine halbe Stunde aus unseren Zellen gelassen. Ich suchte überall nach Victor, bis mir einer der Wärter erzählte, alle jüdischen Häftlinge seien in die Strafzellen verlegt worden – wie es hieß, im Interesse ihrer eigenen Sicherheit.

Nach einer Weile mußten wir uns vor unseren Zellen aufstellen, um eine Ansprache des Direktors zu hören. Einige Minuten später ertönte die Stimme von Abdallah Amara aus den Lautsprechern:

»Offiziere, Soldaten, Häftlinge – meine Brüder! Dies ist ein großer Tag in der Geschichte des ägyptischen Volkes. Ein großer Tag in der ruhmreichen Geschichte unserer Republik und der arabischen Nation. Der Feind hat uns den Krieg erklärt, und wir haben die Herausforderung angenommen. Teile Palästinas sind bereits von unserer siegreichen Armee besetzt, und es wird nicht mehr lange dauern, bis auch der letzte Jude von unserer arabischen Heimaterde vertrieben ist.

Freut euch, meine Brüder! Heute gibt es keinen Unterschied zwischen Offizier, Wärter und Häftling. In unser aller Brust schlägt ein ägyptisches Herz, und wir sind stolz auf unsere Nation. Doch wird uns allen durch diesen Krieg eine große Verantwortung auferlegt. Jeder von uns muß seinen Teil zu einem schnellen und endgültigen Sieg beitragen. Ich erwarte von allen Häftlingen, denen die Ärzte ein Gesundheitsattest ausstellen, Blut für unsere Soldaten an der Front zu spenden. Die Zahl der Arbeitsstunden in den Steinbrüchen und in den Werkstätten wird heraufgesetzt. Gleichzeitig wird das Gefängnispersonal reduziert, da Offiziere und Wärter für den Dienst in den Kriegsgefangenenlagern benötigt werden. Wir haben bereits viele Tausend israelische Kriegsgefangene, darunter mehr als dreihundert Piloten. Wegen der Reduzierung des Personals werden Häftlinge bis auf weiteres keine Besucher empfangen können; nachts wird in allen Zellen der Strom abgeschaltet.«

Nach der Ansprache wurden wir wieder eingeschlossen. Ich

legte mich auf mein Bett, verschränkte die Arme hinter dem Kopf und versuchte meine Aufregung zu meistern und klar zu denken. Selbstverständlich durfte man die Blut-und-Boden-Reden und auch die Nachrichten nicht für bare Münze nehmen. Aber wenn an der ganzen Sache auch nur ein Körnchen Wahrheit war, wenn auch nur zehn Prozent von all dem, was hier verkündet worden war, der Wahrheit entsprach, dann war es eine Katastrophe.

Doch erschien es mir unmöglich, daß die israelischen Streitkräfte von den Ägyptern im Handstreich geschlagen werden konnten. Es war völlig undenkbar, daß ihnen der riesige militärische Aufmarsch in Sinai entgangen sein sollte. Es schien mir sehr viel wahrscheinlicher, daß das israelische Oberkommando die Position und Stärke der ägyptischen Truppen genau kannte und dementsprechende Dispositionen getroffen hatte.

Ich erinnerte mich, mit welcher Gründlichkeit meine Berichte jedesmal geprüft und diskutiert worden waren. Kein noch so unbedeutend scheinendes Detail, das man außer acht ließ, kein noch so vages Gerücht, dem man nicht nachging. Ich hatte keinen Grund zu der Annahme, daß sich in dieser Hinsicht etwas geändert hatte.

Aber entbehrten die prahlerischen Meldungen über die Besetzung großer Teile Israels oder den Abschuß so vieler Flugzeuge wirklich jeder Grundlage? Allerdings könnte sich das »Eindringen in israelisches Territorium« – wie damals, 1948, – als die Besetzung von ein oder zwei arabischen Dörfern herausstellen. Und vielleicht hatten wir wirklich ein paar Flugzeuge verloren, aber die Bombenangriffe in der Umgebung von Kairo, die die Ägypter zugeben mußten, deuteten keineswegs auf eine kritische Situation an der israelischen Grenze hin, die Hunderte von Kilometern entfernt lag.

Doch all das war reine Spekulation. In ein oder zwei Tagen würden wahrscheinlich die wahren Tatsachen durchsickern. Victor besaß ein winziges Transistorradio, das er in einem Marmeladeglas versteckt hielt, und das ich mir häufig ausborgte, um Nachrichten aus Israel zu hören. Aber meine drei Musketiere saßen im Taadieb und ich wußte nicht, was aus dem kostbaren Marmeladeglas geworden war.

Ich konnte also nur abwarten, was mir noch nie leicht gefallen war. In der Zelle war es – wegen der allgemeinen Verdunkelung – stockfinster. Ohne Licht konnte ich weder lesen, noch einen Brief an Waltraud schreiben. Ich überlegte mir, wie sich wohl der Krieg auf uns persönlich auswirken würde. Die Möglichkeit eines ägyptischen Sieges war zu abwegig, um sie ernsthaft in Betracht zu ziehen. Vielleicht würde es einen Waffenstillstand geben, eine Art unentschiedenen Ausgang, der unsere Lage kaum ändern würde. Wenn aber Israel den Krieg gewinnen würde, wie alle Kriege bisher? Dann wäre man in der Lage, der Vereinigten Arabischen Republik Bedingungen zu stellen und uns vielleicht freizupressen. Was aber, wenn die Ägypter ihren Plan ausführten, alle politischen Gefangenen zu erschießen, sobald die Israelis ihnen zu nahe auf den Leib rückten?

In der Nacht wurden wieder ganz in der Nähe Bomben abgeworfen, wahrscheinlich auf die Rüstungsfabriken in Helwan. Ich empfand große Befriedigung darüber, daß ich es gewesen war, der ihnen die Positionen dieser Ziele genau angegeben hatte. Hoffentlich würde keines der israelischen Flugzeuge versehentlich *mir* eine Bombe auf den Kopf werfen. Die Bombardierung dauerte eine ganze Weile und ich sah, wie die Explosionen in der Dunkelheit aufflammten. Plötzlich knirschte ein Schlüssel im Schloß meiner Zellentür. Die Tür wurde aufgerissen, und fünf Männer stürmten in die Zelle. Einer begann laut zu brüllen, und an der Stimme erkannte ich Oberstleutnant Timras, den stellvertretenden Direktor.

»Haben Sie uns noch nicht genug Ärger gemacht?« schrie er mich an. »Einer der Wachposten hat gemeldet, Sie hätten eine brennende Zeitung aus dem Fenster geschwenkt und den israelischen Flugzeugen Zeichen gegeben.«

»Aber das ist doch absoluter Blödsinn«, rief ich. »Glauben Sie, die brauchen meine Zeitung, um sich zu orientieren? Wahrscheinlich hat dieser saudumme Wachposten den Feuerschein in Richtung Helwan gesehen.«

Aber er war nicht zu überzeugen. Er ließ mir Handschellen anlegen und brachte mich mit vorgehaltener Pistole in eine der Strafzellen. Am nächsten Morgen wurden sämtliche politischen Häftlinge in den Strafzellenblock verlegt.

Im Laufe der folgenden Tage sickerte die Wahrheit über das Debakel der ägyptischen Streitkräfte bis in den Strafzellenblock durch. Die israelische Luftwaffe hatte in einem Präventivschlag in den ersten Stunden des Krieges die gesamte ägyptische Luftwaffe am Boden zerstört. Auf dem Sinai befanden sich die ägyptischen Landstreitkräfte in wilder, panikartiger Flucht, verfolgt von den Israelis, die verschiedenen Berichten zufolge bereits am Suez-Kanal standen oder ihn sogar schon überschritten hatten. Tausende von geflüchteten ägyptischen Soldaten verbreiteten in Kairo Gerüchte über die totale Niederlage. Obgleich diese Gerüchte stark übertrieben waren, schenkte man ihnen mehr Glauben als den offiziellen Berichten.

Der Nachrichtensprecher meldete, daß amerikanische Bomber, welche die israelische Luftwaffe unterstützten, pausenlos ägyptische Stellungen angriffen. Die Streitkräfte der Vereinigten Arabischen Republik führten einen heroischen Kampf und hätten dem zionistisch-imperialistischen Angreifer schwere Verluste zugefügt. Mehrere israelische Divisionen seien aufgerieben und die Städte El Arisch und Khan Yunis von einer ägyptischen Spezialeinheit zurückerobert worden. Aus taktischen Gründen hätte man an einigen Stellen Frontbegradigungen vorgenommen. Der Suez-Kanal sei geschlossen. Die Vereinten Nationen hätten zu einem Waffenstillstand aufgerufen. Verräter und zionistische Agenten verbreiteten defätistische Gerüchte, denen die Bevölkerung keinen Glauben schenken solle. Ein vorübergehender Rückschlag sei keine Niederlage, und die große arabische Nation werde als Sieger hervorgehen. Das Bulletin endete mit den Worten: »Frieden und Allahs Segen über euch.«

Dann kam die Sensation: Präsident Gamal Abdel Nasser hatte seinen Rücktritt angeboten!

Ich stand mit den anderen politischen Häftlingen auf dem Gang des Strafzellenblocks, in der Nähe des Lautsprechers, um die Nachrichten zu hören.

»Was halten Sie von Nassers Rücktritt?« fragte ich Mustapha Amin, der vor seiner Verhaftung Chefredakteur einer der größten Tageszeitungen und ein Intimfreund Nassers gewesen war.

»Ein Bluff«, erwiderte Mustapha wegwerfend. »Bisher hat er

ja nur seinen Rücktritt angeboten und die Entscheidung seinen Jasagern im Parlament überlassen. Er will nur, daß sie ihn darum bitten, im Amt zu bleiben. Ich gehe jede Wette ein, daß man in diesem Moment bereits Demonstrationen organisiert: Wir wollen unseren geliebten Führer, den Retter der Nation. Man bringt ein paar tausend Fellachen und Fabrikarbeiter auf Lastwagen in die Stadt, drückt jedem fünf Piaster in die Hand, damit sie durch die Straßen ziehen und schreien: ‹Lang lebe Gamal Abdel Nasser.› Und der beugt sich dann dem Willen des Volkes.«

Zu diesem Zeitpunkt wußten wir noch nicht, wie genau Mustaphas Prophezeiung schon in wenigen Tagen eintreffen sollte.

Vom äußeren Hof her hörten wir den Ruf: »Achtung!«, ein Zeichen, daß der Direktor oder einer der Offiziere auf dem Weg zu uns war. Ein Wärter jagte uns schnell in die Zellen zurück.

Nach ein paar Minuten betrat Major Kamal meine Zelle und schloß die Tür hinter sich. Alle politischen Gefangenen mochten diesen kleinen Mann, der immer höflich und zuvorkommend war und sich oft über die Bestimmungen hinwegsetzte, um uns Vergünstigungen zu verschaffen. Bei ihm konnte man sich darauf verlassen, daß er sich im richtigen Moment blind und taub stellte. Überdies waren seine Preise annehmbar.

»Wie geht es, Hawaga?« sagte er und schüttelte mir die Hand. »Darf ich mich setzen?« Er setzte sich aufs Bett. »Ich hörte schon, daß man Sie alle in die Strafzellen gesteckt hat. So ein Quatsch. Ich wollte mal sehen, wie Sie zurechtkommen. Ich habe Ihnen auch Briefpapier und einen Kugelschreiber mitgebracht, falls Sie Ihrer Frau schreiben wollen. Geben Sie mir dann den Brief, und ich werde ihn befördern.«

»Danke, Kamal, das ist nett von Ihnen. Was gibt es Neues vom Krieg?«

»Gut steht es nicht. Die Meldungen sind so widersprüchlich, daß man nicht weiß, was man glauben soll. Übrigens wollte ich Sie etwas fragen. Sie sind doch unser Militärexperte.«

»Bin ich das?«

»Natürlich. Mit Ihrer Kriegserfahrung bei der deutschen Wehrmacht verstehen Sie doch mehr von Taktik als irgendeiner von uns. Wir sind doch nur Polizeioffiziere.«

»Aber ich weiß doch nicht, was wirklich vorgeht. Ich kenne nur die Nachrichten und höre Gerüchte.«

»Sie werden mir aber folgendes erklären können: Was bedeutet der Ausdruck ›zweite Verteidigungslinie‹? Das ist doch ein militärischer Begriff, nicht wahr?«

»Allerdings«, erwiderte ich, im stillen amüsiert. »Der Ausdruck bedeutet genau das, was er sagt. Wenn ein Militärverband vor einem Angriff zurückweicht, mit anderen Worten, wenn er seine vordere Verteidigungslinie aufgeben muß, dann zieht er sich auf eine zweite Verteidigungslinie in gewissem Abstand hinter der ersten zurück.«

»Wie weit ist das?«

»Oh, das hängt von verschiedenen Umständen ab, unter anderem von der topographischen Beschaffenheit des Geländes. Manchmal zieht man sich auf vorbereitete Stellungen im Hinterland zurück, oder der Kommandeur sucht sich ein Gelände aus, das sich gut zur Verteidigung eignet – etwa eine Bergkette oder einen Fluß – alles, was für den vorrückenden Feind ein natürliches Hindernis darstellt. Warum möchten Sie das wissen, Kamal? Wollen Sie in die Armee überwechseln?«

»Nein, danke. Ich muß an meine Familie denken. Hawaga Lotz, Sie haben mir das eben sehr gut erklärt, aber ich habe trotzdem nur die Hälfte verstanden. Was ich wissen möchte, ist folgendes: Der Militärsprecher berichtet, daß sich unsere Verbände in Sinai auf eine zweite Verteidigungslinie zurückgezogen haben. Wo liegt die genau? Wie weit sind die Juden vorgedrungen? Können Sie mir das mit einfachen Worten erklären?«

»Wie soll ich das wissen, Kamal? Ich höre doch nur die Nachrichten im Radio, genau wie Sie.«

»Man hört viele Gerüchte, aber jeder erzählt etwas anderes. El Arisch ist verloren, Scharm el Scheich ist verloren, der Mitla-Paß – Herrgott, was haben wir dann noch? Als nächstes hören wir, daß die Juden in Maadi einmarschiert sind. Wo liegt diese zweite Verteidigungslinie, von der Sie sprechen?»

»Die beste Möglichkeit scheint der Suez-Kanal zu sein.«
»Wird der sie aufhalten?«
»Da kann ich auch nur herumraten, genau wie Sie.«
»Eine schreckliche Situation. Entsetzlich! Kaum zu glauben. Was soll dieser ganze idiotische Krieg? Wann hat Ägypten je einen Krieg gewonnen?«
»Im zweiten Akt von Aida.«
»Wie bitte?«
»Nichts. Nur so ein Gedanke.«
Die Tür wurde aufgestoßen und Abdul Rahman kam herein.
»Oh, ich wußte nicht, daß du Besuch hast, Rusty. Guten Morgen, Major Kamal.«
»Setz dich«, lud ich ihn ein. »Major Kamal und ich sprechen gerade über den Krieg.«
»Da hätte ich auch ein paar Neuigkeiten«, sagte Abdul Rahman und setzte sich zu uns aufs Bett. »Einer der Wärter hat einen Bruder in der Armee, dem es gelungen ist, aus Sinai zu flüchten. Gestern abend ist er nach Hause gekommen. Er sagt, daß von der ägyptischen Armee nichts mehr übrig sei. Wer nicht tot oder gefangen sei, renne um sein Leben. Die Israelis haben den Kanal überschritten, und General Dayan hat seinen Gefechtsstand nach Fayid verlegt, diesseits des Kanals. Die Israelis sind auf dem Vormarsch, und zwischen Fayid und Kairo steht nichts, was sie aufhalten könnte. Es heißt, daß Nasser und Feldmarschall Amer nach Jugoslawien geflohen sind.«
Kamal war kreidebleich geworden. »Ist das wahr?« sagte er heiser. »Wenn die Juden in Kairo einmarschieren, schlachten sie uns alle ab. Zuerst die Offiziere. Oder sie lassen die Gefangenen auf uns los, die uns in Stücke reißen werden.«
»Seien Sie nicht albern, Kamal«, sagte ich. »Das sind Gerüchte und Übertreibungen. Ich halte es für durchaus möglich, daß die Israelis beide Kanalufer besetzt haben, aber sie würden niemals auf Kairo marschieren, wenn sie nicht völlig verrückt sind, und das sind sie doch offenbar nicht.«
»Was kann sie daran hindern?« fragte Abdul Rahman.
»Der gesunde Menschenverstand. Auch wenn sie Kairo ohne einen einzigen Schuß einnehmen könnten – ist dir klar, was es heißt, eine Metropole dieser Größe besetzt zu halten

und zu verwalten? Hier leben vier oder fünf Millionen Menschen – niemand weiß das genau, ganz zu schweigen von dem Gebiet zwischen Kairo und dem Kanal mit Städten wie Suez und Ismailia. Sagen wir, insgesamt acht oder neun Millionen Einwohner. Jetzt rechne dir mal aus, was für eine Verwaltung das erfordert – auch wenn es nur eine vorübergehende Militärverwaltung ist. In ganz Israel leben nur etwa drei Millionen Menschen. Ich glaube, die Möglichkeit einer israelischen Besetzung von Kairo können wir streichen. Es wäre der helle Wahnsinn.«

»Eigentlich schade«, brummte Abdul Rahman. »Wenn sie uns hier nicht vorher erschießen würden, kämen wir alle frei.«

»Und du könntest dir deinen Traum von einem roten Mercedes erfüllen«, sagte ich lachend.

Major Kamal enthielt sich jeder Bemerkung.

Wir blieben insgesamt zweiundzwanzig Tage lang in den Strafzellen. Die meiste Zeit waren wir eingeschlossen. Der Krieg war vorbei, aber die Gefängnisverwaltung ließ sich Zeit, das Licht wieder anzudrehen. Wenn man den größten Teil des Tages im Halbdunkel zubringt, das das Lesen unmöglich macht, und die Nacht in gänzlicher Finsternis, erscheint einem jeder Tag wie eine Ewigkeit. Der DDT-Puder, den mir Kamal besorgt hatte, half nicht viel, und bald war mein ganzer Körper mit Wanzenbissen bedeckt. Essen war knapp. Ich hatte ständig Hunger und verlor an Gewicht.

Nur Neuigkeiten entbehrten wir nicht. Täglich erzählten uns Offiziere und Wärter, was sich draußen abspielte. Die meisten dieser Berichte aus zweiter und dritter Hand waren natürlich stark übertrieben, doch im großen und ganzen konnten wir uns ein ziemlich klares Bild von dem machen, was in Ägypten vorging. Nasser und seine Geheimpolizei regierten das Land mit eiserner Faust. Es gab zahlreiche Verhaftungen – in manchen Dörfern sogar öffentliche Auspeitschungen –, und jede Form von Kritik wurde im Keime erstickt.

Das Märchen von den amerikanischen Bombern hatte man stillschweigend zu den Akten gelegt und als »Mißverständnis« abgetan. Bis zum letzten Mann hatte die Bevölkerung begriffen, daß Israel allein, ohne Hilfe, die Vereinigte Arabische Republik besiegt hatte. Armeeoffiziere hatten Angst, sich in der Öffentlichkeit zu zeigen. Selbst unsere Offiziere, die ja zur Polizei gehörten, scheuten sich, auf der Straße Uniform zu tragen. Jeden Morgen erschienen sie in Zivil und zogen sich erst im Büro um. Dem lag ein Vorfall zugrunde, wo ein Offizier ein Taxi angehalten hatte, um sich heimfahren zu lassen. Der Fahrer hatte den Kopf aus dem Fenster gesteckt, auf den Boden gespuckt, und erklärt: »Wenn du auf Sinai wegrennen konntest, dann kannst du auch jetzt laufen.«

»Schaut euch das mal an«, sagte Mustapha Amin eines Morgens und zeigte auf eine Seite der Tageszeitung El Ahram, die ihm einer der Wärter mitgebracht hatte. »Selbst Witze sind jetzt verboten.« Er las uns einen Artikel vor, in dem die Bevölkerung davor gewarnt wurde, Witze zu erzählen, die die Regierung verächtlich machten und so die öffentliche Moral untergruben. Zuwiderhandlungen würden streng geahndet werden.

Ein paar Tage später meldeten die Zeitungen, Feldmarschall Abdul Hakim Amer habe Selbstmord begangen. Natürlich sei kein wahres Wort an dem Gerücht, er sei auf Weisung des Präsidenten vergiftet worden. Das bewiesen schon die Fotokopien der medizinischen Befunde, welche eine halbe Seite ausfüllten.

In großen Schlagzeilen berichtete man über die Verhaftung des Geheimdienstchefs Salah Nasr und seiner höchsten Beamten. Unter ihnen befand sich auch unser Freund Hassan Aleesh. Diese Leute, so hieß es, waren für den »Rückschlag«, wie die offizielle Bezeichnung für das Debakel lautete, verantwortlich. Sie hätten Geheimdienstberichte gefälscht, öffentliche Gelder für private Zwecke verwendet und sogar unschuldige Bürger gefoltert.

Eines Morgens Anfang November wurde ich in das Büro des Adjutanten gerufen, wo mich Krahl-Urban erwartete. Er strahlte übers ganze Gesicht.

»Wolfgang, ich habe gute Nachrichten für dich«, sagte er als erstes. »Du kommst bald frei. Du weißt ja, was für riesige Anstrengungen unternommen wurden, um deine Freilassung zu erwirken. Bis vor kurzem weigerten sich die Behörden, so etwas überhaupt in Betracht zu ziehen. Durch die veränderte Lage stehen deinen Freunden jetzt mehr... sagen wir Druckmittel zur Verfügung. Im Prinzip hat der Präsident deiner Freilassung zugestimmt. Offiziell wirst du aus Gesundheitsgründen entlassen und in die Bundesrepublik deportiert. Sogar ziemlich bald.«

Einen Moment lang verschlug es mir die Sprache. Dann fragte ich ihn: »Das schließt doch wohl Waltraud mit ein, oder?«

»Waltraud ist kein Problem«, versicherte er mir. »Ihre Haftzeit ist fast abgelaufen. Man wird sie zusammen mit dir abschieben.«

»Und was ist mit Victor und den anderen?«

»Darüber ist mir nichts Genaues bekannt. Ich nehme an, daß sie ebenfalls freigelassen werden.«

Oder auch nicht, dachte ich. Du mußt etwas tun. Keinesfalls durfte es eine Wiederholung der Panne von 1956 geben.

»Hör mal gut zu, Peter«, sagte ich. »Ich möchte dich bitten, gleich nach deiner Rückkehr meinen Freunden folgendes auszurichten: Diese drei Männer und eine Frau, die seit knapp vierzehn Jahren hier im Gefängnis sitzen, sind die einzigen Israelis, die nach dem Sinai-Feldzug von 1956 nicht freigelassen wurden, und zwar durch... nun, sagen wir höflicherweise: durch ein Versehen der israelischen Behörden. Ein solcher Skandal darf sich nicht wiederholen. Als ranghöchster Offizier dieser israelischen Gruppe verlange ich, daß man alles Menschenmögliche unternimmt, damit sie jetzt, wo sich die Gelegenheit bietet, endlich freigelassen werden. Sollte das wieder nicht geschehen, werde ich nach meiner Rückkehr nach Israel die gesamte Presse mobil machen und die ganzen schmutzigen Machenschaften der Lavon-Affäre, die noch nicht bekannt sind, veröffentlichen.«

»Du, wenn ich ihnen das sage, sind sie sauer«, wandte Krahl-Urban ein.

»Das ist mir scheißegal. Es geht um Wichtigeres als ein paar zertretene Hühneraugen.

Er dachte einen Augenblick nach, dann nickte er mit dem Kopf. »Gut, ich werde es ausrichten.« Er erhob sich. »Und jetzt fahre ich zu deiner Frau, ihr die frohe Botschaft zu überbringen.«

Bei meiner Rückkehr nach Sektion eins warteten wie immer meine drei israelischen Freunde gespannt auf die Nachrichten, die mein Anwalt gebracht hatte.

»Jungs, in ein paar Wochen sind wir frei!« rief ich jubelnd. »Krahl-Urban ist fest davon überzeugt.« Ich erzählte ihnen ausführlich von unserem Gespräch, ohne jedoch zu erwähnen, welche Botschaft ich ihm mitgegeben hatte.

»Ich hoffe, du hast recht«, meinte Phillip, der immer an allem zweifelte. Aber auch Victor zeigte sich skeptisch.

»Weißt du, Rusty, wir haben schon so oft an eine bevorstehende Freilassung geglaubt – mal hieß es, wir würden begnadigt, mal sollte es eine Amnestie geben, dann wieder einen Austausch... nach vierzehn Jahren fällt es mir schwer, noch einmal daran zu glauben.«

»Aber das ist kein Gerücht, Victor, das sind Tatsachen. Wir kommen frei.« Ich versuchte ihm Mut zu machen.

»Ja, du vielleicht. Aber wir... Nun gut, wir werden ja sehen. Man darf die Hoffnung nie aufgeben.«

Ich sah den Ausdruck auf den Gesichtern der drei. Für den Rest des Tages machte ich mir Vorwürfe wegen meines mangelnden Feingefühls.

Wochenlang ereignete sich gar nichts. Niemand erwähnte auch nur andeutungsweise eine bevorstehende Entlassung. Langsam begann ich daran zu zweifeln. Nicht, daß ich Krahl-Urban nicht glaubte, aber die Ägypter waren bekannt dafür, daß sie im letzten Moment ihre Pläne änderten und nicht Wort hielten.

Ungewißheit und Ungeduld nagten an meinen Nerven. Jedesmal, wenn meine Zellentür geöffnet wurde, erwartete ich eine gute Nachricht und war bitter enttäuscht, wenn keine kam. Victor hatte sein kleines Transistorradio wieder, und wir erfuhren aus den israelischen Nachrichten, daß der Gefangenenaustausch schon fast abgeschlossen war. Knapp fünftausend Ägypter gegen zehn Israelis – vier Luftwaffenpiloten und sechs Froschmänner der Marine. Warum waren wir noch hier?

Weihnachten nahte und damit Waltrauds halbjährlicher Besuch. Es würde der letzte sein, denn am 22. Februar würde man sie entlassen. Ich hatte gehofft, daß man uns schon vorher gemeinsam freilassen würde, aber dieser Traum schien sich nicht zu verwirklichen.

Wie immer fand unsere Zusammenkunft im Büro des stellvertretenden Direktors statt, und wie immer wurde Waltraud vom Direktor des Frauengefängnisses, Oberstleutnant Mohamed Subhi, begleitet. Waltraud trug den einfachen weißen Kittel der weiblichen Häftlinge. Sie hatte sich ihr Haar länger wachsen lassen und sah besonders hübsch aus. Sie kam auf mich zugelaufen, und wir fielen uns stumm in die Arme. Mohamed Subhi und Youssef Timras, unser stellvertretender Direktor, wandten sich diskret ab.

Timras ließ uns Tee und Kekse servieren. Waltraud und ich setzten uns aufs Sofa und unterhielten uns angeregt auf deutsch. Das Hauptthema war natürlich unsere Freilassung. Waltraud war felsenfest davon überzeugt, daß es sich nur noch um wenige Tage handelte. Ich ließ nichts von meinen Zweifeln verlauten und zeigte mich ebenso zuversichtlich. Die Besuchszeit war auf zwei Stunden angesetzt, doch wurden es fast drei Stunden, bis Mohamed Subhi sich erhob und mit bedauernder Geste sagte: »Es tut mir leid, Madame, aber wir müssen zurück.«

Oberst Abdallah Amara kam aus seinem Büro und begrüßte Subhi. »Der letzte Besuch«, sagte dieser zu Amara. »Es wird jetzt sehr traurig werden für Hawaga Lotz. Seine Frau wird bald freigelassen und nach Deutschland abgeschoben, und dann kann sie ihn nicht mehr besuchen.«

Mich ritt der Teufel, und ich sagte zu Subhi sehr von oben herab: »Herr Oberstleutnant, wollen Sie eine Kiste Whisky wetten, daß meine Frau und ich in kürzester Zeit gemeinsam nach Hause fahren?«

»Wie denn das?« fragte er erstaunt. »Sie haben doch lebenslänglich.«

Abdallah Amara lachte laut. »Subhi – wenn Hawaga Lotz das behauptet, dann weiß er, was er sagt, verlassen Sie sich darauf. Gegen wie viele Kriegsgefangene wird man Sie austauschen, Hawaga Lotz? Hundert? Zweihundert? Fünfhundert?«

Ich grinste ihn an, und er zog sich lachend in sein Büro zurück. Er wußte also davon. Es war beruhigend, wenigstens auf diese Weise eine Art Bestätigung zu erhalten.

»Bis bald!« rief ich Waltraud zu, als sie mit Subhi und ihrer Eskorte von fünf Polizisten ins Auto stieg und mir noch einmal zuwinkte.

Drei Woche später, am 14. Januar 1968, wurde ich ins Gefängniskrankenhaus gerufen, wo Victor und Phillip bereits vor dem Büro des Chefarztes warteten. Sie berichteten mir aufgeregt, daß wir drei vor einer Ärztekommission erscheinen sollten, die unsere Freilassung aus gesundheitlichen Gründen empfehlen werde. Robert würde eine Begnadigung erhalten, da er ja schon vierzehn von seinen fünfzehn Jahren verbüßt hatte.

Ich wurde als erster aufgerufen. Im Büro saß Dr. Kamal Kassem, der Chefarzt der Strafvollzugsverwaltung in Kairo mit zwei anderen Ärzten, die ich nicht kannte. Mit Kassem war ich während meiner Haftzeit mehrmals heftig aneinandergeraten, weil er mir aus purer Schikane auch die kleinsten Vergünstigungen verweigert hatte. Es bereitete mir besondere Genugtuung, daß gerade er jetzt gezwungen war, den verhaßten Staatsfeind auf Weisung des Präsidenten freizulassen.

Kassem musterte mich mit wütendem Blick, fragte überflüssigerweise nach meinem Namen und setzte dann zusammen mit den anderen zwei Ärzten eine Urkunde auf, aus der hervorging, daß ich außer einem schweren Herzfehler auch ein Krebsleiden hätte und meine Lebenserwartung im Höchstfalle noch drei Monate betrüge. Aus diesem Grunde befürworteten sie meine vorzeitige Entlassung.

»Das ist alles, Lotz. Sie können gehen.«

»Werde ich denn nicht untersucht?« fragte ich mit gespieltem Erstaunen.

»Nach dem heutigen Stand der Wissenschaft ist eine weitere Untersuchung nicht erforderlich«, war die bemerkenswerte Antwort.

»Welche Wissenschaft meinen Sie, Doktor?« fragte ich frech. »Die medizinische oder die politische?«

Er blickte mich haßerfüllt an. »Gehen Sie jetzt. Der Nächste.«

Ich wartete draußen, bis auch Victor und Phillip die gleiche Farce über sich hatten ergehen lassen. Anschließend führte man uns ins Büro des Direktors. Abdallah Amara schien sich ehrlich zu freuen, als er uns mitteilte, er habe unsere Entlassungspapiere schon bei den Akten, doch würde es noch einige Tage dauern, bis er endgültige Weisungen für unsere Abschiebung erhielte. »Bis dahin, meine Herren, sind Sie noch meine Gäste«, sagte er gutgelaunt.

Am 3. Februar rief man mich ins Büro des Adjutanten. Als ich eintrat, erhob sich der Adjutant hinter seinem Schreibtisch und kam mir mit ausgestreckter Hand entgegen.

»Aualan Mabouk – Herzlichen Glückwunsch«, sagte er lächelnd. Und dann in feierlichem Ton: »Herr Lotz, Sie sind frei. Heute abend fliegen Sie mit Ihrer Frau nach Deutschland zurück.« SIE SIND FREI! Wie oft hatte ich mir in den letzten drei Jahren diesen Augenblick vorgestellt! Ich hatte geglaubt, ich würde vor Freude in die Luft springen oder überwältigt auf einen Stuhl sinken. Jetzt war der große Moment gekommen – und ich fühlte gar nichts.

»Danke, Hauptmann Haany«, antwortete ich höflich. »Das ist wirklich eine gute Nachricht. Wie geht es jetzt im einzelnen weiter?« Meine Stimme war normal und ruhig.

»Sie gehen zum Zahlmeister und holen sich Ihr Geld ab, und dann ziehen Sie sich um. Das deutsche Konsulat hat Ihre Zivilkleidung hergeschickt. Und aus Ihrer Zelle können Sie auch mitnehmen, was Sie wollen. Anschließend bringt man Sie zum Flughafen. Ich bin froh, daß Sie uns verlassen. Sie haben uns viel Ärger gemacht.«

»Dasselbe könnte ich zu Ihnen sagen, Hauptmann Haany. Bin ich der einzige, der heute entlassen wird?«

»Ihre Frau natürlich auch, das sagte ich Ihnen doch schon.«

»Und was ist mit Victor, Phillip und Robert?«

»Ihre drei Freunde? Ja... die sind auch auf der Liste, aber bei denen dauert es wahrscheinlich noch ein paar Tage.«

Mein Gott, dachte ich, sollte es wieder schiefgegangen sein?! Nicht auszudenken!

Als ich aus dem Büro des Adjutanten trat, kam Victor herbeigestürzt und fiel mir um den Hals. »Abdallah Amara hat mir eben gesagt, wir werden alle in den nächsten Tagen einzeln entlassen, damit es nicht zuviel Aufsehen erregt. Bald sehen wir uns in Tel-Aviv. Komm jetzt. Mach, daß du aus diesem zweifelhaften Hotel endlich herauskommst. Ich helfe dir pakken.«

Zu packen waren drei meiner Anzüge und ein halbes Dutzend Hemden sowie ein paar Kleinigkeiten aus meiner Zelle.

Zum letztenmal ging ich über den Hof in Sektion eins. Ich begegnete Mustapha Amin, der sich herzlich von mir verabschiedete und mir Glück wünschte.

»Sie müssen unbedingt ein Buch schreiben, Lotz«, sagte er mir. »Die Welt soll erfahren, wie es in ägyptischen Gefängnissen zugeht.«

Wir reichten uns noch einmal die Hand, und dann wandte ich mich zum Gehen. Hassan el Hodeiby, Vorsteher der radikalen Moslembruderschaft, saß auf einer Steinbank im Hof. Mühsam und wacklig erhob sich der Achtzigjährige, als er mich kommen sah.

»Ich möchte Ihnen Glück wünschen, Herr Lotz«, sagte er mit bewegter Stimme. »Ich freue mich für Sie. Sie sind ein guter Mensch. Möge Allah Sie segnen und beschützen.« Er legte mir die Hand auf die Schulter und küßte mich auf beide Wangen. Gerade von ihm hatte ich eine derartige Gefühlsregung nicht erwartet.

»Wo sind die anderen?« fragte ich ihn. »Ich möchte mich gern von ihnen verabschieden.«

»Die waren eben noch hier«, erwiderte er. »Ich glaube, sie sind in ihre Zellen zurückgegangen, als Sie kamen.« Er lächelte entschuldigend. »Seien Sie ihnen nicht böse, Herr Lotz. Es ist der verständliche Neid, daß Sie schon nach drei Jahren entlassen werden.«

Robert und Phillip, die mir mehrfach versicherten, wir würden uns bald in Tel-Aviv wiedersehen, durften die Sektion nicht verlassen, aber Victor begleitete mich zum Tor und zog mir zum Abschied noch einmal meine Krawatte zurecht. Meine Bewacher – drei Polizeioffiziere – warteten bereits ungeduldig. Der Direktor, Abdallah Amara, kam aus seinem Büro, drückte mir die Hand und bot mir eine Zigarette an.

»Wie lange waren Sie bei uns – insgesamt, Hawaga Lotz?« erkundigte er sich.

»Knapp drei Jahre«, erwiderte ich.

Er lachte. »Was wollen Sie denn? Das ist doch besser als die fünfundzwanzig, die man Ihnen aufgebrummt hat.«

Dagegen war nichts zu sagen.

Meine Bewacher legten mir Handschellen an.

»Was soll das!« sagte ich ungehalten. »Ich bin kein Gefangener mehr. Ich bin entlassen. Glauben Sie, daß ich jetzt noch einen Fluchtversuch unternehme?«

»Wir müssen uns an die Bestimmungen halten«, sagte der Hauptmann, der das Kommando führte, unwirsch. »Sie werden nicht entlassen wie ein normaler Gefangener, sondern abgeschoben. Frei sind Sie erst, wenn Sie im Flugzeug sitzen. Also machen Sie keine Umstände, Hawaga.«

Also gut, dachte ich. Es hatte wirklich keinen Zweck, in letzter Minute noch einen Krach anzufangen. An einen Leutnant gefesselt brachte man mich in einem offenen Polizeifahrzeug zum Paßbüro des Innenministeriums am Midan el Tahrir im Zentrum der Stadt.

»Wolfgang!!«

Waltraud lehnte aus einem Fenster im dritten Stock und winkte mir stürmisch zu. Der Polizeileutnant, an dessen linkes Handgelenk ich gekettet war, konnte mir kaum folgen, so schnell lief ich die drei Treppen hinauf.

Waltraud, die in ihrem grauen Kostüm ganz entzückend aussah, fiel mir um den Hals. »Wir haben es geschafft!« rief sie begeistert.

»Es sieht ganz so aus«, sagte ich grinsend.

Dr. Bartels, der neue deutsche Konsul, Nachfolger von Dr. Fiedler, erhob sich von einer Bank im Flur und begrüßte mich. Er schien froh, daß sich nicht noch in letzter Minute eine Verzögerung ergeben hatte, wie es bei ägyptischen Behörden eher die Regel als die Ausnahme war. Er übergab mir einen größeren Geldbetrag, den Krahl-Urban für uns im Konsulat eingezahlt hatte, und sagte, wir würden unsere Tickets und Pässe von der Polizei im Flughafen erhalten.

»Ich werde morgen früh noch einmal kommen, um Sie zu verabschieden und mich zu vergewissern, daß alles klappt«, fügte er hinzu.

»Morgen früh?« fragte ich erstaunt. »Wir fliegen doch heute nachmittag um vier ab.«

»Wer hat Ihnen denn das gesagt? Ihr Flug geht morgen um drei Uhr früh.«

»Das sind ja noch fünfzehn Stunden«, rief ich.

»Sie werden jetzt zum Flughafen gebracht«, erklärte uns der Konsul, »und warten dort in der Transit-Halle bis zum Abflug. Ich würde sagen, daß Sie es dort bequemer haben als an dem Ort, wo Sie die letzten drei Jahre verbracht haben.«

Damit hatte er nicht unrecht. Ich wandte mich an den Hauptmann: »Wir müssen noch fünfzehn Stunden warten, wie mir mein Konsul soeben mitteilte. Nehmen Sie mir doch diese verdammten Handschellen ab. Ich bin bereit ... für einen wohltätigen Zweck etwas Geld zu spenden. Sagen wir – ein Pfund für jeden von Ihnen. Nun los, machen Sie schon.«

Er beriet sich mit seinen zwei Kollegen und dem Offizier, der Waltraud begleitete.

»Nehmt sie ihm doch ab«, sagte Waltrauds Bewacher. »Wovor habt ihr Angst? Glaubt ihr, der flüchtet?«

»In Ordnung«, sagte der Hauptmann. »Ein Pfund jetzt – ein zweites Pfund am Flughafen, für jeden von uns.«

»Einverstanden.«

Er schloß die Handschellen auf und steckte sie sich in den Gürtel. Ich übergab ihm vier Einpfundnoten.

Bei der Ankunft am Flughafen händigte ich ihm den Rest der vereinbarten Summe aus. Die vier Offiziere grüßten stramm, als ein Mann in Zivilkleidung auf uns zutrat. Er war unschwer als Geheimpolizist zu erkennen. Der gute Schnitt seines dunklen Anzugs wies auf einen höheren Dienstgrad hin.

»Ihr könnt gehen«, sagte er zu unseren Bewachern. Dann wandte er sich an uns. »Guten Tag. Ich werde bei Ihnen bleiben, bis Sie abfliegen. Bitte folgen Sie mir.«

Auf ein Kopfnicken von ihm traten Zöllner und Paßbeamte zur Seite und ließen uns ohne die übliche Kontrolle passieren. Unser Begleiter führte uns in die Transit-Halle.

»Ich werde Sie nicht stören«, sagte er. »Ich werde mich am Eingang aufhalten. Sie können sich hier frei bewegen und auch ins Restaurant gehen, wenn Sie wünschen. Aber bitte sprechen Sie nicht mit anderen Passagieren. Es liegt in Ihrem eigenen Interesse, daß Ihre Abreise kein Aufsehen erregt.«

Waltraud und ich setzten uns ins Flughafenrestaurant und ließen uns zunächst einmal einen zweistöckigen Wodka-Martini kommen.

Wir waren eben im Begriff, uns ein üppiges Abendessen zu bestellen und konsultierten die Speisekarte, als Hamdy, der Assistent von Samir Nagy, auftauchte und uns mit höflichem Lächeln und tiefer Verbeugung zu unserer Freilassung gratulierte. Im Auftrage seines Chefs gab er uns ein paar persönliche Sachen zurück, die Samir Nagy die ganze Zeit über in seinem Büro aufbewahrt hatte. Der Generalstaatsanwalt, so erklärte mir Hamdy, wollte die Rückgabe als Zeichen seiner ‹Freundschaft und Zuneigung› verstanden wissen.

Eines nach dem anderen legte Hamdy seine Mitbringsel vor mich auf den Tisch: Meinen Mont-Blanc-Füllfederhalter, meine Brieftasche mit dem goldenen Monogramm, Waltrauds Filmkamera und – so unglaublich es klingen mag – neun unentwickelte Filmrollen, die ich bei meiner Rückkehr von Mersa Matrouh bei mir gehabt hatte.

»Was sind denn das für Filme?« fragte Waltraud, nachdem Hamdy sich unter weiteren Verbeugungen und Glückwünschen verabschiedet hatte.

»Das müssen die Aufnahmen sein, die wir von den Eltern gemacht haben«, erwiderte ich.

»Und die gibt man uns einfach zurück – nicht entwickelt?«

»Das ist es ja eben! Natürlich sind es nur ein paar harmlose Familienfotos, aber das konnten die Kerls doch nicht wissen. Gerade Nagy und seine Kollegen, die sonst so mißtrauisch sind, daß es schon lächerlich ist! Diese Filme hätten genausogut geheimste militärische Informationen enthalten können – bei einem gefährlichen Staatsfeind wie mir. Mein Gott, ich habe in diesem Land ja schon die absurdesten Dinge erlebt, aber das hier schlägt doch wohl alles. Meine Kollegen zuhause lachen sich schief, wenn ich ihnen die Filme vorlege.«

Die Zeit schien nicht vergehen zu wollen. Wir verzehrten in aller Ruhe ein reichliches Abendessen von vier Gängen und tranken eine Flasche Wein dazu. Alle paar Minuten blickte ich auf die Uhr, aber die Zeiger schienen sich kaum von der Stelle zu rühren. Als wir mit dem Essen fertig waren und uns eine Zigarette anzündeten, war es erst kurz nach halb sieben. Immer noch über acht Stunden Wartezeit bis zum Abflug. Die Aufregung, das schwere Essen und der Alkohol, an den wir nicht mehr gewöhnt waren, hatten das ihre getan, und wir fühlten uns beide reichlich erschöpft. Wir standen auf und durchstreiften die Lounge auf der Suche nach ein paar tiefen Sesseln oder einem bequemen Sofa, wo wir uns einige Stunden ausruhen konnten. Unser Bewacher kam auf uns zu.

»Brauchen Sie etwas?« erkundigte er sich.

»Wir sind sehr müde«, erwiderte ich. »Gibt es hier vielleicht einen Nebenraum, wo wir uns eine Weile hinlegen können?«

»Ich werde mich mal erkundigen.« Nach wenigen Minuten kehrte er zurück. »Ich könnte Ihnen hier im Flughafenhotel ein Zimmer besorgen, aber das ginge auf Ihre eigene Rechnung«, sagte er. Wir erhielten ein einfaches, aber sauberes Zimmer mit einem großen Doppelbett. Unser Bewacher würde uns, wie er versprach, eine Stunde vor dem Abflug wecken.

»Ein ganz ungewohntes Gefühl, wenn man wieder eine Tür von innen absperren kann«, sagte Waltraud lachend, als sie den Schlüssel im Schloß herumdrehte.

Ich nahm sie in die Arme. Aus dem Schlafen wurde dann nicht mehr viel. Schließlich waren wir drei Jahre nicht zusammen gewesen.

* * *

Die Lufthansa-Maschine aus Karatschi setzte pünktlich um 2.30 Uhr auf. Eine halbe Stunde später brachte sie uns in die Freiheit.

* * *

»Meine Damen und Herren, wir befinden uns jetzt im Anflug auf Tel-Aviv und werden in wenigen Minuten auf dem Ben Gurion-Flughafen landen«, ertönte die Stimme der Stewardeß aus dem Lautsprecher. »Wollen Sie sich jetzt bitte anschnallen und das Rauchen einstellen. Wir freuen uns, daß Sie mit ElAl geflogen sind und hoffen Sie bald wiederzusehen. Schalom.«

»Du bist ja so still«, sagte ich zu Waltraud, die stumm aus dem Fenster schaute. »Hast du was?«

»Ganz im Gegenteil«, strahlte sie. »Ich schaue mir nur meine neue Heimat an.«

Unmittelbar nach der Landung holte uns mein Chef in seinem Wagen direkt vom Flugzeug ab, und wir verließen das Flughafengelände ohne jede Abfertigung durch ein Seitentor.

»Ich bringe euch in ein Gästehaus am Meer, das unserer Firma gehört«, erklärte er uns, nachdem er sich nach unserem Befinden und unseren Reiseerlebnissen erkundigt hatte. »In diesem Haus bringen wir in der Regel bestimmte ausländische Politiker und Diplomaten unter, die nicht gesehen werden wollen. Denn auch euch darf man in den nächsten Tagen noch nicht sehen, und die Zeitungen dürfen kein Wort über euch schreiben, bis die drei Jungens und Marcelle hier ankommen. Das gehört zu unserem Abkommen mit Nasser – daß eure Freilassung zunächst nicht an die große Glocke gehängt wird.«

»Also kommen sie wirklich frei?«, fragte ich.

»In den allernächsten Tagen«, versicherte er mir. »Deine Nachricht hat mir Krahl-Urban überbracht, aber sie war völlig überflüssig. Hier war schon alles in die Wege geleitet und die Ägypter machten wegen der anderen kaum Schwierigkeiten. Das große Problem warst du, mein Junge. Nasser wollte dich nicht herausgeben. Deshalb hat sich die Sache so lange hingezogen. Schließlich drohten wir damit, sämtliche ägyptischen Kriegsgefangenen bis zu deiner Freilassung hier zurückzuhalten und den Grund dafür in der Weltpresse zu veröffentlichen. Nach langem Hin und Her gab er dann klein bei. Wir haben dich gegen genau 4811 Ägypter ausgetauscht, mein Lieber.«

Das Gästehaus lag inmitten gepflegter Gärten auf einem Hügel direkt am Meer und war scharf bewacht. Man führte uns in eine Zwei-Zimmer-Suite, die jedem Fünf-Sterne-Hotel Ehre gemacht hätte. Dies war also unser Heim für die nächsten Tage.

Waltraud und ich schliefen uns erst einmal gründlich aus, und als wir morgens gegen zehn Uhr zum Frühstück erschienen, sahen wir, daß der Tisch für vier Personen gedeckt war.

»Anscheinend bekommen wir Gäste«, bemerkte ich.

Die Gäste ließen nicht lange auf sich warten. General der Luftwaffe Eser Weizmann drückte mir bei der Begrüßung fast ein paar Rippen ein. Wir kannten uns seit vielen Jahren. »Ich wußte ja, daß du es schaffen wirst«, sagte er mit Wärme. »Und sieh mal, wen ich dir mitgebracht habe. Diesen einäugigen alten Piraten kennst du ja wohl.«

Sein Begleiter war der Verteidigungsminister Mosche Dayan.

Nachdem wir uns an den Tisch gesetzt hatten und die erste Tasse Kaffee eingeschenkt war, ließ sich Dayan von seinem Fahrer eine dicke Akte aus dem Wagen holen.

»Ich möchte, daß du dir das einmal ansiehst«, sagte er zu mir. Aus Höflichkeit Waltraud gegenüber sprach er englisch. »Damit dir klar wird, was du geleistet hast. Hier sind die Informationen, die du uns geliefert hast und genaue Aufzeichnungen darüber, wie der Generalstab sie verwertet hat. Glaube mir, es war nicht umsonst, daß du so viele Jahre deinen Kopf riskiert hast. Wir wissen, was wir dir zu danken haben, Lotz.«

»Und darauf wollen wir erst mal einen trinken«, meinte Eser und griff nach der Whisky-Karaffe.

Epilog

Zwanzig Jahre sind seit unserer Entlassung aus dem Tura-Gefängnis vergangen. Waltraud und ich hatten bald nach unserer Ankunft in Israel unseren Traum von einem Häuschen auf dem Lande verwirklicht und uns in Ganot, einer Ortschaft südlich von Tel-Aviv, niedergelassen – mit vier Hunden und zwei Hengsten.

Waltraud erwarb sofort die israelische Staatsangehörigkeit und erlernte in kurzer Zeit die Landessprache. Ich selbst ließ mich pensionieren, wobei sich die Behörden auch in finanzieller Hinsicht für meine Leistungen erkenntlich zeigten.

Fünf Jahre lang lebten wir glücklich und verhältnismäßig zurückgezogen, wenn wir uns auch hin und wieder nach der Hektik und dem Nervenkitzel unserer Jahre in Ägypten sehnten. Doch Waltraud hat sich von den Folterungen bei ihrem Verhör niemals richtig erholt. Obgleich sie es nach Möglichkeit zu verbergen suchte, war sie schwer krank und starb im Sommer 1973. Es war bei weitem der schwerste Schlag, den mir das Schicksal jemals versetzt hatte.

Die drei Israelis, die mit mir im Tura-Gefängnis waren, leben alle in der Umgebung von Tel-Aviv, sind verheiratet und haben Kinder. Victor Levy ist Agraringenieur, Robert Dassa Fernsehjournalist in der arabischen Abteilung des israelischen Fernsehens, und Phillip Nathanson hat einen Verwaltungsposten bei der Regierung. Marcelle Ninio hat ebenfalls geheiratet. Wir fünf sehen uns, sooft ich in Israel bin, tauschen alte Erinnerungen aus, und es wird immer ein fröhlicher Abend.

Etwas schwerer war es, die Spuren der anderen zu verfolgen, die in dieser oder jener Form bei unserem ägyptischen Abenteuer eine Rolle gespielt haben.

Franz Kiesow ist in den Ruhestand getreten und lebt mit seiner Frau Nadia in Südfrankreich.

Gerhard Bauch vom Bundesnachrichtendienst scheint spurlos verschwunden zu sein. Auch den hartnäckigsten Reportern gelang es nicht, ihn aufzuspüren. BND-Kreise verbreiteten eine Zeitlang das Gerücht, ich hätte Bauch in Kairo an die Ägypter verraten. Das ist natürlich kompletter Unsinn, da die Ägypter ihm schon viel früher auf die Schliche gekommen waren als ich. Aber es ist immer leichter, andere für die eigenen Fehler und Unzulänglichkeiten verantwortlich zu machen.

Johann von Leers ist kurz nach meiner Freilassung an Altersschwäche gestorben.

Dr. Eisele, der schon seit Jahren rauschgiftsüchtig gewesen war, soll an einer Überdosis Morphium gestorben sein – ein weitaus leichterer Tod als der, den er vielen Tausenden von KZ-Häftlingen zuteil werden ließ.

Die meisten meiner ägyptischen »Freunde« wurden verhaftet, wochenlang verhört und dann wieder freigelassen. Sie kamen mit dem Schrecken davon. Manche der Offiziere, mit denen ich befreundet war, wurden kurzerhand aus dem Dienst entlassen. Anderen gestattete man, sich pensionieren zu lassen. Es galt als erwiesen, daß sie an meiner Spionagetätigkeit nicht aktiv beteiligt waren, doch warf man ihnen vor, sie hätten zuviel ausgeplaudert und seien in ihren Beziehungen mit Ausländern zu sorglos gewesen. Außerdem hatten sie wertvolle Geschenke von mir angenommen, was ihnen als Bestechlichkeit angekreidet wurde. All das war während meines Verhörs zur Sprache gekommen, und Samir Nagy hatte wütend ausgerufen: »Dieses Ungeziefer werde ich ausmerzen.«

Youssef Ghorab, dem kleinen Polizeigeneral, erging es am schlimmsten. Er wurde degradiert und unehrenhaft aus dem Polizeidienst entlassen. Darüber hinaus saß er über ein Jahr lang ohne Verfahren im Gefängnis und verlor sein Anrecht auf Ruhestandsgeld. Er zog sich in seine Heimatstadt Damanhur im Nildelta zurück, wo er ein kleines Haus und ein Stück Land besitzt.

Die deutschen Experten hatten 1964–65 Ägypten verlassen. Manche von ihnen fürchteten sich vor den Anschlägen der Israelis, andere gingen, weil sie von den ägyptischen Behörden die Nase voll hatten. Sie wurden durch Russen ersetzt. Die Flugzeugproduktion und das Raketenprogramm wurden eingestellt und die Ägypter von den Sowjets mit Raketen und MIG-Flugzeugen beliefert.

Natürlich tun mir die ägyptischen Offiziere, deren Karriere teilweise durch ihre Verbindung mit mir ruiniert wurde und die in der Mehrzahl gar keine üblen Kerls waren, aufrichtig leid – aber wiederum nicht so sehr, daß ich den Wunsch hätte, das Geschehene ungeschehen machen zu können. Viel mehr leid hätten mir die Tausende meiner israelischen Mitbürger getan, die durch die ägyptischen Massenvernichtungswaffen ums Leben gekommen wären, wenn meine Kameraden und ich den Einsatz dieser Waffen nicht rechtzeitig verhindert hätten.

Nach Waltrauds Tod hielt es mich nicht länger in dem leeren Haus mit den vielen Erinnerungen, und ich begann zu wandern – in Amerika, in Europa – ohne irgendwo Fuß zu fassen. Es dauerte mehrere Jahre, bis ich wieder zur Ruhe kam.

Heute lebe ich wieder in Deutschland, obgleich ich es wohl in Israel in mancher Hinsicht leichter hätte. Der Grund? Cherchez la femme. Ich habe wieder eine deutsche Frau, mit der ich sehr glücklich bin. Wie es scheint, haben die deutschen Frauen es mir angetan...